L'ART
MODERNE

1890

DU MÊME AUTEUR,

Format grand in-18.

CONSTANTINOPLE
Un volume.

LES BEAUX-ARTS EN EUROPE
Deux volumes.

LES GROTESQUES
Un volume.

Paris.— Imprimé chez Bonaventure et Ducessois, 55, quai des Augustins.

L'ART
MODERNE

PAR

THÉOPHILE GAUTIER

PARIS

MICHEL LÉVY FRÈRES, LIBRAIRES-ÉDITEURS

RUE VIVIENNE, 2 BIS.

1856

Droits de reproduction et de traduction réservés.

L'ART MODERNE

LE PANTHÉON

PEINTURES MURALES

I   Sept. 1848

A part la figure de la Liberté et quelques statues allégoriques improvisées pour la fête de la Concorde, la République n'a encore commandé qu'un seul travail d'art, les peintures murales du Panthéon. L'homme choisi pour exécuter cette œuvre immense porte un nom peu connu, mais qui le sera bientôt. Il s'appelle Chenavard. On a paru étonné que ce gigantesque labeur ait été confié à un artiste obscur, dans un pays et à une époque où l'on compte tant de maîtres d'un talent et d'une célébrité incontestables. Le mérite d'un gouvernement est de deviner les hommes et de fournir au génie les occasions de se développer. Il n'eût pas fallu une grande hardiesse d'initiative pour prendre MM. Ingres, Delaroche et autres, qui ont fait leurs preuves : on pouvait ainsi prévoir d'avance les résultats; mais une originalité nouvelle ne se fût pas produite, et un splendide horizon de l'art serait resté voilé à tout jamais.

Abstraction faite de quelques essais tous récents, la peinture murale n'a guère été pratiquée en France depuis plus d'un siècle; le plafond d'*Hercule* de Lemoine et les décorations de Versailles sont les derniers travaux de ce genre. A dater de là l'on n'a peint que des tableaux de chevalet d'une dimension plus ou moins restreinte dont l'exécution est et devait être le principal mérite. La touche du maître en fait la plus grande valeur et l'idée d'une vaste composition rendue par des mains étrangères choque nos préjugés d'individualisme. Accoutumés que nous sommes à estimer avant tout le *faire* de l'artiste, nous n'apprécions pas autant sa pensée. Il nous faut pour ainsi dire dans chaque coup de brosse le paraphe de sa signature.

La peinture murale veut d'autres habitudes et des façons différentes : avec elle tous les petits mérites de clair obscur, de transparence et de touche disparaissent; une belle ordonnance, un grand style, une couleur simple et mate, voilà ce qu'elle exige, et sans vouloir diminuer en rien le talent des maîtres contemporains que nous avons loués mainte et mainte fois avec la plus chaleureuse conviction, l'on peut dire qu'ils se sont en général très-peu préoccupés de la composition dans le sens philosophique du mot, et cela n'est pas une faute, car l'occasion de recouvrir un édifice de peintures, si fréquente dans la vie des maîtres italiens, ne se présente presque jamais aux artistes de notre siècle moins favorisé : resserrés entre les ais dorés d'un cadre, ils cherchent à briller par les qualités matérielles et s'inquiètent moins du côté spiritualiste de l'œuvre.

Un homme s'est trouvé, et cet homme est Chenavard, qui n'a pas été pressé de cette inquiétude de prendre la palette et de mêler plus ou moins au hasard des couleurs sur une toile. Le désir du tableau pour lui-même l'a peu agité, et il s'est dit que l'art devait descendre du cerveau à la main, et non remonter de la main au cerveau, et il a pensé que lorsqu'il serait savant il serait habile; il a laissé les autres devenir adroits tout à leur aise, et lui, dans l'ombre où il s'était volontairement plongé, il s'est livré à une étude consciencieuse et philosophique de la peinture ; il a vu toutes les galeries de l'Europe, analysé, copié et commenté toutes les fresques monumentales, et, par une fréquentation assidue, pénétré dans l'intimité secrète de Michel-Ange, de Raphaël, des dieux et des demi-dieux de l'art : à force d'écouter les discours muets de leurs chefs-d'œuvre, il a recueilli des phrases mystérieuses qu'ils ne disent point à d'autres.

Cette moderne école allemande, si érudite et si pleine de pensées et de style sous son froid coloris, a été de sa part l'objet d'un examen attentif. Overbeck, Cornelius, Schnorr, Kaulbach, lui sont également familiers, et il a rêvé dans la Glyptothèque de Munich comme dans la chapelle Sixtine; aucun chef-d'œuvre de l'esprit humain, même en dehors des arts plastiques ne lui est demeuré étranger. Depuis Orphée jusqu'à nos jours, il n'est guère de poëte qu'il ne connaisse, même les mauvais; il sait Mozart et Beethoven comme Homère et Dante. Les sommets les plus escarpés ne l'effraient pas; il a gravi Platon, Spinosa, Kant, Schelling, Hégel, car il croit à la solidarité des sciences, et à travers tout cela, il a rempli des cartons de dessins où se trouvent deux ou trois cents figures.

Tous les Olympes, tous les paradis, tous les Walhallas y ont passé, sans compter les cosmogonies orientales, les jugements derniers, les fêtes babyloniennes, les orgies et les triomphes romains, les invasions de barbares, les conciles, les grandes scènes de la Convention, les batailles de l'empire, tous les sujets où il faut remuer de grandes masses, et dont le personnage principal est la foule, personnage que nul ne s'entend à faire agir comme Chenavard.

Armé de cette érudition immense, encyclopédique, sans rival dans la composition, il eut la force de se tenir à l'écart et d'attendre que son tour arrivât. Il ne compromit pas son haut talent et ses austères qualités dans des tableaux épisodiques. Il ne voulait et ne pouvait peindre que le Panthéon, et comme tout vrai désir a le droit d'être réalisé et l'est toujours par le pouvoir équitable et bon qui proportionne les attractions aux destinées, Chenavard va enfin accomplir l'œuvre qui a été l'occupation et le but de toute sa vie. Le Panthéon peut-être était le seul monument où il pût formuler à l'aise ses doctrines d'art et de philosophie.

Le Panthéon est un temple et non pas une église, sa forme essentiellement païenne se refuse aux exigences de la religion catholique, et sainte Geneviève a toujours eu aux époques dévotes beaucoup de peine pour y loger son culte : son nom même qui signifie temple de tous les dieux et a prévalu parmi le peuple, le désigne à une destination plus vaste et plus générale que celle d'une basilique chrétienne. Y mettre simplement les dieux de l'ancien Olympe eût été d'un paganisme par trop renouvelé des Grecs, et bien que Jupiter et les autres habitants des palais célestes comptent en ce moment trois adorateurs pleins de conviction, prendre au pied de la lettre le sens du nom de l'édifice eût été une tentative d'une appropriation trop rigoureuse.

Chenavard, imbu des idées panthéistes, fait de l'église de la naïve patronne de Paris le temple du génie humain ; il écrit sur ces vastes murailles l'histoire synthétique de ce grand être collectif, multiple, ondoyant, ubiquiste, éternel, composé de tous les hommes de tous les temps, dont l'âme générale est Dieu, et qui, en marche depuis Adam, s'avance d'un pas ferme et sûr vers le but connu de lui seul. La légende et l'apothéose de l'humanité, telle est la tâche gigantesque que l'artiste s'est imposée : il a voulu montrer, en outre, que la Raison pure prêtait autant à la beauté et aux développements pittoresques, que les mythologies et les symbolismes recommandés comme les plus poétiques. Les dessins que nous avons vus nous permettent, dès aujourd'hui, d'affirmer que le problème est résolu victorieusement. A part le talent que le peintre y peut mettre, n'y a-t-il pas autant de poésie, de haute moralité, de beauté véritable enfin, dans la représentation des grandes actions et des hommes illustres, l'honneur de la famille humaine, sans distinction de lieu, de temps et de secte, que dans celle de miracles et de martyres où l'art n'est pas plus respecté que la vérité historique ?

Nous allons tâcher de donner une idée de ce travail colossal, qui intéresse si vivement le public et les artistes.

Quelques explications architecturales sont nécessaires pour faire bien comprendre l'ordre et l'enchaînement des compositions que nous avons à décrire.

Le Panthéon a la forme d'une croix grecque, c'est-à-dire dont les branches sont d'égale longueur, contrairement à la croix latine où les bras sont plus courts que le pied. L'intérieur en est divisé en soixante entrecolonnements ayant chacun onze pieds de large. Ces entrecolonnements sont eux-mêmes séparés en deux parties par une petite doucine, de façon que la partie inférieure a environ dix-huit pieds de haut et la partie supérieure onze, ce qui superpose un carré à un parallélogramme.

Il y a en outre quatre gigantesques piliers triangulaires détachés du corps de l'édifice, dont les sommets s'évasent en pendentifs et qui soutiennent par leur masse le poids de l'énorme coupole.

En outre, du côté intérieur de la porte se trouvent deux grands panneaux et une imposte.

Dans les panneaux sont dessinées deux figures colossales d'Adam et Ève acceptées comme personnages génésiaques, sans préjudice des soixante-dix dynasties préadamites et des générations antérieures, car le panthéisme doit représenter le passé, le présent et l'avenir.

Ils sont là tous les deux, l'un symbolisant l'âge viril ou barbare, l'autre l'âge féminin ou civilisé. Adam, type de la force; Ève, type de l'intelligence; Adam, le Titan de la Bible et du Thalmud, le colosse que Dieu a pétri avec les sept poignées du limon arrachées par l'ange Azraël, aux sept lits de la terre effrayée, et dont la tête démesurée touchait presque les cieux; Ève, la mère universelle, la grande aïeule du monde, la femme aux mamelles intarissables, aux larges hanches, aux flancs profonds où tressaillent déjà sourdement les générations futures et les germes ignorés de l'avenir; outre leur signification de pères des humains, ils en ont encore d'autres plus profondes et plus cosmogoniques; ils indiquent les puissances génératives de la nature, les principes actif et passif, les deux portions séparées de l'androgyne primordial, et les signes mystérieux, hiéroglyphes de la création que l'Inde adorait dans les temples d'Ixora, et que la Grèce promenait aux fêtes Éleusines dans le van recouvert d'un voile...

L'imposte qui ferme en quelque sorte comme un camée de bracelet la longue suite des compositions parties de cet endroit de l'édifice, pour en faire le tour, renferme un sujet dont il vaut mieux ne parler que lorsque nous serons revenus à notre point de départ, car il est le résumé de la pensée générale.

Le premier tableau que nous trouvons à notre gauche en entrant, — qu'on nous permette cette anticipation pour une œuvre qui n'existe encore qu'à l'état de cartons et de croquis, — représente le déluge, non pas pris comme ceux du Poussin ou de Girodet, dans le sens épisodique d'une douzaine d'hommes qui se noient d'une façon plus ou moins théâtrale, mais entendu comme le cataclysme destructeur du monde primitif et des races antédiluviennes. Au fond s'étagent les terrasses et les tours d'Énochia, la ville des géants, dont le flot envahisseur lèche déjà les escaliers de granit ; sur le devant fourmillent dans une confusion pleine d'épouvante les créations colossales et monstrueuses dont le poids fatiguait la terre ; informes ébauches de la matière qui devaient disparaître sans retour. Les générations étranges produites par le commerce d'Adam avec la *Dive* Lilith et les créatures qui peuplaient l'Éden avant la formation d'Ève, les enfants des anges et des filles de la terre, les résultats hideux des incestes et des mélanges bizarres entre les géants et les esprits des planètes voisines qui alors se pouvaient visiter; tout ce monde démesuré et formidable, aux formes bestiales, aux regards farouches, aux faces où l'intelligence humaine s'allourdit des linéaments de la brute, disparait et s'engloutit sous ces vagues qu'il s'étonne de ne pouvoir dominer : le dinothérium gigantæum, le megalonix, le mastodonte, l'icthyosaurus, sont submergés, malgré leur taille énorme, leurs os qui sont comme des barres d'airain, leurs écailles pareilles à des boucliers, malgré les tempêtes de leurs narines et les trombes de leurs évents. Le ptérodactyle et le griffon cherchent en vain dans l'air un refuge contre l'eau. Il faut périr! Arrière, formes du cauchemar et de l'ébriété, ébauchées au hasard dans l'ivresse et la folie de la création; êtres massifs, difformes, péniblement soudés, épouvantables, rampant gauchement dans les fougères de deux cents pieds de haut, rudes et grossiers essais d'un monde à refaire, délire de la matière à peine sortie du néant; arrière! Behemoth, Leviathan, et toi, poisson Macar, disparaissez! Le temps n'est plus des énormités et des monstruosités. L'ébullition des premiers jours s'est éteinte. La terre, rafraichie par le déluge, a perdu son ardente atmosphère saturée d'oxygène et de carbone. La nature plus adroite n'a pas besoin de tant d'argile pour modeler les formes nouvelles dont elle repeuple le monde. L'Avenir flotte sur l'abime des eaux, renfermé aux flancs de l'arche!

Au second tableau, les eaux diluviales se sont retirées. L'ivresse de Noé maudissant Cham le mauvais fils, qui n'a pas respecté la nudité paternelle, symbolise la séparation des races. Selon les traditions rabbiniques, le visage de Cham serait devenu tout noir et tout bouffi après sa faute, et le fils réprouvé aurait, dans son exil, donné naissance aux races nègres ou basanées, tandis que des bons fils Sem et Japhet sont descendues les races blanches et jaunes postdiluviennes. A partir de là, l'humanité, telle que nous la connaissons, et sous des formes qui n'ont pas varié depuis cinq mille ans, commence ses migrations et ses pèlerinages : de grands fleuves humains descendent des hauts plateaux de l'Inde et se ramifient par toute la terre, et dès le troisième tableau, nous assistons à l'invention de l'astronomie aux premiers commencements de l'Égypte.

Des pêcheurs prennent dans le Nil caractéristique du lieu de la scène, des béchirs et des fahakas ; plus loin, des pasteurs observent, dans leur repos contemplatif, les étoiles qui s'ouvrent comme des fleurs d'or dans l'azur assombri du soir ; à l'horizon se dessine la silhouette des temples en construction. L'âge patriarcal va faire place à l'âge théocratique. Déjà dans les carrières de Syène les multitudes asservies taillent le granit rose en sphinx, en obélisques, en stèles, en pylones ; déjà se sculptent les dieux à tête de chien et d'épervier ; déjà se creusent et se peignent les hiéroglyphes ; le symbolisme effrayant et monstrueux de l'Égypte se traduit en édifices indestructibles qui offrent encore au monde leurs énigmes à deviner. Les nécropoles et les syringes étendent sous les temples leurs corridors et leurs chambres bariolés qu'habite un peuple de momies, tandis qu'en haut règne sur des vivants non moins morts que ceux des hypogées, un prêtre plus que roi et presque Dieu.

L'époque théocratique est arrivée à son plus haut développement. Dans la composition suivante, le mage Zoroastre, entouré de prêtres et de fidèles dans l'attitude du respect et de l'adoration, offre un sacrifice au Dieu dont il s'est fait le révélateur. Selon les traditions israélites, qu'on peut suspecter de partialité, Zoroastre servit longtemps le prophète Daniel, et ce fut de lui qu'il prit le côté judaïque qu'on remarque dans sa religion. Il écrivit le *Zend-Avesta*, réforma le culte des anciens Perses, et fit beaucoup de miracles. D'après les uns, il fut tué par une étincelle du feu qu'il savait faire jaillir des astres, et que le démon détourna sur lui (Zoroastre connaissait-il l'électricité?); d'après les autres, il fut passé au fil de l'épée avec quatre-vingt mille prêtres de son clergé par Argyaspe, roi des Scythes Orientaux, irrité de sa trop active propagande religieuse. C'est cette dernière version qu'a préférée l'artiste comme plus historique et plus conforme à son projet. Argyaspe, suivi de ses hordes, s'élance, sans s'inquiéter de la colonne qui sépare les deux parties de la composition, sur le mage incliné qui ne l'aperçoit pas. Les guerriers, cuirassés de peaux de serpents, brandissant des armes bizarres, contrastent par leurs gestes violemment farouches avec la placidité sacerdotale et théurgique du mage et de son entourage.

C'en est fait de la théocratie : l'époque guerrière commence, désignée aussi clairement que possible par un soldat tuant un prêtre. En cinq évolutions, nous voici arrivés du commencement du monde au cycle héroïque, et au premier angle de la croix qui forme le plan architectural du Panthéon.

Sur l'angle intérieur se déroule la guerre de Troie, immense tableau que n'interrompent pas les colonnes, et qui semble vu à travers un portique. L'*Iliade* est résumée tout entière dans cette admirable composition. Ici la flamme s'attache aux flancs des vaisseaux creux, là le jeune héros au poil fauve, l'Achille Péliade sort de sa tente pour disputer aux Troyens le corps de son ami Patrocle ; plus loin s'élèvent les hauts murs d'Ilion, où le grand cheval de bois va introduire les Grecs, et le cadavre d'Hector, traîné dans la poussière, expie la mort de Patrocle ; puis, dans un coin, est assis Homère, aveugle : le récit auprès de l'action. Il est entouré de vieillards, emblèmes de la tradition, qui lui racontent les hauts faits des hommes du temps passé, et de jeunes gens attentifs, rapsodes futurs, qui écoutent pieusement les légendes que le poëte transforme en vers à mesure qu'il les recueille. Pour mieux chanter le blond fils de Thétis aux pieds d'argent, Homère vient d'ajouter une nouvelle corde à sa lyre. A ses pieds, une seconde lyre d'une forme moins auguste, plus familière, pour ainsi dire, figure l'*Odyssée*, épopée déjà moins sévère.

Les temps héroïques sont clos : l'homme, après avoir secoué la terreur de dieux horribles et de religions écrasantes, n'a voulu dépendre que de sa force physique et de son courage personnel : il a appris à connaître sa valeur intrinsèque ; le progrès est déjà sensible : l'humanité se perfectionne. Aux chaos génésiaques, aux énormités antédiluviennes ont succédé les distinctions de race, la régularité théocratique. Mais si le désordre est funeste, l'immobilité ne l'est pas moins. Annihilé par un pouvoir trop puissant, l'individualisme avait besoin de se constater, et les héros se sont détachés violemment de la longue procession sacerdotale, où les pas étaient réglés et les attitudes prescrites. Cependant la force physique ne suffit pas à remplir l'idéal que poursuit l'humanité. La force morale doit se joindre à la force physique comme l'âme au corps. A côté de l'idée de puissance commence à sourdre l'idée de justice. Les législateurs ne vont pas tarder à se produire.

Voici dans cet entre-colonnement Pythagore, Solon, Lycurgue, tous ceux qui ont formulé le sens moral, la notion du juste et de l'injuste en vers dorés, en maximes et en lois. Le siècle de Périclès va s'ouvrir, la civilisation grecque se développe et arrive à son apogée. Hippocrate, entouré d'élèves qui recueillent ses observations, visite un malade et fait une leçon de clinique dans le temple d'Esculape. Démosthène, monté sur le pnyx ou tribune aux harangues, prononce devant la foule enthousiaste un de ces discours que Philippe craignait plus qu'une armée.

A cet endroit sera placée, dans une niche qui s'y trouve, une statue colossale d'Alexandre, exécutée sur les dessins de Chenavard, comme les sculptures de Versailles qui furent faites pour la plupart sur les dessins de Lebrun. Alexandre est considéré comme le héros expansif du génie grec, comme le propagateur de la civilisation hellénique qu'il traînait dans les fourgons de son armée, à travers les populations barbares; un des premiers parmi les conquérants, il eut le rêve de l'unité et chercha à réaliser un empire universel. Ce grand prince n'était pas seulement un soldat. Élève d'Aristote, admirateur de la poésie, il ne trouvait rien de plus précieux à mettre dans le coffre de Darius qu'un exemplaire de l'*Iliade*. Alexandre, à la fois artiste et guerrier, cœur généreux et grand cerveau, symbolise mieux que personne cette famille humaine si intelligente, si brave, si amoureuse du beau et qui est restée la patrie éternelle de tous les nobles esprits.

Interrompu un moment par la statue d'Alexandre, le grand défilé synthétique et pittoresque recommence : chaque pas qu'on fait vous vieillit d'un siècle, chaque colonne qu'on dépasse d'une civilisation. La splendeur d'Athènes s'éclipse déjà ; la Minerve d'ivoire et d'or, dont on apercevait la lance et le haut du casque dès le cap Sunium, n'a pu écarter les barbares de sa ville chérie. L'Acropole est envahie et le Parthenon profané. De grossiers soldats jouent aux osselets sur les tableaux d'Apelle, de Xeuxis, de Parrhasius et de Protogène, qu'ils rayent sans pitié. D'autres emportent les statues de marbre de Phidias, les bronzes de Lysippe, les trépieds et les cratères de Myron. Au fond la flamme dévore les monuments d'Ictinus, l'architecte qui sut donner la grace humaine à un fronton et à une colonne.

Athènes n'est plus qu'une ruine. Ce qui reste d'elle et de sa tradition, nous allons le retrouver dans la bibliothèque d'Alexandrie. Voici les versificateurs, les grammairiens, les commentateurs, les érudits, les philosophes qui raturent, épluchent, scrutent, compilent, dissertent, pâles desservants d'un art mort qu'ils ont embaumé pour lui conserver l'apparence de la vie, mais qui n'émeut personne, et auquel nul ne veut croire. Cette belle civilisation grecque a fini comme tout finit, par les barbares et les sophistes !

Maintenant, de l'Orient et de la Grèce, nous passons à l'Italie : les Étrusques d'Evandre savourent les douceurs de la paix et des arts ; occupés d'un joyeux festin, ils boivent à longs traits dans de belles coupes le vin que des jeunes filles leur versent, en inclinant ces amphores rouges et noires, fragiles chefs-d'œuvre céramiques dont quelques-uns pourtant sont parvenus intacts jusqu'à nous. On en voit qui, déjà rassasiés, sont étendus sur l'herbe, et jouent du chalumeau ou de la flûte de Pan. Cette scène de bonheur paisible et que rien ne semble devoir troubler ne se renouvellera plus. Regardez dans ce coin, au milieu de ces roseaux, cette louve couchée qui lève son museau maigre, et sous le ventre de laquelle fouillent deux enfants joueurs et avides. Cette louve est la louve romaine, qui aura bientôt dévoré l'Étrurie, et dont le monde entier ne pourra assouvir la faim insatiable.

Rome est constituée : les pères conscrits siégent sur leurs chaises curules, et Brutus, type de l'abnégation républicaine et du sacrifice des sentiments de famille aux sentiments patriotiques, sort pour commander aux bourreaux et aux licteurs l'exécution de ses fils.

La prise de Carthage, centre de la civilisation d'Afrique, occupe deux entre-colonnements : Carthage doit disparaitre et se fondre dans la grande unité romaine : cette scène de carnage et de terreur fait face à la chute d'Ilium et occupe le second angle de la branche gauche de la croix.

A l'angle de retour commencent les guerres civiles : César est sur le point de passer le Rubicon. Cette composition nous a vivement frappé par une grandeur de style et une expression morale dont peu de peintures offrent l'équivalent. Le torrent occupe le devant du tableau. César, à cheval, assez séparé du gros de sa troupe pour la dominer par la perspective comme une imposante statue équestre, hésite sur la rive, pesant la destinée du monde à cette minute suprême. Le cheval a déjà le pied dans l'eau et retourné la tête du côté de son maître d'un air interrogatif. Allons! c'est résolu. César passera; il rend la bride au noble animal! Le sort en est jeté. C'est simple, noble et beau, d'une beauté qui se sent mieux encore qu'elle ne peut se rendre.

L'artiste a réuni dans le tableau suivant, par une espèce de synchronisme d'optique, la mort de Brutus et de Caton;

tous deux désespérés, l'un doutant de la vertu, l'autre de la patrie, se tuent comme l'histoire le rapporte, Brutus en se laissant tomber sur son épée, Caton en arrachant ses entrailles par la bouche de sa plaie.

Les guerres civiles sont terminées. Auguste ferme le temple de Janus; les poulets sacrés, les foies des victimes, ont donné des présages favorables. La paix du monde est assurée pour toujours; Rome s'asseoit enfin sur une base inébranlable. Prêtres, jeunes filles, peuple, célèbrent ce jour heureux, et à quelques pas du temple se déroule une idylle pleine de poésie et de fraîcheur, la mise en action des vers où Virgile, prophète involontaire, annonce la venue du Messie. — Quant au poëte, il est là debout, ne regardant pas la fête, et, l'œil tourné vers l'aurore mystérieuse que lui seul aperçoit à l'horizon, il murmure les hexamètres célèbres :

> Ultima Cumœi venit jam carminis ætas :
> Magnus ab integro sœclorum nascitur ordo.
> Jam redit et virgo, redeunt saturnia regna :
> Jam nova progenies cœlo demittitur alto.

Nous sommes arrivé à l'extrémité de la croix et à la fin du monde antique : le paganisme a fait son temps; une religion nouvelle va dominer le monde : avec Jésus-Christ est née l'ère moderne.

II

Au fond du temple, au sommet précis de la croix grecque et en face de la porte d'entrée, l'œil rencontre un espace de trente-cinq pieds de large et s'arrondissant en cintre.

Cet emplacement a été consacré par l'artiste au fait capital qui a changé la forme de la civilisation, c'est-à-dire la venue du Christ. Sans refuser au Nazaréen sa qualité divine, Chenavard ne l'a pas cependant présenté sous son côté surnaturel et fantastique, pour ainsi dire. Il a plutôt vu en lui le philosophe, le moraliste imbu des doctrines esséniennes, l'initié des mystères égyptiens, le dépositaire de l'antique sagesse de Moïse, et surtout l'ange de la bonne nouvelle, le verbe de l'esprit moderne; de cette façon, il le grandit, loin de le rapetisser; car, aux yeux de l'artiste, une idée vaut mieux qu'un miracle, l'intelligence illuminant l'œil est préférable à l'auréole entourant la tête.

Ce tableau s'appelle *le Sermon sur la Montagne :* dans un lieu solitaire, car c'est là que naissent les pensées, loin des villes, c'est-à-dire loin du vulgaire ennemi de toute innovation, fût-elle à son avantage, Jésus parle avec une autorité douce à la foule attentive qui l'environne, et dont les groupes appartiennent à tous les temps et à tous les âges, ce qui produit un de ces pittoresques anachronismes de costumes dont les Vénitiens savaient tirer de si heureux contrastes.

Cette foule n'est pas très-orthodoxe : ce ne sont pas, comme vous pourriez vous l'imaginer, des apôtres, des Pères de l'Église, des docteurs de la loi, des saints du calendrier qui entourent le doux fils de Marie. Il ne s'agit pas ici du Christ dogmatique et théocratique tel que le catholicisme l'a arrangé pour ses besoins, de ce Christ herculéen qui, dans la fresque de Michel-Ange, lève avec un geste violent son bras d'athlète pour écraser tous ceux qui n'ont pas suivi le chemin tracé ; mais du Jésus tendre et bon, de l'ami des petits enfants et des femmes, du blond rêveur qui se fût volontiers promené sous les ombrages de l'Académie entre Platon et Socrate. Le peintre a composé l'auditoire du sermon sur la montagne de tous ceux qui ont aimé le Christ pour lui-même et l'ont cherché avidement, fût-ce en dehors du dogme, fût-ce à travers l'hérésie.

Parmi la foule on remarque Apollonius de Thyanes, Arnaud de Brescia, Jean Huss, Wiclef, Luther, Campanella, Savonarole, Fénelon, Swedenborg, saint Martin et d'autres personnages plus modernes qui, d'après l'inspiration plus ou moins directe de Jésus, ont travaillé avec lui ou comme lui à la réalisation des grands préceptes de l'Évangile. Saint Jean, Madeleine, sainte Thérèse, madame Guyon, représentent parmi ces groupes, le dévouement passionné, l'amour poussé jusqu'à l'abnégation de soi-même, le sacrifice complet de l'individualisme. Pour symboliser la fraternité, l'artiste a entouré son Christ d'enfants et de jeunes mères : l'une d'elles cueille des fruits à un arbre pour les donner à ses chers petits qui lui tendent leurs bras potelés ; une autre presse ses deux fils qui s'embrassent et traduisent ainsi en action le sujet du sermon sur la montagne.

A gauche, des guerriers à cheval laissent tomber leurs armes et se prennent amicalement la main. Un marchand donne son argent à des pauvres qu'il étreint d'une accolade fraternelle, et répand à terre en signe de mépris des richesses, des pièces d'or qu'un autre marchand vêtu d'un costume tout moderne ramasse avec avidité. Le sermon lui a évidemment fait peu d'effet.

A droite, est un homme isolé, le dos appuyé contre un arbre, profondément recueilli et qui verse d'abondantes larmes ; il porte un costume d'Arménien : c'est Jean-Jacques Rousseau que les paroles du Christ émeuvent et transportent. Derrière lui coule un ruisseau où s'abreuvent des moutons. Le berger qui les conduit porte lui-même une petite brebis malade ; il se retourne en marchant et regarde Jésus. Le peintre a rappelé habilement, par ces figures d'un si heureux effet, les paraboles familières de l'Évangile : les petits enfants, les mères, les centurions, les sources, les brebis et les bons pasteurs ; mais ce qui fait l'originalité de cette immense et magnifique composition, c'est que le Christ y paraît entouré d'utopistes? En effet, qu'est-ce qu'un utopiste? Un homme qui rêve une société plus parfaite, un avenir plus heureux pour ses frères, et cherche à faire régner sur la terre le bonheur qu'annonce la bonne nouvelle, c'est-à-dire, la Liberté, l'Égalité et la

Fraternité. Tous ceux qui, aux dépens de leurs repos, se sont occupés de la félicité universelle, n'ont-ils pas, fussent-ils rejetés par l'Église, suivi le Christ sur la montagne et ne sont-ils pas vraiment ses fils ?

Voici donc Jésus, entre le monde antique et le monde moderne, au déclin et à l'aurore d'une civilisation. Les Olympiens sont inquiets dans leurs maisons célestes : ils voient pâlir leur divinité et s'éclipser leurs rayons : bientôt les autels et les sacrifices vont leur manquer. On dit même qu'on a entendu une voix qui criait la nuit sur les eaux : Le grand dieu Pan est mort! La voix s'est trompée assurément, car celui-là ne meurt pas ; mais, ô pauvre Jupiter, ta chevelure ambroisienne grisonne, le frissonnement de ton noir sourcil n'entraîne plus le ciel et la terre. Tu as vécu ta vie de dieu, deux mille ans à peu près : les prédictions de Prométhée et des Sibylles s'accomplissent.

L'artiste a rendu de la manière la plus ingénieuse et la plus sensible les progrès invisibles faits par l'idée nouvelle sapant l'idée antique. Une composition qui occupe deux entre-colonnements, sans tenir compte du pilier de séparation, montre le chemin déjà parcouru depuis la prédication sur la montagne. Coupée en deux dans le sens de sa largeur, elle nous présente, à sa portion inférieure, les catacombes ; à sa portion supérieure, le Forum romain ; nous assistons à l'existence cryptique des néophytes et des catéchumènes. Ici se célèbre le sacrifice où la seule victime est l'agneau mystique, où il ne coule d'autre sang que celui d'un Dieu. Là, se célèbre l'agape fraternelle, plus loin, de pieuses femmes enterrent le corps lacéré des martyrs. Un escalier tortueux monte de ces profondeurs obscures dans une pauvre maison qui occupe l'angle du tableau, et, par la porte entr'ouverte deux chrétiens jettent au dehors un regard ébloui et furtif.

En bas, c'était l'ombre, la souffrance, la résignation; en haut, c'est la lumière, la richesse et l'orgueil : un triomphe romain passe fastueusement sous l'arc votif. Le blanc quadrige piaffe, à peine contenu par les écuyers pendus aux crins des chevaux; l'or reluit, les pierreries étincellent aux axes et sur les flancs du char; les victoires battent des ailes en tendant des couronnes; les éléphants dressent en l'air leurs trompes comme des clairons, les esclaves portent sur des brancards les dépouilles opimes, les soldats agitent leurs armes et leurs enseignes, et traînent les captifs les bras liés derrière le dos : César revient victorieux de la Germanie ou de l'Orient. Tout est pacifié, l'empire est tranquille. César, César, l'ennemi n'est plus là, tu n'as rien à redouter du Dace ou du Parthe, qui lance son trait en fuyant; mais n'entends-tu pas que la terre sonne creux sous ton char? tes roues n'éveillent-elles pas comme un tonnerre profond? ton empire est miné. L'avenir du monde tressaille dans ces noires ténèbres comme le blé dans le sillon aux premières ondées du printemps; toi le César, l'auguste, le divin, tu vas t'engloutir avec tes dieux, tes maisons d'or et de marbre, tes thermes, tes cirques, tes chars, tes chevaux, tes esclaves et tes courtisanes; il n'y a plus d'autre pourpre que celle qui sort des blessures du Christ, et le Golgotha est le Capitole.

César, c'est moi qui te le dis, tu n'as qu'à courber ta tête sous l'eau sainte du baptême pour te laver de la tache originelle; allons, courbe-toi avec Constantin, et reçois en frissonnant sur le porphyre glacé du baptistère la douche régénératrice : tu n'es plus dieu, tu n'es plus empereur, tu n'es pas même homme, si le prêtre ne te relève de ta chute; accepte la croix, inscris-la sur ton labarum. « Tu vaincras par ce signe. » Mais si tu regimbes, si tu te permets quelque petite fantaisie impériale, saint Ambroise te fermera sur le nez les portes de l'Église, comme à Théodose, et d'un air contrit tu feras à genoux amende honorable sous le porche de la cathédrale de Milan.

C'est par ces deux tableaux que Chenavard a symbolisé les développements progressifs de l'idée chrétienne : humble aux catacombes, bienveillante sous Constantin, superbe sous Théodose; d'abord elle se cache, ensuite elle accueille, puis elle exclut.

Ces diverses phases, parfaitement caractérisées, nous amènent, en partant du fond du temple, au premier angle de la croix, dont le bras est occupé de ce côté par l'Attila saccageant Rome, saint Jérôme au désert et le Couronnement de Grégoire VII.

L'Attila est une grande composition qui occupe deux panneaux. D'une basilique byzantine, symbole de l'art nouveau, descend, par les paliers d'un escalier en terrasse, une procession de prêtres ayant en tête le pape porté sur sa chaise pontificale par quatre ségettaires : le bas du tableau est occupé par une horde de Huns et de barbares, tuant, pillant, incendiant. Le sol est jonché de cadavres encore chauds que l'on dépouille et que l'on précipite le long des rampes; ce ne sont que cruautés atroces, mutilations affreuses; le sang regorge, les chevaux en ont jusqu'aux sangles ! Attila, pressant des genoux son coursier échevelé et sauvage, qui se cabre sur des monceaux de morts et de mourants, se trouve face à face avec le blanc vieillard à la triple couronne, et recule effrayé devant le rayonnement tranquille de la force morale et la majesté surhumaine de la religion. — Dans le fond, la flamme dévore les monuments de la Rome antique, temples, cirques, arcs de triomphe. La Rome des Césars fait place à la Rome papale. Attila et les barbares, qui s'imaginent être des conquérants, ne sont que les fossoyeurs qui enterrent le grand cadavre de l'empire romain.

Attristée, effrayée de ces bouleversements, de ces scènes de violence sauvage, l'âme, sous la figure de saint Jérôme, va chercher aux Thébaïdes le repos et la méditation; les barbares font trouver douce la société des bêtes féroces : il y a des époques où il fait meilleur vivre avec les tigres qu'avec les hommes.

Seul au milieu d'un paysage grandiose et sévère et qui ne manque cependant pas des âpres charmes du désert, saint Jérôme est assis sur un quartier de roche. Il traduit la Bible, tandis qu'un de ses bras laisse pendre une main distraite qui joue avec les mèches de la crinière d'une énorme lion léchant indolemment ses pattes à côté de son maître.

Cette composition, une des moins compliquées de la série, mais non pas la moins intéressante, indique qu'après tant de cataclysmes et d'évolutions, l'humanité a le besoin de respirer et de se recueillir un peu. Cet élan vers le désert, cette soif des mornes solitudes dénotent l'accablement qui suit les excès d'action : il faut au monde étourdi du fracas des invasions et des chutes d'empires quelques années de silence et d'isolement pour recomposer son idéal, sans quoi le plus épais matérialisme ou la plus grossière superstition envahirait la terre.

L'idée chrétienne se complète par l'idée catholique. Grégoire VII est couronné pape : l'Église ne se contente plus de la puissance spirituelle; il lui faut encore le pouvoir temporel; le pape, chef suprême du monde catholique, ne veut voir dans les empereurs et les rois que des vassaux et des feudataires. En effet, n'est-il pas infaillible, vicaire de Dieu, presque Dieu ? Ne possède-t-il pas l'anneau de saint Pierre et les clés d'or qui ouvrent ou ferment le paradis ? Et à qui le rêve de l'unité est-il plus permis qu'à Grégoire VII, qu'à l'orgueilleux pontife qui excommunia l'empereur Henri et le fit rester trois jours pieds nus, la laine sur la peau, en plein hiver, avec sa femme et son enfant en bas âge, à la porte du château de Canossa, implorant sa grâce et son absolution ? Il y a loin de l'humble prêtre des catacombes, officiant sur un autel informe, sous la jaune lueur d'une lampe sépulcrale, à ces façons violentes et superbes.

O doux Jésus, qui prêchiez sur la montagne, reconnaîtriez-vous là votre doctrine, et ce hautain Grégoire est-il vraiment, malgré son infaillibilité et son orthodoxie, un continuateur de vos idées et de vos sentiments? les fidèles hérétiques, les pieux incrédules dont Chenavard vous a entourés, ne sont-ils pas plus près de vous que Grégoire? et cependant, c'était un plan grandiose que celui de réunir dans un seul corps les membres disloqués du monde antique et de reconstituer, au profit du catholicisme, l'unité de l'ancien monde romain; pour y parvenir, la Rome païenne avait admis dans son panthéon tous les dieux vaincus; la Rome chrétienne voulait imposer son dogme à tous les peuples et se faire ainsi le grand juge de la conscience universelle : ce dessein, quoiqu'il n'ait pas été entièrement accompli, a toujours servi à donner de l'homogénéité aux éléments hétérogènes et mêlés depuis peu, dont les nations se composaient alors.

Du Christ nous passons à Mahomet et du pape au calife, de la civilisation catholique à la civilisation musulmane. Haroun-al-Raschid, le fabuleux et pourtant très-réel sultan des Mille et une Nuits, réunit les savants, les poëtes et les philosophes dans son palais, enrichi des merveilles du luxe oriental; il tient une espèce de divan littéraire, et les jambes croisées, l'œil éclatant et fixe, sa main fine caressant sa barbe noire, il écoute une de ces dissertations subtiles et fleuries auxquelles se plaît le génie arabe; son fidèle Giaffar est près de lui, et dans le fond du tableau scintillent vaguement les trésors vrais ou fantastiques du calife, le paon de pierreries, l'arbre d'or chargé d'oiseaux mécaniques qui chantent, l'éléphant de cristal de roche, l'orgue et l'horloge destinée à Charlemagne; l'Orient a pris une des premières places dans la procession de l'humanité et recueilli des arts de la Grèce tout ce que pouvait admettre une religion iconoclaste; l'architecture, la poésie, la philosophie, l'astrologie, l'alchimie, la médecine, fleurissent sous ces intelligents califes Abassides. Aristote est traduit, et le dépôt de la science antique traverse la nuit épaisse du moyen âge. Le second entre-colonnement est occupé par les savants et les artistes, qui se retirent chargés des témoignages de la magnificence d'Haroun-al-Raschid.

Ces compositions nous conduisent jusqu'à la statue de Charlemagne, qui fait face à celle d'Alexandre, placée à l'autre bout de la croix. Charlemagne eut comme Alexandre un des plus vastes empires qu'il ait été donné à l'homme de commander, et put sans vanité prendre, avec l'aigle romaine, le nom de César et d'Auguste. Alexandre n'était qu'artiste et guerrier, Charlemagne fut encore législateur; ses Capitulaires restent comme un éternel témoignage de raison et de justice : les fables des romans chevaleresques du cycle carlovingien sont moins surprenantes à coup sûr que son histoire. Sa statue est du plus beau caractère : c'est bien l'empereur géant, l'énorme intelligence servie par un corps de Titan, le guerrier herculéen qui, selon la chronique du moine de Saint-Gall, portait à sa lance, embrochés comme des grenouilles, sept pauvres Saxons idolâtres : *nescio quid murmurantes;* le vainqueur de Didier et de Witikind, l'empereur à l'œil d'épervier et à la barbe *grifagne* comme disent les poëtes du Romancero français, le compagnon des douze pairs, l'ami de Roland et d'Olivier, celui dont les grands os font reculer de surprise le voyageur lorsqu'on ouvre la châsse byzantine plaquée d'or, constellée de grenats, qui les contient dans la sacristie d'Aix-la-Chapelle, sa ville bien-aimée.

L'Orient semble vouloir déborder sur l'Occident. Les Sarrasins, arrêtés en France par la masse d'armes de Charles-Martel, possédaient le bout de la botte italique, une partie de la Sicile, presque toute l'Espagne ; des califes régnaient à Cordoue, à Séville, à Grenade, dont le nom même, resté arabe, signifie la crème du couchant (*garb-nata*). Des princes baptisés, mais Musulmans de mœurs et de penchants, tels que Mainfroy et don Pèdre le Cruel, représentaient fort mal l'idée chrétienne dans des royaumes presque africains. La réaction des croisades était donc nécessaire même à un autre point de vue que celui de reconquérir le tombeau du Christ. Aux époques peu avancées, ce n'est que par les guerres et les invasions que les peuples se visitent et se connaissent ; et, quoique cela puisse paraître une assertion paradoxale, dans les temps barbares, le lieu où l'humanité fraternise, c'est le champ de bataille : le grand fait de la guerre brise les séparations, change les milieux, amène la fusion. Un chrétien et un musulman qui se sont donné des coups de lance ou de sabre, sont plus près de s'apprécier et de s'aimer que si le premier était resté à genoux dans sa cathédrale, et l'autre accroupi dans sa mosquée. Les hommes s'ignorent profondément les uns les autres, et il faut que de temps en temps, soit par un motif de conquête, soit par un motif pieux, il s'établisse des courants rapides dans la stagnation humaine. Le flux oriental qui avait envahi l'Occident nécessitait, par un de ces équilibres auxquels sont soumis l'Océan et l'humanité, un reflux occidental sur l'Orient.

Cette nécessité du développement humanitaire s'accomplit ici. Les croisés, vainqueurs, entrent dans Constantinople : les lourds chevaux caparaçonnés de fer, les *Roussins*, comme on disait alors, avec leurs chanfreins aux pointes d'acier, leurs selles bardées de plaques sur lesquelles se tiennent debout, dans une attitude raide et contrainte, les chevaliers vêtus de mailles, coiffés de casques carrés, ayant au flanc la large triangulaire, font sonner le pont-levis abaissé, et s'engouffrent sous la voûte qui semble, grâces aux dents de la herse levée, une gueule d'orque ou de monstre infernal. La croix d'argent de France, la croix de gueules d'Espagne, la croix d'azur d'Italie, la croix d'or d'Angleterre, la croix de sinople de Suède, symbolisent la réunion de tous les peuples chrétiens. Dans la seconde partie de la composition, nous assistons au sac de la ville : les croisés emportent la vaisselle d'or et d'argent, les statues d'ivoire, les étoffes précieuses, les manuscrits coloriés, les horloges, emblèmes d'une civilisation supérieure et de l'importation des arts et des connaissances de l'Orient usé et raffiné dans l'Europe encore neuve et barbare.

Ainsi, dans chaque bras de la croix, presque face à face pour ainsi dire, les évolutions de l'histoire amènent, par une symétrie presque fatale, quatre prises ou sacs de villes capitales d'empires puissants : la ruine de Troie, la ruine d'Athènes, la ruine de Carthage, la ruine de Constantinople. La prise de Rome par Attila n'a pas la même signification historique, puisqu'au lieu de l'unité temporelle elle conquiert l'unité spirituelle. Le pape moderne n'est pas moins puissant que le César antique : l'un règne sur les âmes, l'autre ne régnait que sur les corps ; le César n'avait que la terre, le pape a le ciel. Rome, malgré les déluges des Huns, des Hérules, des Goths et des Vandales, est donc toujours restée la métropole du monde et la conservatrice de cette idée profondément humanitaire de la domination universelle.

La chute de l'empire d'Orient a fait refluer sur l'Italie la civilisation du Bas-Empire ; Lascaris et les savants grecs y apportent les belles traditions de l'art et le grand goût hellénique : aux discordes farouches, aux guerres de ville à ville succède une ère d'art et de poésie.

Dans une belle et riante campagne, sur les bords de l'Arno ou du Tibre, le peintre a placé les poëtes italiens qui caractérisent chacun une espèce d'amour. Dante, incliné sur le corps de Béatrix morte, représente l'amour douloureux qui se nourrit de regrets et n'a d'espérance que pour l'autre vie, l'amour abstrait, idéal, théologique pour ainsi dire, où l'être adoré semble plutôt la personnification de la vertu divine qu'une femme ayant réellement traversé ce vallon de misère. Pétrarque se promenant avec Laure, symbolise l'amour pur encore, raffiné par les subtilités platoniques, mais sensible à la beauté et cherchant le bonheur de la possession à travers les réticences et les entraves des sonnets, des sextines et des canzone. Tout auprès, dans l'azur tranquille, un laurier découpe ses feuilles luisantes, occasion pour le poëte de tant de comparaisons et de concetti. Plus loin le Tasse, en costume de seigneur, la chaîne d'or au col et l'épée au côté, courtise la princesse Éléonore avec une galanterie chevaleresque. De l'autre côté, Boccace assis près de Fiammetta, avec la gaie compagnie du Décaméron, raconte une de ses histoires joyeuses. Dante est l'amour de l'âme, Pétrarque l'amour du cœur, le Tasse l'amour de tête, Boccace l'amour des sens.

Arioste, qui, par son sentiment de la forme et des couleurs, est autant un artiste qu'un poëte, se trouve au compartiment suivant mêlé aux peintres, aux sculpteurs, aux architectes, aux cardinaux, aux belles dames qui, groupés autour d'une élégante fontaine dans le goût de la Renaissance, devisent d'art, de galanterie, de musique, d'amour, d'architecture, de poésie, de tous ces beaux sujets des nobles conversations, pendant que dans le fond des ouvriers élèvent le Vatican, dont on présente le plan à Jules II, placé au second plan.

Cette grande période intellectuelle, artistique et littéraire clairement indiquée, on passe au fait le plus important de l'ère moderne, nous voulons parler de la découverte de l'Amérique. Un nouveau monde est ajouté à l'ancien, et désormais le globe, équilibré par l'apparition de cet énorme continent n'offrira plus cette choquante disproportion d'eaux et de terres ; la symétrie cosmique est rétablie ; les vagues pressentiments de l'Atlantide et des îles Macarées s'accomplissent, comme tout ce que rêve le génie humain.

Deux panneaux ont à peine suffi à l'artiste pour dérouler la vaste composition qui se rattache à ce sujet : la disposition en est des plus originales : la caravelle capitane qui porte Christophe Colomb, vue par le travers occupe le premier plan, composé de vagues marines ; le pilier architectural la sépare en deux, perpendiculairement. Sur le haut château de poupe, bâti dans les formes singulières des constructions navales du moyen âge, se tient debout Christophe Colomb, entouré de ses Espagnols et de quelques captifs américains ; des matelots et des esclaves chargent sur le navire, rangé près de la terre, des masses d'or vierge, des idoles bizarres, des manteaux de plumes d'oiseaux, des perroquets aux couleurs éclatantes, tout ce que l'avidité européenne a pu arracher à ce monde devenu l'Eldorado des aventuriers.

La découverte de l'Amérique arrive au quatrième angle de la croix ; au tournant de la branche, nous sommes en pleine actualité.

Voici l'atelier de Guttemberg ; à côté de lui travaillent ses associés, Jean Faust et Pierre Schœffer. La presse marche ; des savants corrigent des épreuves, et des acheteurs emportent les livres qui vont répandre l'instruction sur le monde. L'humanité est entrée dès ce moment en pleine possession d'elle-même ; sa pensée multipliée à l'infini, jetée aux quatre points cardinaux comme les feuilles sibyllines, pénétrera jusqu'aux lieux les plus inaccessibles. Jadis l'idée voltigeait comme un oiseau sur les bouches des hommes; vain son, écho fugitif que plus tard le stylet ou le calamus gravaient lentement dans la cire ou sur le papyrus, et que de rares copies transmettaient à un petit nombre d'initiés. Maintenant l'on cause d'un pôle à l'autre; les idées s'échangent avec la rapidité de l'éclair; tous peuvent savoir tout; le verbe tiré par le typographe à des nombres prodigieux pénètre profondément les masses, atteint les multitudes avec simultanéité. Aucun progrès ne sera désormais perdu.

A peine l'imprimerie est-elle inventée, que l'esprit d'examen se développe. Le doute succède à la foi. La raison décline l'autorité. Luther, dans la chaire de l'église de Wittemberg, déchire les bulles du pape et commence la croisade moderne contre Rome. Molière, comédien philosophe, poursuit l'œuvre du moine défroqué. *Tartuffe* proteste contre l'esprit ultramontain au nom de la raison humaine, de l'honnêteté et du libre arbitre. Nous voyons le grand poëte, ami de Louis XIV, assis dans le parc de Versailles et lisant sa comédie de l'*Imposteur* à ses amis Corneille, Racine, Lafontaine, qui l'écoutent avec une attention admirative et sereine, comme des génies recevant une communication d'un des leurs. Pendant la lecture le roi passe accompagné de sa suite étincelante, de Colbert, de Louvois, de Sévigné, de Lavallière. Le roi sourit au poëte qui se détourne avec respect. Ces deux majestés se saluent et caractérisent le *grand siècle* par leur rencontre dans ce lieu splendide et magnifique.

A Molière succède Voltaire. Le patriarche de Férney, dans la robe de chambre dont l'a drapé Houdon, ayant près de lui le marquis de Villette, madame Denis, la marquise du Châtelet, nous apparaît sur le haut de cet escalier qu'a monté tout le dix-huitième siècle ; on le voit distribuant le mot d'ordre de l'humanité aux encyclopédistes d'Alembert, Diderot, qui le transmettent aux seigneurs, aux belles dames, aux propagateurs de toutes sortes étagés sur les marches. Rien n'est plus fin et plus ingénieux que cette composition où pétille tout l'esprit de Voltaire.

La révolution s'est accomplie. Napoléon, sur une barque de forme mystérieuse, traverse l'abîme sombre qui sépare les deux âges. Autour de lui, mais plus pâles et moins réels, sont groupés Cyrus, Alexandre, César et Charlemagne, les grands conquérants unitaires. Par cette réunion symbolique, l'artiste laisse entendre que dans sa pensée, une âme unique par des *avatars* successifs, est apparue à des époques diverses sous ces cinq noms illustres ; cette doctrine est celle d'Hamza, disciple du calife Hakem, et sur elle repose une des croyances fondamentales de la religion des Druses, reprise en sous-ordre par l'illuminé Towianski.

III

Nous avons fini cette longue promenade où la vie de l'humanité est représentée d'une manière progressive et plastique par des tableaux empruntés à l'histoire, sans la ressource de l'allégorie et du symbolisme. Jusqu'à présent l'on pourrait ne voir, à la rigueur, dans ce que nous venons de décrire, qu'une gigantesque illustration de l'Histoire universelle de Bossuet ; l'artiste ne s'est servi que de la réalité ; toute idée emprunte la forme d'un fait ou d'un événement connu. C'est du choix ou de la juxtaposition que résulte le sens général. Aucune signification n'est forcée. Chaque tableau, chaque personnage a sa valeur propre, et pas un ne porte écrit sur une banderolle : « *O muthos deloi oti !* » Leur portée mythique ne se révèle que par la succession. La guerre de Troie est bien la guerre de Troie et pourrait être exposée toute seule, mais après avoir fait feuilleter aux yeux cette grande chronique de l'univers, le peintre, en se restreignant toujours aux ressources de son art muet, tire les déductions des faits qu'il vient d'exposer.

Comme nous l'avons dit, la coupole est soutenue par

quatre énormes piliers triangulaires : chacun de ces piliers représente un des âges de l'intelligence humaine, — l'âge de la religion, l'âge de la poésie, l'âge de la philosophie, l'âge de la science qui est le nôtre. Ces âges correspondent par une secrète sympathie aux quatre désignations métalliques : l'or, l'argent, l'airain et le fer.

Quatre statues différemment significatives sont placées au bas de leurs piliers respectifs :

Au bas du pilier de la religion, sur la face intérieure, Moïse tient d'une main les tables de la loi qu'il a rapportées du Sinaï, et de l'autre il montre le ciel. Sur son front protubérant saillent ces cornes qui ornaient aussi Bacchus ; emblème où l'antiquité voyait un signe de puissance, et que la phrénologie expliquerait par l'énorme développement des bosses de la vision des esprits. Moïse exprime l'autorité. Une grandeur triste le caractérise ; sa barbe descend à flots sur sa poitrine, comme une avalanche de neige ; ses traits, qui ont réfléchi la splendeur de Dieu, semblent flamboyer, et, par leurs angles fermement sculptés, accuser la résolution immuable et la foi profonde du législateur théocratique.

Au dessus de la statue, dans un cartouche carré, l'on voit un sujet qui n'a jamais été peint que nous sachions et qui est d'une beauté terrible et grandiose : c'est Dieu enterrant Moïse. Le législateur hébreu, après avoir regardé du haut d'une montagne cette terre de Chanaan où il ne devait pas entrer, disparut, comme on sait, d'une manière mystérieuse, et l'on ne put jamais retrouver son cadavre. Suivant des légendes orientales et thalmudiques d'une haute poésie, Dieu fut obligé de tuer son révélateur, et de l'enterrer lui-même ; car l'ange de la mort n'osait saisir ce corps où le reflet de l'Éternel brillait en rayons inextinguibles, et les esprits sombres du néant n'avaient pas le courage de consommer leur œuvre sur cette chair illuminée des flammes du Sinaï. Le Créateur fut obligé de faire la besogne du destructeur. Rien n'est plus triste et plus solennel que ce Dieu descendant son prophète dans la fosse, et jamais la peinture n'a atteint cette grandeur sauvage et désespérée.

Ce cartouche ou caisson supporte le pendentif aigu à sa base et s'évasant par en haut.

Dans la portion inférieure et resserrée en gaine, Chenavard a dessiné un petit Génie qui tient un masque enfantin pour exprimer l'âge puéril de l'humanité. Ce masque a, en outre, une autre signification. Les âges de l'humanité, qui est l'éternité collective, ne sont qu'apparents et relatifs.

Par dessus, dans un compartiment qui ressemble à un triangle dont la pointe serait tournée en bas, se groupe une colossale figure de la Foi qui rappelle le goût et le style des fameuses sibylles de Michel-Ange. Elle a les ailes étendues et la tête dans le ciel; une nuée mystérieuse la cache en partie; son vêtement, austèrement drapé, rappelle celui des vestales; le soleil se lève à ses pieds : c'est l'aurore de la civilisation.

Sur les faces postérieures, on voit le Christ détaché de la colonne pour être conduit au Calvaire, et l'Hégire ou fuite de Mahomet.

Le Christ, conçu à la manière des grands maîtres, n'a pas besoin d'explication. L'Hégire, sujet tout à fait neuf, demande quelques détails : Mahomet, poursuivi par les habitants de la Mecque qui le voulaient poignarder, s'est retiré dans la caverne de Thur avec quelques fidèles ; il est accroupi à la manière orientale, l'air calme et résigné, s'appuyant la tête sur la main gauche, et de la droite tenant nue sa caractéristique épée à deux pointes. Cette attitude impassible au milieu du danger exprime la doctrine du fatalisme qui fait le fond de la religion musulmane.

Sur le premier plan, Abou-Beker se traîne à plat ventre pour voir, à travers les broussailles, le chemin que prennent les ennemis qui poursuivent le prophète et ses compagnons. Omar, adossé à la paroi rentrante de la grotte, regarde avec étonnement l'araignée ourdissant à l'entrée du souterrain la toile miraculeuse et les pigeons pondant sur le seuil les œufs destinés à détourner les soupçons des investigateurs en leur prouvant que depuis longtemps personne n'a pénétré dans la caverne : les coureurs et espions Koraïschites sont vus à mi-corps au dessus de broussailles.

A leur tête on distingue Soraka, d'abord persécuteur acharné, ensuite fervent admirateur de Mahomet, dont il suivait la trace au moyen de flèches divinatoires. Le cheval de Soraka butte arrêté par une prière du prophète.

Voilà donc la composition d'un de ces piliers fondamentaux. D'abord la Foi, figure abstraite et symbolique ; la Foi, qualité nécessaire pour admettre les idées religieuses. Ensuite, comme pour servir de date à cette qualité de l'âme, le petit Génie au masque puéril, car l'enfance croit sans preuve, ce qui est le propre de la Foi. Puis le personnage qui anthropomorphise l'idée, Moïse, avec le cartouche résumant sa destinée, et enfin, sur les plans latéraux, deux compositions emblématiques et historiques à la fois, qui attestent et confirment la pensée générale.

La même ordonnance est suivie pour les autres piliers. Le second appartient à l'art, à la poésie : enfant, le genre humain a cru à la divinité ; jeune homme, c'est à la beauté qu'il croit. La figure de la Poésie, les ailes palpitantes et la tête levée, semble regarder fixement le soleil plus haut monté sur l'horizon, et dont les rayons lui servent d'auréole. L'Humanité est à son midi ; elle appuie les pieds sur un Génie qui joue avec un masque où brillent les fraîches couleurs de la jeunesse.

La statue caractéristique de ce pilier est Homère. Sa figure exprime l'attention et l'inspiration. Il est aveugle pour montrer que le poëte doit procéder non par la vision immédiate, mais par l'intuition, par l'œil intérieur ; il s'appuie sur sa lyre et semble écouter les récits primitifs et les légendes naïves, sources de la poésie.

Le caisson supérieur est rempli par un sujet emprunté à la muse antique d'André Chénier :

> Dieu dont l'arc est d'argent, dieu de Claros, écoute :
> O Sminthée Apollon, je périrai sans doute,
> Si tu ne sers de guide à cet aveugle errant.
> C'est ainsi qu'achevait l'aveugle en soupirant,
> Et près des bois marchait faible, et sur une pierre
> S'asseyait. Trois pasteurs, enfants de cette terre,
> Le suivaient, accourus aux abois turbulents
> Des molosses, gardiens de leurs troupeaux bêlants.

Sur les deux autres faces du triangle formé par le pilier, le peintre a placé Socrate, type de la beauté morale, buvant la ciguë, et Phidias, représentant de la beauté plastique, qui, accusé de vol, détache de la statue d'ivoire et d'or de Pallas les morceaux de métal dont on prétend qu'il a détourné une partie, et les fait peser pour confondre ses calomniateurs.

Au troisième pilier, le Génie qui sert de date montre un masque ayant les traits de l'âge mûr; au dessus de lui, la Philosophie, les ailes à demi repliées et dépouillée de ses vêtements, se regarde dans un miroir; elle semble méditer sur les grands problèmes de l'intelligence. Les rougeurs de l'horizon indiquent la venue du soir : l'heure crépusculaire de l'humanité a sonné.

La statue d'Aristote personnifie cette phase de l'esprit humain qui a pour caractère l'analyse. Le type du stagyrite est austère et recueilli; il rêve, il songe, il cherche; quelque abstraction philosophique, quelque difficile problème l'absorbent tout entier; son caisson nous le représente enseignant le jeune Alexandre, pour montrer par là que le plus noble emploi du philosophe est de former l'esprit de ceux qui sont appelés à conduire les peuples.

Les deux autres pans du pilier nous montrent César Justinien entouré des plus illustres jurisconsultes, tels que Machiavel, Barthole, Cujas, Grotius, Puffendorf et Montesquieu; il formule le code qui porte son nom. Rousseau, l'auteur de l'*Émile*, l'homme qui s'est le premier préoccupé des douleurs et des tortures de l'enfance, est assis sous un arbre; il contemple des enfants débarrassés du maillot et souriant à de jeunes mères qui leur donnent le sein; quelques-uns, un peu plus âgés, étudient et travaillent d'après la méthode du maître; d'autres se reposent et jouent ou regardent des fleurs.

L'époque moderne occupe le quatrième pilier. Une grande figure de la Science se contourne dans l'angle supérieur. Courbée par l'âge, elle se penche sur un grand livre où elle lit à la lueur de la lampe un travail nocturne. A peine quelques étoiles se montrent sur le ciel noir qui lui sert de fond, la nuit est venue, les flambeaux naturels n'éclairent plus le monde; il faut demander d'autres lumières aux combinaisons mathématiques. Le petit Génie se cache derrière un masque de vieillard. Galilée est la statue caractéristique qui s'adosse à la face intérieure du pilier. Son attitude et sa physionomie expriment la recherche curieuse. Il regarde le ciel, non plus en dévot, non plus en poëte, non plus en rêveur, mais en savant. Il tient dans ses mains le télescope qu'il a inventé. Ses traits sont empreints d'une gravité sereine. Que peuvent les petites misères du monde contre celui qui pénètre les secrets de la mécanique céleste? On aura beau lancer sur lui les foudres de l'inquisition, on aura beau le plonger dans les cachots, la terre n'en tourne pas moins : « *è pur si muove.* »

Le caisson représente Galilée incarcéré et enseignant à ses visiteurs les découvertes qui l'ont conduit en prison. La prison est une excellente chaire pour prêcher une idée nouvelle, vérité dont les persécuteurs ne se doutent pas.

Dans les tableaux complémentaires sont peints Buffon et Lavoisier. Buffon, cet Orphée en manchettes, prend des notes au milieu de lions, de tigres, de girafes, de serpents, de hérons, d'ibis, de crocodiles, qui marchent, rampent, volent et se roulent autour de lui, comme pour se prêter à ses études zoologiques. Au second plan, Daubenton se livre à des travaux d'anatomie. Lavoisier, le fondateur de la chimie moderne, est représenté dans son laboratoire, au moment où l'on vient le prendre pour le mener à la guillotine; il demande en vain aux farouches démagogues le temps d'achever ses immortelles expériences.

Ces sujets font faire un triste retour sur le sort des hommes illustres : Homère, le divin aveugle, erre et mendie; Aristote s'empoisonne pour éviter les suites des dénonciations d'un prêtre de Cérès qui l'accusait d'impiété; Jésus-Christ est crucifié, Mahomet persécuté et fuyant, Galilée emprisonné, Lavoisier décapité; Socrate est forcé de boire la ciguë, Phidias obligé de se justifier de l'accusation de vol, Rousseau se suicide. Quant à Moïse, Dieu le traita fort rigoureusement; il l'empêcha d'entrer dans la Terre promise, but de sa vie, objet de toutes ses espérances, et cela, pour un seul moment d'hésitation; car le génie est aussi mal récompensé par Dieu que par les hommes, et il semble que le ciel en soit aussi jaloux que la terre.

O grands infortunés! illustres misérables! sans être fils de Jéhovah comme Jésus, vous avez tous porté vos croix et sué vos sueurs de sang au Jardin des oliviers amers et des angoisses suprêmes; par votre passion vous êtes devenus des dieux, vous aussi, et votre temple si longtemps attendu s'élève enfin!

Après l'exposé historique des murailles et la synthèse intellectuelle des piliers, qui sont la partie humaine de cette immense composition, viennent les grandes panathénées théogoniques, déroulées sur une frise de onze pieds de hauteur et de huit cents pieds de long, et se posant au dessus des sujets réels comme le ciel au dessus de l'horizon.

L'artiste philosophe suppose que de tout temps les dieux se sont conformés aux milieux dans lesquels ils se révélaient, et que leurs incarnations successives ont suivi les progrès de l'univers. Au sortir du chaos, ils sont vagues, ténébreux et formidables comme le chaos lui-même; plus tard, leurs formes, quoique multiples et monstrueuses, se moulent avec plus de précision. Leurs enveloppes bestiales, leurs bras sans nombre, leurs attributs compliqués, expriment obscurément des idées encore confuses et des mystères cosmogoniques mal débrouillés ; les dieux sont en harmonie avec les mammouths, les mastodontes, les serpents de mer et toute cette nature énorme, touffue et fourmillante des premiers jours du monde.

Dans l'Inde, ils empruntent à l'éléphant sa trompe, au polype ses tentacules, au lotus sa fleur; plus tard, en Égypte, Io quitte son corps de vache, et n'en garde que la tête sur les épaules d'Isis. Les membres parasites s'élaguent peu à peu. Si Anubis aboie avec une gueule de chien, il n'a que deux bras comme un homme. Bientôt paraissent les dieux anthropomorphes de la Grèce, types de la beauté la plus parfaite. A chaque avatar, les divinités ont laissé tomber les carapaces, les peaux écaillées, les formes hideuses, comme les papillons qui abandonnent leurs chrysalides. Chaque transformation les rapproche de plus en plus de l'homme qui est *fait à l'image de Dieu*, car la théogonie est soumise aux mêmes lois que la cosmogonie; elle procède du composé au simple, du monstrueux au beau, de l'absurde au raisonnable. Après les dieux charmants de la Grèce, à qui pourtant manque la beauté morale, vient Jésus-Christ, qui met une âme céleste dans le corps de l'Apollon pythien et réunit toutes les perfections. Ensuite arrivent les grands hommes, dieux visibles du monde moderne, lampes transparentes qui laissent briller un plus vif rayon de l'âme universelle. Les dieux, c'est-à-dire les intelligences supérieures, n'ont pas besoin, dans le milieu où nous vivons, de prendre d'autre forme que celles d'un héros, d'un poëte ou d'un philosophe.

Essayons de donner une idée de cette prodigieuse procession près de laquelle la frise du Panthéon n'est qu'une miniature et qu'un jeu d'enfant.

Dans l'angle le plus obscur près de la porte d'entrée, le peintre a placé le chaos, où se forme déjà la bizarre figure de la *Trimourti,* rassemblant en elle tous les principaux symboles du panthéisme indien. — Brahma, Wishnou et Shiva, c'est-à-dire les pouvoirs créateur, conservateur et destructeur, s'y mélangent avec des attitudes et des enlacements étranges où l'œil a peine à se retrouver; tout est confus, énigmatique et sombre dans cette forme inextricable qui se débrouille du néant. Près de ce buisson touffu de têtes et de bras se montrent à demi, sous un voile qui dérobe leur union mystique, Brahm et Santi, d'où naquit l'androgyne Brahm-Maya, tenant d'une main la chaîne des êtres, fixée en outre à son pied gauche, et de l'autre main agitant la ceinture magique dont Vénus héritera plus tard. Cette figure aux traits indécis et gracieux, type des hermaphrodites grecs, est assise au sommet du mont Merou, sur un lotus épanoui, symbole de l'alliance du feu et de l'eau. A ses pieds sont accroupis le tigre et le bœuf, et coule le Gange, fleuve saint dans lequel se plongent plusieurs divinités, tandis que d'autres en suivent le cours.

Un peu plus loin Wishnou, couché sur un lit de lotus, est porté par les replis du grand serpent, qui élève au dessus du dieu endormi ses sept têtes formant une espèce de dais. Du sein de Wishnou sort le lotus soutenant Ganesa, dieu de la sagesse et du succès. Sur ses genoux s'accoude Lackmi, sa belle épouse.

Ici commence la série des *Avatars* ou incarnations de la

divinité sous des formes diverses. Le premier avatar qui se présente après Wishnou a un corps d'homme terminé en poisson, et quatre mains dont chacune tient un symbole différent des forces de l'univers. Shiva, monté sur le bœuf Nandi, marche au bord du fleuve ; il porte le sceptre et les balances de la Justice, dont il est le dieu. Ensuite arrivent Indra, juché sur Iravat, le monstrueux éléphant à trois trompes, Marcandata le nageur, Bhavani porté par un lion, Scanda le Mars indien, monté sur un paon, balançant ses têtes multiples et de ses mains nombreuses agitant toutes sortes d'armes et d'étendards ; Yama, le Pluton grec, figure farouche et sinistre qui, accroupie sur le dos d'un buffle, tient les balances de la justice et les serpents, symbole de vengeance ; Boudhevi, déesse de la mauvaise fortune, cheminant au petit pas de son âne, humble et piteuse monture, et soutenant son étendard, sur lequel est peint un corbeau ; Varouna, dieu des eaux, chevauchant un crocodile et faisant claquer un fouet ; et enfin Conveia, le plus abject et le plus bestial de tous, Conveia, le dieu des richesses, avec son ventre énorme et les nœuds de serpents qui l'entourent. La procession indienne, partie de la Trimourti, immobile, s'avance d'un pas majestueux et lent, presque insensible ; elle suit les ondulations et les replis du Gange où plongent les éléphants et les grands animaux, et se détache sur le fond bleuâtre des montagnes lointaines de l'Himalaya. Le cours stagnant, pour ainsi dire, de son défilé, indique l'esprit stationnaire de l'Inde, où chaque pas met des siècles à s'accomplir.

Après avoir descendu le fleuve sacré, tantôt un pied dans l'eau, tantôt un pied sur la rive, la procession émerge des ondes du Gange avec Mithra, dieu du jour, personnification du soleil. Du haut de son char d'or et de pierreries attelé de taureaux blancs, il effeuille des roses, symbole des vives couleurs dont il est la source. Son char roule sur des nuages empourprés au dessus du sommet des hautes montagnes : dégagé des chaos génésiaques et des limons cosmogoniques, le cortége divin marche désormais d'un pied plus libre et d'une aile plus légère. Mithra est entouré des divinités persiques : de Lunus, monté sur sa vache blanche ; de Mahabar, à la tête de singe et aux jambes de vérat; du Kaiomords, bœuf ailé à face humaine et roi de la terre et des Izèds armés, ayant chacun quatre ailes d'épervier, bons génies dont quelques-uns étouffent des autruches, emblèmes du mauvais principe.

Ormuzd et Ahrimane, escortés des six Amschaspands et des six Derwends, représentants du bien et du mal, nous font atteindre les divinités de la Chaldée et de l'Égypte.

Belus, Astarté, Mylitta, Atergatis, Moloch précèdent Kneph, Phtâ, Osiris, Isis, Thaut, Typhon, Anubis. Ici, l'horizon rouge, enflammé, est découpé par des montagnes de granit rose, des cimes de pyramides et des faîtes de temples gigantesques. L'Olympe égyptien ne doit être en effet qu'un entassement de pierres, de marbre et de basalte, un grand rêve architectural.

Typhon, à cheval sur un bélier, brandit sa massue, pendant qu'Isis, coiffée d'une tête de vache, allaite le petit Orus, et qu'un lion emporte la momie d'Osiris, défendue et protégée par un Anubis à museau de chacal.

Entre ces quatre personnages se joue le grand drame de la lumière et de l'ombre, de la vie et de la mort, de la destruction et de la reproduction. La nuit chasse le jour; Typhon tue Osiris; mais Isis ou la Nature a des mamelles pleines de lait, Horus tète, et le vigilant Anubis aboie ; le jour reviendra et Horus vengera son père.

Ce groupe dépassé, on aperçoit Pan-Mendès appuyé sur un sceptre et retenant par les cornes un bouc, emblème de fécondité, et Kneph, le dieu Nil, avec sa tête de bélier, la croix ansée à la main et porté sur son fleuve par une barque à voile gonflée, symbole de navigation.

Sur la rive du Nil marche la procession de la barque sacrée renfermant l'arche que les Juifs adopteront. En effet, quelques pas plus loin, on voit le peuple hébreu entrant dans la mer Rouge, dont les ondes se séparent en murailles liquides, et se dirigeant vers la Terre promise.

La marche de cette procession théogonique se règle sur les tableaux historiques placés au dessous d'elle. Chaque religion correspond à une période de la vie de l'humanité : peu à peu le ciel se civilise comme la terre. Les dieux descendent avec les hommes des hauts plateaux de l'Himalaya, pour se répandre dans la Perse, la Chaldée et l'Égypte. Ils suivent la grande migration des peuples, et à chaque pas ils se dépouillent de quelque forme étrange, de quelque symbolisme monstrueux, pour se rapprocher de la forme humaine.

Le défilé divin est arrivé à l'angle rentrant de la croix, où se trouve l'immense composition de la guerre de Troie : les Olympiens, assis ou couchés sur des nuages, inclinent leurs regards vers la terre, et paraissent prendre aux combats des héros un intérêt tout humain. Pallas Athenè, la lance à la main, le casque en tête, l'égide au bras, semble vouloir franchir le cordon architectural qui la sépare de la zone terrestre, pour aider de ses conseils et de son pouvoir son protégé Achille.

Ils sont là tous : Zeus, au noir sourcil, Hêré, aux bras de lait et à l'œil de génisse ; Aphrodite, la taille ceinte du ceste, magique héritage de Bram-Maya ; Phoibos-Apollon, avec son arc d'argent et son carquois d'or ; Artémis, la blanche chasseresse ; Arès, le dieu de la guerre, portant la main à la blessure que lui a faite au flanc la lance de Diomède, sans respect pour sa divinité ; Hestia, la vierge pure comme le feu dont elle a la garde ; le glauque Poseidon ; le rouge Ephaistos ; Hermès, avec ses talonnières, ses chaînes d'or et sa bourse ; Dio, agitant sa torche et regardant d'un air farouche le ravisseur de sa fille, Pluton, enfumé, sous sa couronne de cyprès, de narcisses et de capillaire, par les vapeurs de son empire infernal. Cette fois, la panathénée divine ne touche plus la terre ; elle nage dans l'éther étincelant. De légères nuées suffisent à porter ces corps nourris de nectar et d'ambroisie, et qui n'ont gardé de la matière que la beauté.

IV

Ces dieux, les plus parfaits que l'homme ait inventés encore, ont laissé pour toujours les formes hybrides, les membres parasites et les têtes d'animaux. Ils se soumettent aux lois de l'art et de la raison, et représentent les plus purs types du beau : ce seront toujours les vrais dieux pour les poëtes, les sculpteurs et les peintres.

Mais voici que déjà le ciel vient rendre visite à la terre. A ces époques primitives, ils ne peuvent rester longtemps séparés. La terre, jeune encore, a besoin de ce commerce familier, et le ciel n'est pas assez spiritualisé pour rester seul dans ses hauteurs. Bacchus s'humanise, et par son expédition dans l'Inde semble tracer la route aux conquêtes d'Alexandre : le dieu Bacchus, père de la joie, de l'expansion et de l'enthousiasme, l'éternel jeune homme aux cheveux d'or et aux yeux noirs comme ceux des grâces. Il s'avance sur un char traîné par des tigres apprivoisés, couronné de pampres, vermeil, souriant, entouré d'un cortége de divinités familières qui le popularisent. — Le bon Silène sur son âne, les Satyres, les Œgipans et les Faunes, les Bacchantes, les Ménades et les Mimallones suivent agitant leurs thyrses, faisant ronfler leurs tambours, et claquer leurs crotales; car c'est par des bienfaits et des moyens de douceur que s'est accomplie la pacifique conquête de Bacchus.

En avant du cortége, marchent le titan Prométhée, qui vola le feu au ciel pour le donner à la terre, et emporta l'étincelle sacrée dans une tige de férule; Hercule, le dompteur de monstres, l'accomplisseur de tâches impossibles, l'infatigable athlète des douze travaux; Thésée son émule, ayant au front la couronne dont Thétis le ceignit lorsqu'il prouva qu'il était vraiment fils de Neptune en allant chercher au fond des mers la bague lancée par Minos; Persée armé du casque de Pluton, du bouclier de Minerve et des talonnières de Mercure.

Ce groupe représente les héros demi-dieux, c'est-à-dire fils d'un dieu et d'une mortelle. Leur mission est de purger la terre des formes monstrueuses, d'achever la besogne du déluge et de la rendre habitable pour des générations moins brutales et moins sauvages; Prométhée invente les arts, et révèle l'usage du feu; Hercule tue le lion de Némée, le sanglier d'Erymanthe, la biche aux pieds d'airain, perce à coups de flèches les oiseaux stymphalides, bêtes hideuses échappées à la noyade diluvienne; Thésée purge l'Attique de brigands, et fait déchirer, par deux arbres courbés de force, son parent Sinnis, voleur incorrigible; il essaie même d'arracher l'humanité à la mort en descendant aux enfers pour enlever Proserpine. Persée décapite les Gorgones à la chevelure hérissée de serpents, et dont le regard change en pierre, délivre Andromède, enlève les pommes du jardin des Hespérides.

La place ainsi nettoyée, Triptolème, l'élève de Cérès,

qui lui fit subir toutes les épreuves de Grain d'orge dans la ballade anglaise, s'avance sur son char traîné par deux dragons, pour aller enseigner l'agriculture aux mortels. Sa main, ouverte comme celle d'un semeur, répand le blé devant lui. Castor et Pollux, vainqueurs des pirates de l'Archipel, s'embarquent sur Argo, la nef qui parle, en compagnie de Solon, pour aller à la recherche de la toison d'or, c'est-à-dire du but mystérieux de l'humanité, le bonheur et la perfection.

A mesure que l'on avance, l'on voit l'élément humain tendre à prédominer. Les dieux ne sont plus que des demi-dieux, et même les frères Tyndarides sont obligés de se cotiser pour échapper au sort commun; ils meurent et naissent alternativement, et ne peuvent vivre à la fois, n'ayant qu'une seule immortalité pour eux deux. Le fond sur lequel se déroule cette partie de la composition est mélangé de montagnes, de forêts, de fleuves et de mers, selon l'action des groupes qui s'en détachent, et par sa variété rompt la monotonie de cette longue file de figures s'avançant sur un plan horizontal.

Ce groupe de transition nous mène aux héros de la guerre de Troie, dont les uns suivent Orphée, Linus et Musée, les poëtes mystiques et religieux, tandis que les autres s'arrêtent près d'Homère, qui ouvre les temps historiques, ou s'embarquent comme Ulysse et comme Énée, dont les circumnavigations seront les sujets de l'*Odyssée* et de l'*Énéide*, et symbolisent le génie expansif et civilisateur.

Là s'arrête la panathénée divine et héroïque : le mythe et la légende finissent, la raison et l'histoire commencent; les sept sages de la Grèce, reconnaissables à leurs attributs,

Solon à la tête de mort qu'il tient, Chilon à son miroir, Cléobule à ses balances, Périandre à sa plante de pouliot, Bias à son réseau et à sa cage, Pittacus à son doigt posé sur la bouche, Thalès au mulet qui le suit, ouvrent la seconde panathénée : l'histoire naît avec Hérodote, l'art dramatique avec Thespis, qui du haut de son chariot traîné par des boucs, chante et mime l'hymne de Bacchus. Voici Eschyle, le titan tragique, le poëte du *Prométhée enchaîné* et de l'*Orestie*, celui dont Aristophane disait qu'il édifiait ses mots comme des tours, et lançait impétueusement des périodes parées d'aigrettes flottantes, Eschyle, le Shakespeare grec ; Anacréon, Sapho, Pindare suivent Corinne, Phidias, Ictinus, Polyclète, Myron, les uns portant la lyre et les emblèmes qui les distinguent, les autres les modèles de leurs travaux, comme les fondateurs d'églises ou de monastères que l'art du moyen âge représente portant des chapelles et des abbayes en miniature entre les mains. Polygnote, Zeuxis, Socrate, Anaxagore, Platon se groupent avec Sophocle, Aristophane, Miltiade, Léonidas, Périclès, Phocion, Thémistocle, Démosthènes. Toute cette noble compagnie s'avance à travers de petits bois de lauriers-roses épanouis dans l'azur du ciel attique, ou cause sous de beaux portiques de marbre blanc.

Arrivée à la statue d'Alexandre, la marche reprend : Aristote, Xénophon, Épicure, Zenon, Diogène, les philosophes et les savants, se succèdent, mais les poëtes et les artistes ont disparu, et les jolis bois de lauriers-roses ont fait place à des terrains montueux, hérissés de broussailles et rayés de sentiers qui s'embrouillent. Au fond s'étend la mer avec son bleu dur. Nous approchons d'Alexandrie, dont la bibliothèque est tracée au dessous. Archimède,

Longin, Aristarque s'égarent sur ces sentiers et cèdent le pas aux Romains de la vieille roche qui s'avancent en bon ordre. On voit apparaître à leur tour Numa, conseillé par son Égérie ; Scévola, la main brûlée ; Horatius Coclès, Fabricius, Coriolan, Valérie, Véturie, Cincinnatus, Caton l'ancien, les Fabius, les Scipions, Paul-Émile, Lelius, et les poëtes Térence, Plaute, Ennius ; ils suivent majestueusement une procession augurale et religieuse qui défile, vestales en tête, et vont au Capitole rendre grâce aux dieux d'un nouveau triomphe de la république. Cela se passe au dessus des tableaux de Brutus condamnant ses fils et de Carthage prise. Au second plan, l'on voit s'élever les monuments de la Rome antique et s'arrondir les arcades des aqueducs construits par le peuple.

Au tournant de l'angle et à la suite d'un triomphe décerné à César avec tout l'appareil d'usage, quadrige de chevaux blancs, victoires aux ailes d'or, butin porté sur des brancards, se trouvent les grands hommes des guerres civiles de cette époque : Marius, Sylla, Pompée, Lucullus, Lucrèce, Salluste, les Gracques, accompagnés de leur mère et de leur sœur ; Brutus marche près de César, et tient son épée nue, comme pour indiquer par cet attribut prophétique le meurtre qu'il projette. Le triomphe est magnifique et contraste par sa pompe avec la simplicité de la cérémonie religieuse qui précède ; il y a des esclaves nombreux qui portent les vases d'or, les cratères d'argent et de métal de Corinthe, les tapis persiques, la pourpre, les masses d'ambre, d'encens et de nard ; il a pour fond des temples, des monuments magnifiques aux frises peuplées de statues et indiquant la splendeur de la civilisation la plus avancée. Cet entassement de luxe montre les progrès de la corruption romaine et fait pressentir les prodigalités impériales. Les hommes illustres du siècle d'Auguste, Tite-Live, Vitruve, Mécènes, Agrippa, Drusus, Catulle, Tibulle, Properce, Virgile, Ovide, etc., marchent devant et nous amènent jusqu'au fond de la croix, à la place occupée par le sermon sur la montagne.

La frise contient à cet endroit l'entrée triomphale de Jésus-Christ à Jérusalem. Il a pour monture l'ânesse traditionnelle suivie de son ânon. Les apôtres, les premiers martyrs l'entourent, ayant à la main des palmes et des branches d'olivier. Cette scène se passe dans un bois de palmiers; des enfants, grimpés dans les rameaux, les détachent et les jettent sur les pas du Sauveur.

Le triomphe de la doctrine couronne ainsi son exposition. La ville reçoit dans son sein le discoureur de la montagne.

Tout ce que l'on peut tirer de la poésie, de l'art et de la philosophie, l'humanité l'a obtenu : il lui manque encore la beauté morale que le Christ va lui donner.

Au tableau des catacombes, où les chrétiens prient dans l'ombre, tandis qu'une pompe guerrière passe sur leurs têtes, se superpose comme un troisième lit géologique, une orgie impériale où l'on voit Néron qui joue de la lyre au milieu d'un monde de femmes échevelées, de courtisanes nues, d'enfants asiatiques couronnés de roses, de bateleurs et d'histrions se contournant en postures folles, d'esclaves versant le falerne dans des coupes d'onyx et portant des mets sur des plats d'or. La saturnale de Néron est engagée dans les détours de la voie Appienne, bordée de débris de colonnes, de ruines qui s'écroulent; le fond est rougi par l'incendie de Rome, les massacres et les supplices. Un peu en arrière de la bacchanale se tiennent Sénèque et sa femme Pauline, Juvénal l'hyperbolique, Pétrone l'arbitre des élégances, Perse, Lucain, Tacite, Suétone, Plutarque, Pline et les lettrés chrétiens, qui, déjà, se mêlent à eux, les Polycarpe, les Irénée ne pouvant renoncer, malgré la ferveur de leur foi nouvelle, aux séductions de l'éloquence profane, chrétiens par l'idée, païens par la forme.

Un groupe composé des empereurs Trajan, Adrien, Titus, Sévère, Marc-Aurèle, accompagné d'Épictète, semble plein de tristesse à la vue de cette décadence de la grandeur romaine. D'autres, tels que Théodose, Valentinien, suivent le labarum de Constantin. Leur théorie se grossit en route de Tertullien, d'Origène, de Lactance, de Grégoire de Nazianze, de Basile, d'Ambroise, etc.; auprès de Julien l'apostat, l'esprit ingénieux qui voulut faire une restauraration archaïque et philosophique du paganisme, on remarque Symmaque, Libanius, Celse, Arius, Jamblique. C'est là la dernière protestation du polythéisme, le suprême soupir du monde antique.

La frise circule maintenant sur la prise de Rome par Attila. C'est là que le peintre a placé l'invasion des races du Nord; elles s'avancent guidées par leurs dieux groupés dans un chariot de forme barbare que traîne la vache OEdumia. Aux mamelles de cette vache se penche en rampant le géant Imer et le dragon que Surtur le Noir conduit. — Parmi le groupe divin, on distingue Odin appuyé sur son frêne, et Frippa qui tient une branche d'aulne; Thor, armé de son marteau d'or; Niord, Balder, Tyr, Brayé, Iduna, l'aveugle Holder, Vidar qui marche en l'air, Vali l'archer, Freya qui pleure des larmes d'or, Valla étincelante de bracelets, de colliers et de riches parures, et Forsète le conciliateur, qui le premier se convertit au christianisme, exemple rare d'un dieu en reconnaissant un autre de religion différente. Sur le bord de la route, Loke, à moitié englouti dans une caverne, fait d'incroyables efforts pour en sortir, aidé par sa louve; Fenris et l'essaim ailé des Walkyries verse aux dieux et aux guerriers l'hydromel écumant dans des cornes d'aurochs ou des crânes d'ennemis tués.

Le paysage qu'éclaire une vague aurore boréale frissonne sous des nuages de neige rougis par des taches de sang et des reflets de villages incendiés; quelques rares sapins chargés de givre se dressent çà et là. Le misérable pont fait de poutres et de planches tremble sous le poids du chariot divin; les cavaliers traversent le fleuve sur la glace et remontent péniblement sur l'autre rive; quelques-uns même restent à demi enfoncés dans les glaçons qui se rompent. Ces divers accidents, ingénieusement amenés, rompent à propos la monotonie de cette composition forcément horizontale, en varient les plans et permettent, par des changements de niveau, de faire pyramider les groupes.

Le chœur des migrations germaniques coule comme un torrent : l'ordre processionnel est rompu. Des multitudes aux accoutrements étranges, aux physionomies farouches, se précipitent à pied, à cheval, entassés sur des chariots de guerre traînés par de grands bœufs, pêle-mêle avec leur butin, leurs femmes, leurs enfants, brandissant des armes inconnues, et poussant de leurs vagues irrésistibles, comme une marée montante humaine, ceux qui croient les conduire. Dans cette mêlée, nous retrouvons les dieux de notre vieille Gaule, Teutatès, Nilhom l'hercule, Radegast qui porte l'aigle ; de sorte que cette seconde antiquité recommence comme la première par une mythologie. La civilisation du Midi et celle du Nord ont chacune un Olympe à un de leurs bouts.

Les Alaric, les Genséric et les rois lombards se soumettent au christianisme, qui leur est enseigné par les Augustin, les Pélage, les Manès, mêlés aux papes Léon et Grégoire. Bélisaire aveugle tend son casque sur le bord du chemin, tandis que passent, appuyés l'un sur l'autre, le jurisconsulte Tribonien et l'eunuque Narsès, vainqueur de Totila. Saint Benoît et ses moines marchent vers le mont Cassin, portant les manuscrits qu'ils nous ont conservés en les copiant dans la solitude laborieuse du cloître.

Ici la procession chrétienne s'efface derrière la colonne engagée et abandonne le premier plan pour quelques siècles : la civilisation est entre les mains mahométanes. L'islam prévaut. Le Coran oppose ses *suras* aux versets de l'Évangile ; le croissant lutte contre la croix et paraît l'emporter.

A cet endroit la frise domine les panneaux consacrés à la cour d'Haroun-al-Raschid. Elle nous montre les Arabes dans leurs costumes efféminés et féroces, l'œil ébloui de merveilles et l'oreille tendue comme le sultan Schariar aux contes des *Mille et une nuits*, que leur murmure dans la brise chargée de parfums, une Scheherazade fantastique, la fée du Ginnistan, la péri des incantations orientales ; les califes Almanzor, Almamoun, Abulfeda, historien et géographe lui-même, semblent, comme Haroun-al-Raschid, guider et protéger le chœur scientifique et poétique des Averroès, des Saadi et autres Arabes illustres. Ils ont pour fond un délicieux jardin plein de roses et de fontaines d'albâtre, autour duquel s'élèvent des colonnettes de marbre soutenant des arcs évidés en cœur. Les tours vermeilles de l'Alhambra et les murailles crénelées de la mosquée de Cordoue ferment la perspective.

La caravane sarrasine est conduite par Mahomet, monté sur Alborack, la jument merveilleuse qui avait pour pieds des mains de femme. Selon les usages musulmans, qui proscrivent la reproduction de la face humaine, une flamme voile la face du prophète. L'ange Gabriel le précède, Monkir et Nekir marchent à ses côtés, et le pigeon révélateur qui venait lui raconter les choses du ciel volète autour de son oreille.

Abulfeda, Saladin, Abderame, Abumazar, disparaissent devant Charles Martel, le vainqueur des Sarrasins de France, et Pélage, le vainqueur des Sarrasins d'Espagne.

— Ces vicissitudes nous ont fait atteindre la grande statue de Charlemagne, qui fait face, comme nous l'avons dit, à celle d'Alexandre. Après Charlemagne, la frise suit les bords d'un fleuve; des barques où sont assis les chefs occupent le devant; les soldats y poussent leurs chevaux et le passent à la nage.

La procession chrétienne, reléguée un instant au second plan, revient au premier, conduite par Pierre l'Hermite, qui la pousse aux croisades. On voit là le ban et l'arrière-ban de l'Europe, princes, hauts-barons, chevaliers, hommes d'armes, troubadours, pèlerins connus et inconnus, Richard Cœur-de-Lion, Godefroy, saint Louis, Baudouin, Renaud, Tancrède, tous les personnages de la *Jérusalem délivrée*. Le peintre n'a pas craint de mêler le Tasse aux troubadours, malgré l'anachronisme, ne voulant pas séparer le poëte de son poëme, l'historien de ses héros.

Ensuite viennent Albert le Grand et saint Thomas d'Aquin, l'ange de l'École, sa *Somme* sous le bras, saint Bruno dans son suaire blanc, saint Bernard, le premier abbé de Clairvaux et le dernier des saints Pères, Abeilard, tenant dans ses mains le modèle de l'abbaye du Paraclet, Héloïse, cette Sapho chrétienne, Mathilde, comtesse de Toscane, et quelques autre figures qui nous amènent au dessus des poëtes d'Italie, sur un horizon formé par la silhouette des belles villes d'Italie, reconnaissables à leurs monuments caractéristiques.

Le défilé des corporations de métiers du moyen âge a déjà commencé : quelques Guelfes et quelques Gibelins qui s'égorgent au premier plan avec l'acharnement des guerres de parti ne troublent pas l'ordonnance générale par leur obstacle accidentel. La marche continue. Les humbles artisans, aïeux inconnus des grands maîtres qui leur succéderont, et que nous voyons déjà paraître, suivent leurs bannières respectives, et portent des châsses de saints, des cassolettes, des ciboires, des tapisseries, des dyptiques et des tryptiques, merveilles où l'art s'allie au travail manuel. Déjà chaque métier est gros d'un art. L'orfévrerie contient la sculpture, les tapisseries, le dessin, l'enluminage, la peinture.

Léon X et les Médicis marchent devant eux. Après viennent Brunelleschi, Donatello, Ghiberti, l'auteur des portes du baptistère, que le grand Florentin jugeait dignes de servir de portes au paradis; Léonard de Vinci, Raphaël, Michel-Ange, ces génies encyclopédiques; Bramante, Palladio, Titien, Corrége, Machiavel, Pic de la Mirandole, qui savait tout et quelque chose de plus, et avec eux l'illustre école des savants de Bologne. Au dessus du tableau de

Christophe Colomb, s'étagent Vasco de Gama, Améric Vespuce, et les politiques Ximenès, Jules II, Wolsey, Charles-Quint, Philippe II, Jean Hus, Jérôme de Prague, Savonarole. Toute cette foule illustre s'avance sans guide, et confusément, poussée par cette force qu'on appelle la Renaissance, nom énergique et significatif de l'époque climatérique du genre humain.

Les héros des guerres de religion précèdent les hommes illustres du siècle de Louis XIV, Molière, Corneille, Racine, La Fontaine, qui nous amènent par les philosophes Descartes, Gassendi, Leibnitz, Bayle, Spinosa, Newton, à Locke et aux encyclopédistes contemporains de Voltaire, dont on voit le tableau au dessous. Enfin, les savants Linnée, Lavoisier, Euler, nous conduisent jusqu'aux hommes de notre révolution, Mirabeau, Malesherbes, Robespierre avec son bouquet de fleurs, etc., et à ceux de l'empire, trop connus pour être désignés ici avec détail. Il nous suffira de citer Goëthe, Schiller, Byron, Beethoven, Laplace, Cuvier, Monge, Berthollet, Bichat, et quelques noms illustres; la frise se termine par les philosophes et les utopistes modernes, Kant, Fichte, Hegel, Saint-Simon, Fourier.

Au second plan, un petit groupe placé dans le demi-jour nous a paru contenir le portrait de l'auteur et ceux de quelques amis artistes, poëtes ou philosophes, qu'à cause de leur talent et de leur doctrine, il a jugés dignes d'être admis dans ce grand temple du panthéisme. Au delà les couleurs se confondent et s'assombrissent; on ne peut plus rien distinguer, la procession se perd sous la voûte obscure. C'est l'inconnu, c'est demain.

L'immense panathénée va de l'ombre du passé à

l'ombre de l'avenir; elle commence et finit comme toute chose humaine, par un mystère. Elle a été lente dans la haute antiquité, libre en Grèce, égarée à Alexandrie, majestueuse, pompeuse et dévergondée dans les trois âges de Rome, barbare et accidentée jusqu'aux temps modernes, où elle devient régulière et rapide.

Aux éléphants ont succédé les chevaux, aux galères les vaisseaux à vapeur, aux charriots et aux chars les locomotives. Le mouvement se poursuit avec un parallélisme parfait.

Il ne nous reste plus qu'à parler du sujet placé dans l'imposte, et que nous avons renvoyé à la fin de notre description comme résumant l'idée générale de ce gigantesque travail. Il est emprunté à la célèbre chanson de Béranger :

> Peuples, formez une sainte alliance,
> Et donnez-vous la main.

Toutes les nations du monde ingénieusement personnifiées y célèbrent l'agape de la fraternité universelle. Ce n'est plus au fond des catacombes que les hommes s'embrassent et s'appellent frères. C'est à la pure lumière du soleil, qui s'en réjouit, que les peuples sans distinction de race, de couleur ou de caste communient dans l'intelligence et l'amour.

V

Les peintures que nous avons décrites par anticipation couvrent du haut jusqu'en bas les parois latérales du Panthéon ; la coupole, de Gros, par son élévation et l'impossibilité d'en discerner les figures du point d'où l'on doit la voir, s'isole en quelque sorte de la composition générale de l'édifice ; par cette raison, Chenavard l'a laissée subsister telle qu'elle est ; il lui en eût coûté d'ailleurs de porter la main sur cet ouvrage, où le talent d'un grand peintre a laissé de brillantes traces, bien que Raphaël n'ait pas fait de difficulté de jeter bas les fresques du Pinturiccio lorsqu'il fut chargé de peindre les stances et les loges du Vatican. Mais l'immense pavé blanc et nu offrait un vaste champ à l'artiste, qui l'a rempli par cinq grandes mosaïques circulaires disposées en forme de croix. La plus grande, qui occupe le dessous de la coupole et le centre de l'édifice, n'a pas moins de soixante-dix pieds de diamètre : elle sera exécutée en mosaïque de couleurs ; les quatre autres en mosaïque blanche et noire, à la manière de celles de Beccafumi.

La mosaïque centrale est le résumé de la pensée de l'auteur. Les compositions précédentes nous ont montré l'humanité dans son développement historique et théogonique. Celle-ci nous la fait voir sous son côté métaphysique ? c'est, en quelque sorte, la théologie de l'auteur. Jusqu'à présent, il n'a fait que retracer avec le crayon les phases diverses de la vie du grand être collectif. Il raconte, il n'explique pas. Ici, sous des symboles transparents et plastiques, il développe sa théorie philosophique.

Au sommet du cercle, sur un de ces fonds de splendeurs constellées d'étoiles comme Dante en fait rayonner dans les cercles les plus élevés de son paradis, flamboie une figure colossalle pleine de douceur, de puissance, de majesté et d'inspiration. On la prendrait d'abord pour le Christ ; mais c'est une puissance supérieure au Christ lui-même qui ne fut qu'un de ses hérauts : le Verbe !

Le Verbe se mouvant dans la lumière, c'est-à-dire, la Raison éclatante, rapide, irrésistible, voilà la divinité que Chenavard place au ciel supérieur ; le Verbe, c'est le Dieu suprême qui domine de sa taille gigantesque les olympes inférieurs et subalternes, car les degrés de la hiérarchie céleste s'établissent d'après la portion plus ou moins grande que les dieux reflètent de la raison universelle.

La lumière est la forme du Verbe. Le premier mot prononcé sur le néant produisit le jour ! Cette parole : Que la lumière soit ! fit éclater dans le vide des milliards d'étoiles et de soleils !

La puissante formule d'évocation vient d'être prononcée, les mondes tourbillonnent dans une lueur éblouissante. Les anges nés avec la lumière célèbrent à grand renfort de clairons la promulgation du Verbe, dont la personnification colossale se tient debout, les bras étendus devant un tronc autour duquel se groupent les quatre animaux mystiques. Les vieillards de l'Apocalypse, symbolisant les puissances spirituelles et temporelles, tendent au Verbe, en signe d'hommage, leurs encensoirs et leurs couronnes.

A droite, les quatre anges des vertus cardinales, la Force, la Justice, la Tempérance et la Prudence, amènent au pied du Verbe les dieux de l'Orient, qui s'agenouillent dans des attitudes humbles et soumises : le vieux Chronos, Jupiter, plus loin Isis à la tête de vache, et tout au fond, au coin d'un nuage, la figure cachée par un pan de draperie, un être énigmatique qui représente les dieux inconnus. — L'ange de la Force, vêtu d'une armure d'or, est de la plus grande beauté.

A gauche, les trois vertus théologales, la Foi, l'Espérance et la Charité, conduisent les dieux du Nord, Odin ayant sur les épaules les corbeaux Hugin et Munnin, c'est-à-dire l'esprit et la mémoire, qui lui racontent tout ce qui se passe, et tenant en main un rameau du frêne Ygrasil, l'arbre merveilleux, et Thor, le fils d'Odin, qui s'agenouille près de son père dont il est séparé par le loup Freki.

Le peintre, par une idée ingénieuse et singulière, a donné à l'ange de l'Espérance la forme d'un squelette. Selon lui, la mort, c'est le désir d'une autre vie, d'une incarnation différente et supérieure ; au moment de dépouiller son enveloppe, l'âme ne peut qu'espérer l'immortalité. Le squelette est donc l'emblème de l'espérance ardente.

Dans le coin se groupent des divinités vagues et nébubuleuses, Teutatès et Irmensul, que semblent baigner l'ombre froide des forêts druidiques.

Un banc de nuages étroits forme la ligne de démarcation de cette partie céleste et génésiaque du tableau qui occupe à peu près le tiers du cercle. On pourrait dire relativement qu'elle représente le passé comme la portion du milieu représente le présent et la portion inférieure l'avenir.

Sous les nuages s'étend une espèce de portique d'une architecture primitive et sévère, dont les colonnes encadrent des scènes d'un choix significatif.

Au milieu, sous une triple arcade, s'élève une idole d'une forme mystérieuse et singulière et d'une composition hybride qui fait penser aux divinités de l'Inde. Cependant ni la pagode pyramidale de Jaggernaut, ni le temple cryptique d'Éléphanta, n'ont vu sur leurs autels cette étrange et nouvelle création.

Au milieu, la vache brahminique vue de face et les genoux placés sur son fanon rumine quelque pensée de cosmogonie. A droite, le griffon de Perse, la patte allongée, l'aile frémissante, semble garder un trésor, tandis qu'à gauche le Sphinx de Chaldée se distrait de l'éternité par des rêves de granit.

Sur le dos de ces trois bêtes soudées ensemble est posée la nef égyptienne, la Bari mystique qui transporte les âmes; la nef porte elle-même l'arche d'alliance surmontée à son tour du ciboire avec l'hostie rayonnante.

Ce symbole exécuté en granit rouge se répétera au fond du temple et remplacera l'autel sous une rotonde de douze colonnes qui supporteront une frise à douze compartiments où les Olympiens seront sculptés en bas-relief.

Par ce monument fait avec les symboles de tous les cultes fondus ensemble, Chenavard a voulu marquer que toutes les religions n'étaient que des formes diverses de la même idée, et que, vues d'une certaine hauteur, ces formes devaient être indifférentes : c'est le Verbe, le grand Pan que l'humanité adore sous une multitude de pseudonymes : tous les noms de divinités sont les épithètes de la litanie de ce Dieu unique, général, éternel ; le Verbe nageant dans la lumière, c'est-à-dire l'intelligence suprême et régulatrice dont chaque être animé contient une parcelle et que l'homme seul porte avec conscience dans son cœur et dans sa tête.

Il a donc fait une idole, c'est-à-dire une image plastique que tout le monde peut adorer, car elle contient le culte de chacun avec la généalogie de ce culte : tel devait être le maître-autel d'un temple panthéiste, car le panthéisme a pour mission d'absorber dans son vaste sein toutes les idées et toutes les formes ; il n'exclut aucune religion, il se les assimile toutes.

Sous le portique de droite, on voit Zoroastre et Cyrus, Fo et Confucius, Toth, Hermès et Pythagore, Platon, Solon, Lycurgue, puis Orphée, Homère, Hésiode, Périclès, Phidias, Ésope et les Sibylles, tous ceux qui ont transmis le Verbe et prophétisé, c'est-à-dire formulé par anticipation le Verbe de l'avenir.

Sous le portique de gauche sont groupés Adam et Ève, que l'ange chasse de son épée flamboyante ; Melchisédech qui, par l'oblation du pain et du vin, donna la figure symbolique de la cessation des sacrifices sanglants auxquels se substitue la Messe ; Abraham, près d'immoler son fils, image de l'ancienne loi ; Noé ivre et maudissant Cham, Élisée laissant son manteau, Moïse tenant les tables de la loi ; Josué, David avec sa harpe, Samuel, Salomon tenant le modèle du Temple, et les prophètes qui font pendant aux Sibylles et rendent à la religion du Dieu solitaire les mêmes services que celles-ci au polythéisme.

Du pied de l'idole centrale part un perron à deux rampes aboutissant à un palier.

Par la rampe droite descendent Alexandre et Ptolémée remettant à César, placé plus bas, les clés d'Alexandre.

Ensuite viennent, placés sur le palier dont nous avons parlé tout à l'heure, Auguste, Virgile, Horace, Tacite, regardant en sa qualité d'historien Marius et Sylla qui luttent sur un plan plus reculé et laissent voir derrière eux Annibal et Mithridate, ces deux grands ennemis du nom romain, que des sénateurs assis sur leurs chaises curules semblent dominer par leur impassibilité majestueuse.

Par la rampe gauche, reliant l'Ancien Testament au Nouveau, le verbe du passé au verbe de l'avenir, descendent la Sainte-Vierge portant l'enfant Jésus et Saint-Jean portant la croix et l'agneau.

Tout près de l'escalier, et pour continuer la filiation, saint Pierre en présence de saint Jacques, reconnaissable à son bâton de voyageur, remet les clés à saint Lin, le premier pape.

Un peu plus loin, saint Jean, tournant vers le ciel son œil d'aigle, écrit l'Apocalypse sur un long rouleau de parchemin, tandis que près de lui saint Étienne, donnant du pain et des vêtements à des enfants nus, institue la charité, ce sentiment inconnu au monde antique.

Le groupe chrétien est rattaché au groupe païen par le bourreau armé de la hache qu'envoient vers les hommes de la loi nouvelle Néron et Dioclétien, les grands persécuteurs.

Plus à gauche, mais toujours sur le même plan, à l'exception de deux personnages qui ont descendu, comme plus modernes, une des marches du grand escalier sur les degrés duquel s'étage la composition, on remarque saint Paul prêchant sinon de vive voix, du moins par sa doctrine transmise, les docteurs Jérôme, Augustin, Ambroise et saint Grégoire, auteur du chant grégorien dont un oiseau semble lui souffler à l'oreille les mélodies célestes.

Par derrière vient la foule des martyrs sortant d'une arcade basse pratiquée sous ce que nous appellerons, faute d'un meilleur terme, la loge des prophètes : sainte Marguerite avec sa roue, saint Laurent avec son gril, saint Barthélemy portant sa peau sur son bras, etc..

De l'arcade ouverte sous les Sibylles sortent confusément les barbares Sarrasins : Mahomet, dont le pigeon révélateur becquette l'oreille, fait le pendant du pape Grégoire et de son oiseau. A côté du prophète, Amrou incendie la bibliothèque d'Alexandrie d'après les ordres du farouche Omar. Le Verbe chrétien serait en danger de périr si Pélage avec sa lance et Charles Martel avec son marteau n'arrêtaient, dès les premières marches, l'avalanche envahissante.

Mais si les Sarrasins brûlent les manuscrits et les livres à droite, consolez-vous, voici à gauche un groupe de moines Bénédictins et autres qui, accroupis sur les marches, transcrivent sur le parchemin les précieux restes de la pensée antique, et assurent ainsi la transmission du Verbe. Tandis que le monde barbare fourmille et s'agite autour d'eux, recueillis dans leurs cellules tranquilles et dans leurs cloîtres blancs, ils travaillent en silence, exécutent ces merveilles calligraphiques, ces livres historiés d'arabesques fleuries et de miniatures d'un goût naïf et charmant, et conservent à la fois l'idée et la forme, la poésie et l'art.

A quelques pas de là, Pierre l'Hermite prêche la croisade. Godefroy de Bouillon, Richard Cœur-de-Lion l'écoutent et semblent crier: *Diex le volt!*... De l'autre côté, l'empereur Frédéric Barberousse reçoit de Ferdoussi le Schah-Nameh, c'est-à-dire la poésie, et d'un autre personnage une petite mosquée en relief, c'est-à-dire l'architecture. Près de ce groupe se tient le calife Haroun-al-Raschid, qui personnifie la civilisation orientale : bien que ces figures ne soient pas rigoureusement synchroniques, elles représentent la transmission de l'idée et peuvent se trouver ensemble dans un milieu intellectuel.

Secrète providence du Verbe ! l'Europe, en se ruant sur l'Asie à la conquête du grand sépulcre, en rapporte la civilisation ; au lieu d'un tombeau vide, elle conquiert l'idée vivante : les livres d'Aristote traduits par les Arabes, l'algèbre, l'alchimie, l'astrologie, la cabale, la médecine, toutes les sciences à l'état de superstition et de grimoire, rapportées en germe d'Orient, s'implantent sur notre sol ; la musique, la poésie, l'architecture, l'art tout idéal et si compliqué de l'arabesque, que nul peuple ne posséda comme les Sarrasins, s'acclimatent dans ces tristes régions du nord, en proie à la plus effroyable barbarie. L'ogive mahométane met ses courbes gracieuses au service de la cathédrale chrétienne ; le trèfle arabe s'inscrit dans nos fenêtres, et Montereau, l'architecte de saint Louis, met des croissants sur les minarets de la mosquée, sur les aiguilles de la chapelle de Vincennes, voulions-nous dire.

Au milieu, comme point central de la composition et du

cercle, sont groupées plusieurs figures symbolisant les substitutions du monde moderne au monde ancien : Attila, coiffé d'un casque bizarre et sauvage, où palpitent des ailes de corbeau, imbriqué d'une armure féroce, renverse sur les degrés Romulus, personnification de l'empire romain, et que sa louve essaie en vain de défendre ; le barbare balance une masse d'armes toute hérissée de pointes, dont il frappe sur la tête de sa victime : ce geste justifie le surnom de *fléau de Dieu* qu'il se donnait à lui-même. Un peu plus bas Charlemagne est agenouillé dans les plis d'un manteau royal, tenant en main le globe du monde surmonté de la croix. Le pape lui pose la couronne sur la tête. Ils sont là tous deux, seuls dans leur majesté profonde ; et, pour nous servir des termes du monologue de Charles-Quint.

> L'univers ébloui contemple avec terreur
> Ces deux moitiés de Dieu, le pape et l'empereur !

En arrière se tient Justinien, l'auteur du Code, dont Charlemagne, l'auteur des Capitulaires, semble hériter.

Derrière ces différents personnages se lèvent deux figures mystérieuses que l'histoire ignore, mais que la légende revendique ; l'un est l'enchanteur Merlin, l'autre la fée Mélusine, cette femme rare, « qui n'était serpent qu'à moitié, » comme Henri Heine l'a dit spirituellement quelque part. Le peintre a voulu caractériser ainsi la la croyance aux fées et à la sorcellerie, qui joue un si grand rôle dans tout le moyen âge, et désigner les épopées fabuleuses du cycle carlovingien, iliades chevaleresques où les douze pairs font pâlir les exploits d'Achille.

C'en est bien fini avec le vieux monde ; le christianisme s'est substitué au polythéisme, la barbarie du Nord à la civilisation du Midi, l'empire d'Occident à l'empire d'Orient. La légende elle-même s'est renouvelée. Le merveilleux romantique a chassé le merveilleux classique. Les fées, les gnômes, les sylphes, les goules, remplacent les magiciennes de la Thessalie, les génies, les larves et les lémures. L'idéal a pris d'autres formes : ce n'est plus la Toison d'or que cherchent les aventuriers, mais le Saint-Graal, c'est-à-dire le vase où a été recueilli le précieux sang de Jésus-Christ, le jour de la passion.

Il ne reste plus rien de l'antiquité, pas même ce qui survit aux religions détruites, aux empires renversés, une superstition et une fable !

Mélusine et Merlin, dans ce grand résumé des manifestations de l'intelligence humaine, devaient occuper une place importante. Le verbe, lorsqu'il veut parler à des peuples enfants, doit emprunter la forme du conte et se vêtir, pour attirer l'attention paresseuse ou affaiblie, des splendides vêtements de la fiction.

Nous voici maintenant dans l'époque moderne. Le verbe continue à se transmettre en élargissant toujours ses ondulations infinies.

Sur une vaste terrasse, s'étale une composition qui rappelle l'école d'Athènes de Raphaël. Des poëtes, des artistes, des savants, des politiques, des inventeurs, des philosophes, des législateurs, tous ceux enfin qui, au moyen de l'idée formulée en verbe, concourent au développement de l'unité humaine, rêvent, dessinent, travaillent, intriguent, cherchent, spéculent, écrivent, formant des groupes harmonieusement balancés, les uns debout, les autres assis, ceux-là inclinés vers leur œuvre, ceux-là relevant la tête pour écouter. Schwartz, dans son froc de moine, souffle son fourneau où le salpêtre, en éclatant, va faire découvrir la poudre; Guttemberg, entouré de penseurs qui se penchent vers lui et suivent sérieusement son travail, invente l'imprimerie.

Christophe Colomb et Vasco de Gama reçoivent la boussole, les Médicis causent avec les artistes, Raphaël tient son carton de dessins, Brunelleschi se repose accoudé sur un chapiteau; Luther, Charles-Quint, Bossuet et Loyola, Louis XIV, Cromwell, Pierre le Grand, agitent ensemble quelque grande question politique; Voltaire rit et J.-J. Rousseau pleure; Mozart, Michel-Ange, Dante, Shakespeare rayonnent au milieu de cette foule illustre, et se mêlent familièrement aux Descartes, aux Leibnitz, aux Newton, aux Spinosa, car l'art aime la pensée et gagne au commerce de la philosophie. Tout à fait sur le premier plan, Lavoisier, Washington, Cuvier, Wats symbolisent l'époque où nous vivons; Wats et Washington, si modernes qu'ils appartiennent autant à l'avenir qu'au présent, n'ont qu'un pied posé sur le plateau actuel, l'autre pied est appuyé dans l'ombre sur un degré inférieur. Ils montrent ainsi que les conséquences de leurs idées n'ont pas encore acquis tous leurs développements. En effet, la démocratie américaine et la vapeur doivent changer la face du monde, et leur règne ne fait que de commencer. Napoléon, que l'on aperçoit debout, la face tournée vers le spectateur, vêtu du manteau impérial, couronné de laurier comme un César romain, est le dernier homme de l'ère antique, comme Washington est le premier homme de l'ère moderne; l'un enterre le vieux monde, l'autre inaugure le nouveau ; le Corse ferme une civilisation, l'Américain en ouvre une autre.

Goëthe, dans son second Faust, suppose que les choses qui se sont passées autrefois se passent encore dans quelque coin de l'univers. Le fait est, selon lui, le point de départ d'une foule de cercles excentriques qui vont agrandissant leurs orbes dans l'éternité et l'infini : dès qu'une action est tombée dans le temps, comme une pierre dans un lac sans bornes, l'ébranlement causé par elle ne s'éteint jamais, et se propage en ondulations plus ou moins sensibles jusqu'aux limites des espaces. Ainsi, dans son étrange poëme, la guerre de Troie étend ses rayonnements jusqu'à l'époque chevaleresque; la belle Hélène monte dans le donjon en poivrière du moyen âge. Lincéus, le gardien antique, veille du haut de la tourelle, et les jeunes Troyens se penchent aux créneaux d'une muraille à moucharabys. Euphorion, l'enfant mystérieux de la Tyndaride et de Faust, sautille entre le ciel et la terre, dans la prairie émaillée de pervenches.

Ce que fait le passé, le présent ne peut-il le produire, lui aussi, et prolonger ses vibrations dans les siècles qui ne sont pas encore? les choses actuelles sont peut-être douées de la propriété d'émettre des spectres et de les envoyer vers l'inconnu ; le présent est la matrice où le passé procrée l'avenir, et il doit exister dans les régions impalpables, sous l'obscurité des futuritions, une ébauche invisible de ce qui sera; les éléments de l'avenir, les combinaisons du hasard, les accidents de l'histoire, sont déjà en préparation sur un fourneau mystérieux, dans les profondeurs impénétrables de l'Hadès; la lueur du jour qui nous éclaire jette son reflet sur les temps qui vont se lever.

Peindre l'avenir était, certes, une tâche hardie. Notre artiste n'a pas reculé devant elle. A partir de Washington debout sur la dernière marche du présent, un escalier taillé irrégulièrement dans le roc par assises grossières descend dans les entrailles de la terre entr'ouverte en caverne. Sur les premières marches est accroupi un être de forme humaine encore, mais d'une laideur vulgaire, à la physionomie basse, au nez écrasé sur sa face plate par le poing de la trivialité. Le cachet divin a disparu de son front rétréci, qu'il ne pense guère à lever vers le ciel. Comme ces éternels avares de Quintin Metzys, il manie et compte de l'or et des billets de banque, accoudé à un ballot de coton. Autour de lui, comme un vil détritus, gisent brisés les nobles symboles des arts : la poésie est morte, l'industrie règne seule; les instincts supérieurs s'éteignent, l'âme s'évapore, la beauté disparaît, les besoins seuls parlent.

Plus bas, des êtres qui n'ont presque plus rien d'humain, se battent et s'étranglent en se disputant une abjecte nourriture : les profils se dégradent, les formes bestiales font dévier les contours, la brute reprend l'homme : les types monstrueux de l'Inde et de l'Égypte reparaissent moins leur grandeur et leur jeunesse; ce ne sont plus les exagérations d'une nature débordant de sève, mais les pullulations malsaines d'un monde en décomposition, mais l'enflure, la gibbosité, l'atrophie, les bras qui se déjettent, les genoux qui deviennent cagneux, des tortillements de mandragore, des nodosités de vipères; l'animalité a repris tout à fait le dessus. Au fond, des bêtes aussi dégradées que les hommes rongent parmi des ruines et des broussailles, des restes de carcasses et des os déjà dépouillés.

Sur le premier plan, à droite, les *Mères* horriblement vieilles dorment ou expirent adossées à des tombeaux pleins de morts : leur aspect est navrant. Elles ne sont plus que l'ombre d'elles-mêmes. Elles sont devenues stériles, leur sein est desséché, et c'est en vain que les nouveau-nés pressent leur mamelle tarie. Le monde va finir. Les *Parques*, assises dans des attitudes de découragement, laissent tomber leur quenouille sans étoupe et leurs ciseaux inutiles; plus d'existence à prolonger, plus de fil à couper. Leur rôle est fini, et, comme tous les êtres dont la tâche est accomplie, elles meurent. Qui ramènera de son pouce sur vos yeux creux vos paupières ridées, sempiternelles filandières? Il n'y a plus personne de vivant, et les petits génies de la terre jettent les cadavres des derniers hommes dans le feu éternel et central.

Le feu qui flamboie au bas de la composition correspond à la lumière qui rayonne à la partie supérieure. La lumière a tout développé, le feu régénérera tout : la clarté et la chaleur ne sont-elles pas la source de la vie intellectuelle et physique? La mort n'est-elle pas l'obscurité et le froid?

De ce feu s'élance, les ailes déployées, le Phénix antique, symbole de la renaissance immortelle. Comme l'oiseau merveilleux, fils de ses propres cendres, l'Humanité consumée sur le bûcher régénérateur, jaillira plus jeune, plus brillante que jamais de la flamme purificatrice, et reprendra ses évolutions. D'autres dieux, d'autres héros, d'autres poëtes formuleront encore ses pensées et ses rêves, et, dans quelques milliers d'années, des peintres inconnus, plus grands qu'Apelles et Michel-Ange, décoreront pour elle des Panthéons d'une architecture que nul ne peut prévoir.

VI

L'immense composition dont nous avons tâché de donner une idée fait, en quelque sorte, le chaton d'une grande croix de mosaïque couchée sur le pavé du temple; comme il convient à un chaton qui doit briller de plus d'éclat que le bijou où il est enchâssé, la mosaïque centrale sera en pierres de couleur, les quatre autres n'auront que deux teintes seulement, le blanc et le noir.

L'auteur, quitte envers le monde historique et réel, a voulu représenter les phases diverses de la vie extra-mondaine. Suivant les hypothèses religieuses antiques et modernes, tout n'est pas dit pour l'homme lorsqu'il a rendu à la terre les éléments dont il est formé; des séjours de rémunérations et de peines lui sont assignés après sa mort.

Les quatre cercles renferment l'enfer, le purgatoire, l'Élysée et le paradis. L'artiste a dû négliger les enfers et les paradis particuliers, tels que le Walhallah, le paradis indou et celui de Mahomet. Il fait une œuvre de synthèse et non une œuvre chronologique : le monde invisible se partage pour lui en deux grandes divisions : le monde païen et le monde chrétien.

L'enfer occupe le cercle placé dans le bras gauche de la croix à partir de la porte d'entrée, le côté sinistre. Cet enfer est aussi païen que celui du Dante, le grand poëte catholique. Les imaginations grotesques du moyen âge auraient dérangé la gravité de l'ensemble, et l'antiquité seule a connu le secret de la beauté dans le terrible. D'ailleurs, la part est égale entre les deux religions. Le polythéisme a l'enfer et l'Élysée; le christianisme le purgatoire et le paradis, peut-être même le purgatoire d'où les prières des fidèles peuvent tirer les âmes, est-il un enfer suffisant pour la religion de mansuétude et de pardon où la Providence a remplacé la fatalité. C'est cette idée qui a sans doute influencé l'artiste.

Cette composition fourmillante et serrée, où d'innombrables groupes se mêlent et se balancent sans se confondre, est une des plus dramatiques et des plus saisissantes conceptions du peintre. Il a déployé là cette prdigieuse science du corps humain, cette invention d'attitudes violentes et de raccourcis strapassés que nul n'a possédée au même degré depuis Michel-Ange, dont le nom vient forcément à l'esprit et aux lèvres quand on regarde ce colossal fouillis de supplices d'une variété et d'un raffinement à surprendre une imagination de bourreau.

Le centre de la composition est occupé par un grand rocher creusé en grotte, où siége le tribunal de l'enfer: la morne triade souterraine d'Éaque, de Minos et de Rhadamanthe, les juges sans appel, dont Alighieri fait des espèces de dieux demi-démons, indiquent le cercle où doit être précipité le coupable, en tournant un certain nombre de fois leur queue autour de leur corps.

Les criminels sont poussés au tribunal par des diables

moitié hommes, moitié monstres, sortes d'œgipans et de satyres tournés au terrible ; ils les pressent, les harcèlent, les font avancer et dirigent vers l'œil flamboyant et perspicace du juge leurs visages qu'ils tâchent en vain de dérober à la lumière. Cette angoisse du crime qui voudrait, devant la justice, se cacher sous les montagnes et dans les entrailles de la terre, est admirablement rendue.

En bas, sur l'eau fuligineuse et noire d'un de ces fleuves infernaux qui ne s'éclairent qu'à la flamme du bitume, Achéron, Styx ou Phlégéton, rampe cette barque aux coutures mal étoupées, barque des ombres, qui coulerait sous le poids d'un corps vivant. La nervure de la proue et les trous des avirons simulant le nez et les yeux font à cet esquif funèbre une espèce de masque horrible, de visage manqué et sinistre. Les âmes récemment arrivées traversent ce fétide marais d'où sortent des plantes de pieds qui fument, où sont plongés jusqu'au menton des rois dont la couronne retournée déchire le front avec ses pointes.

Les Danaïdes toutes nues avec leur beauté désolée et triste atténuent un peu cette sombre horreur ; fleurs de cette fournaise, grâces de cet enfer, elles plongent du haut de la rive leurs urnes dans cette eau épaisse avec des mouvements d'un charme sévère qui rappellent les élégances florentines, puis elles les renversent dans leur tonneau percé. En les regardant, nous ne pouvions nous empêcher de songer au journal, cuve effondrée, où nous autres, qui n'avons tué personne la nuit de nos noces, nous jetons sans le pouvoir remplir, peine stérile, travail toujours au même point, d'innombrables urnes de prose qui s'écoulent aussitôt par les mille fentes de la publicité.

Plus loin, Sysiphe, le symbole de l'effort perdu, haletant, crispé, ruisselant de sueur, remonte sur la colline abrupte le rocher de ses ambitions, qu'un démon railleur fait immédiatement rouler en bas de la pente.

De l'autre côté, un démon tourne sur une roue aux dents d'acier une femme dépouillée de ses vêtements, et dont le corps va être lacéré avec la plus ingénieuse barbarie, le sol étant armé de pointes aiguës qui ne laissent que peu d'espace entre elle et la roue.

Ailleurs, c'est la procession des moines couverts de leurs accablantes chapes de plomb, qui continue sa route perpétuelle sur un chemin pavé de corps souffrants.

Sur un plan plus avancé, un hérésiarque enfoncé dans la glace jusqu'aux genoux, le crâne fendu, soutient d'une main ses entrailles qui coulent par son ventre ouvert. Ugolin, dans sa vengeance anthropophage, dévore son ennemi l'évêque Roger, et Bertrand de Borne, le mauvais conseiller du roi Jean, porte à la main sa tête en guise de lanterne. Dante accomplissant sous la tutelle de Virgile son infernal pèlerinage, retrouverait là tous les supplices qu'il a si complaisamment décrits dans ses inflexibles tercets.

Aux régions supérieures emportée par le tourbillon éternel, tournoie comme un long vol de grues, et traînant sa plainte, la file des amoureux coupables parmi lesquels se détache le groupe charmant de Paolo et de Francesca de Rimini « qui ne lurent pas plus avant ce jour-là. » Cette partie de la composition est d'une légèreté, d'un mouvement et d'une poésie admirables. C'est là que l'artiste a déployé toutes les ressources de grand dessinateur et s'est donné cette tâche de mettre le corps humain dans toutes les positions impossibles, que s'est imposée pendant sa vie centenaire le bizarre génie du peintre de la Sixtine.

Le Purgatoire est enfermé dans un cercle de mosaïque qui forme la base de la croix et qu'on rencontre le premier en venant de la porte.

Sur le devant sont étendus à terre, dans des attitudes allanguies et somnolentes, les paresseux et les incertains, sous la garde d'un grand ange assis qui tient un glaive sur son épaule, l'air menaçant, mais sérieux et triste comme l'ange de la Mélancolie d'Albert Durer.

Ils ne souffrent aucune des tortures atroces de l'enfer; leur peine est toute morale. Ils attendent l'heure de la délivrance, mais l'aiguille ne semble plus marcher pour eux sur le cadran de l'éternité; chaque minute est un siècle; ils espèrent et désespèrent, comme ces prisonniers des mines de Sibérie qui ne savent pas à combien de temps ils sont condamnés et ne peuvent compter les jours dans ces lieux où le soleil ne luit jamais; cette expiation leur est infligée pour n'avoir été ni bons ni mauvais : ils ont eu l'intention et non l'action; il faut qu'ils réchauffent leur froide nature au feu du désir; cette expiation passionnée est la coupelle qui les raffine pour le Paradis.

Au second plan le musicien Casella entouré, d'une foule attentive, joue de la viole d'amour; son auditoire se compose d'âmes tendres et faibles que l'art, la galanterie, la parure, les vanités mondaine ont séduites pen- leur vie, mais sur qui la haine n'a pas eu de prise : c'est pourquoi cette consolation d'entendre la musique ne leur a pas été refusée en attendant l'entrée dans la béatitude éternelle. Amicalement groupées, elles écoutent Casella avec un attendrissement douloureux et un plaisir pénible, car la douceur de ces sons les fait songer aux concerts célestes dont ils seront privés longtemps encore.

Plus loin, des figures errant sous des arbres tendent leurs bras vers les fruits qu'elles ne peuvent atteindre et qui pendent sur leurs têtes. La main les effleure, mais sans les jamais détacher du rameau que le jour où la peine est finie.

D'autres coupables, plus chargés de péchés, descendent l'âpre flanc de la colline, courbés sous une énorme pierre qui les ploie en deux et leur met presque les genoux au menton, tandis que les âmes épurées déjà, montent vers la montagne de lumière par l'étroit sentier creusé dans le roc.

A droite, sur le lac étincelant qui baigne le pied de la montagne, s'avance une barque pilotée par un ange, dont les longues ailes déployées servent de voiles au souffle de Dieu qui la pousse; elle vient chercher les âmes dont le temps est achevé et qui vont jouir enfin de la vue du triangle rayonnant.

Dans la partie supérieure voltigent, sous la conduite d'un roi et d'un guerrier, les essaims limbiques de ces petits enfants, morts sans baptême, qui n'ont reçu la vie que pour la perdre, âmes à peine éveillées, souffles innocents exhalés aussitôt, et dont nulle souillure n'altère la pureté, si ce n'est la tache originelle, que lavera un court bain de quelques siècles dans la piscine des expiations.

Cette composition forme un contraste bien senti avec celle de l'enfer. Dans l'enfer, ce ne sont que supplices hideux, contorsions violentes, souffrances inouïes, mais principalement physiques : la punition est matérielle, brutale et barbare comme le crime; le bourreau est aussi cruel que le coupable, et l'atrocité du châtiment fait presque douter de sa légitimité. C'est le vieil enfer aussi monstrueux que la vieille justice, avec ses roues, ses chevalets, ses tenailles et ses brodequins. Mais le progrès continue dans l'extra-monde comme dans celui-ci, l'enfer se civilise et devient le purgatoire, enfer temporaire où l'on n'anéantit pas le coupable, où seulement on le purifie par des peines morales, pour le rendre digne de la société des bienheureux. La mélancolie anxieuse, le désir souffrant, l'attente morne du purgatoire, ont été aussi bien rendus par le peintre que les convulsions, les tortures et les épouvantements de l'enfer.

A la pointe de la croix se trouve le disque qui renferme l'Élysée, idéal de la rémunération antique.

A la gauche du spectateur s'élève un petit monument de forme circulaire; ses colonnes sont festonnées de guirlandes de fleurs par de petits amours qui les soutiennent et s'y suspendent; quelques uns d'eux jouent de la lyre.

A travers les entre-colonnements, on aperçoit, dans la lumière et dans la splendeur, un joyeux banquet philosophique. De gais convives, composés de tout ce que l'antiquité a de plus illustre et présidés par Épicure, reçoivent et fêtent de leur mieux les nouveau-venus qui sont Rabelais, Montaigne et La Fontaine. Épicure donne l'accolade à Rabelais. Anacréon et Horace, un peu ivres de cette aimable ivresse qui surexcite la raison et développe les facultés poétiques, font un accueil fraternel au bonhomme La Fontaine; Montaigne retrouve son cher La Boëtie; Plutarque, Platon, Aristote, amicalement groupés, sourient à ces nobles intelligences, qu'ils attendent depuis longtemps.

Près de la rotonde du banquet, des enfants de dix ou douze ans dansent au son d'une musique exécutée par de belles jeunes femmes à qui Mozart et Haydn retournent les feuillets.

Le premier plan est occupé par une magnifique fontaine qui est celle de Jouvence. Là se baignent les vieillards qui veulent redevenir enfants. Les différentes phases de la métamorphose sont rendues de la façon la plus pittoresque : on voit la jeunesse envahir ces membres flétris et les roses du printemps refleurir sur ces joues parcheminées ; le crâne chauve sent germer tout à coup de soyeuses boucles brunes ou blondes : entré septuagénaire dans l'onde régénératrice, l'on ressort adolescent ou bambin. Voyez donc ces petits bambins, Gérontes tout à l'heure, pour sortir du bassin, s'accrocher aux rebords du marbre, trop haut pour eux, et rejoindre leurs camarades qui jouent sur la rive à la manière antique, soit aux osselets, soit au tessères, soit au disque, ou qui s'occupent à remplir des corbeilles de fleurs qu'ils chargent sur leur tête.

Au fond se promènent des amis ou des groupes plus tendres, qui se perdent et disparaissent dans les allées ombreuses des bosquets élyséens ; d'autres s'abandonnent à quelque rêve contemplatif, ou dorment tranquilles sur un gazon étoilé de fleurs.

Dans le ceintre supérieur roule le char de Bacchus, traîné par des centaures, et guidé par Castor et Pollux, les héros de l'amitié. Le dieu, entouré de sa joyeuse suite, est à moitié couché sur le sein d'Ariane endormie.

Le peintre a fait ainsi de Bacchus malgré la colère de Platon, qui refuse au dieu du vin cette pacifique souveraineté, la divinité tutélaire de cet heureux et tranquille empire où ne sont guère placés que ceux qui n'éprouvent pas encore ou n'éprouvent plus les passions violentes, c'est-à-dire les enfants et les vieillards. Là règnent les plaisirs tempérés, la causerie intime et philosophique, la vue des beaux ombrages, la gaieté du banquet, l'ivresse intelligente et la sensualité délicate, toutes les jouissances qui pivotent sur la cardinale d'amitié. Bacchus, il est vrai, a bien sa femme avec lui, mais elle dort, emblême ingénieux qui montre que la femme est d'un emploi hasardeux dans les harmonies amicales.

Le paradis est situé dans le bras droit de la croix. Les portes de la cité céleste, bâtie au dessus des nuages, sont ouvertes par saint Pierre et saint Jean; la Vierge, revêtue du soleil, entourée de sept séraphins qui chantent en s'accompagnant de leurs harpes d'or, s'avance pour recevoir la foule des chrétiens purs et fervents qui s'élèvent sans aucun secours d'ailes ou de nuées, depuis le bas de la composition, entraînés dans ce mouvement ascensionnel par l'intensité du désir.

Parmi les groupes, on reconnaît aisément Dante, notre grand ami, guidé par Béatrix. Il détourne la tête, car ses yeux voilés encore des ombres humaines ne peuvent supporter l'éblouissement de la lumière divine.

Raphaël et fra Angelico de Fiesole se tiennent aux pieds de la Vierge dans une attitude d'admiration amoureuse. Eux qui l'ont tant adorée sur terre, n'ont-ils pas droit de s'agenouiller au ciel, plus près que personne de leur dame et souveraine?

Le bas du tableau est rempli par une résurrection. Des anges chargés de réveiller les dormeurs de la vallée de Josaphat volent près de terre et rasent le sol comme des hirondelles, avec une grâce aérienne exquise. La plupart des morts, au sortir de leurs tombeaux, sont couronnés par les mains célestes. Le peintre, comme vous pensez bien, n'a pas oublié le vieux Florentin, objet de son admiration particulière. Anticipant sur la décision de Dieu, il lui fait poser sur le front, par trois grands anges, la couronne de son triple génie, sans attendre qu'il soit tout à fait débarrassé des plis de son linceul.

Plus au fond, à gauche, passe un char traîné par des colombes; c'est celui de l'Amour qui s'unit à Psyché par un baiser éternel. Autour des immortels amants, de petits archers lancent des flèches à travers un nuage mystérieux qui, en s'entr'ouvrant par intervalles, laisse apercevoir des groupes amoureux moins éthérés que ceux admis au paradis de la Vierge. Des amours ailés entraînent et poussent même sous le nuage un couple plus passionné que les autres; le mystère s'étend sur leur extase.

Ainsi le peintre qui nous a fait entrer avec lui dans l'Enfer, le Purgatoire et les Champs-Élysées, n'a pu ici nous mener plus loin. Les images manquent pour peindre le bonheur; l'imagination, hélas! se refuse aux chimères heureuses : l'on trouve cent supplices pour un plaisir.

L'amour immatériel, l'amour pur, accord parfait de l'âme, sont les plus hautes jouissances qu'on puisse rêver ici-bas : la Vierge au seuil du paradis est le type de l'amour mystique, de l'aspiration idéale; Cupidon s'unissant à Psyché représente la seconde espèce d'amour, qui, moins subtil, n'en est pas moins noble et divin.

Dans la pensée de l'artiste, l'enfer c'est l'envie, le purgatoire le doute, l'Élysée l'intelligence, le paradis l'amour. — Chacun, après sa mort, a ce qu'il cherche dans sa vie : la peine et la rémunération ne sont que le rêve de chacun accompli. L'envieux a les supplices, l'indifférent les limbes, le philosophe le banquet de Platon, l'amoureux l'objet de son désir, Marie ou Psyché, l'âme seule ou l'âme avec le corps, suivant son vœu. L'homme se juge lui-même et le tribunal suprême n'est qu'un symbole. — Mortels, ne vous tourmentez pas quand vous sortirez de la vie. Vous portez en vous-mêmes votre enfer et votre paradis ; vous aurez tout ce que vous aurez voulu.

VII

L'énonciation très-succincte du projet de décoration imaginé pour le Panthéon, et déjà réalisé par Chenavard, ne nous a pas demandé moins de six articles, et l'on trouvera sans doute que nous avons été bref, en songeant que notre travail, outre l'histoire universelle depuis Adam jusqu'à nos jours, contient les cosmogonies et les théogonies de tous les peuples, plus une immense galerie de portraits idéalisés, où aucune individualité caractéristique n'est oubliée, enfin ce monde-ci et l'autre, puisque l'artiste a complété sa grande épopée de l'âme humaine, en la suivant hors de la vie sensible dans les séjours de rémunérations et de peines que lui assignent les diverses religions.

Nul édifice antique ou moderne n'a vu se déployer sur ses murailles un plus vaste poëme pittoresque. Cent soixante tableaux de dix-huit pieds de haut sur onze de large, une frise de huit cents pieds de long, quatre piliers gigantesques revêtus de peintures, caissons et pendentifs, cinq mosaïques de soixante-dix pieds de diamètre, où s'agitent des compositions touffues et fourmillantes, forment un total formidable de personnages; on ferait une armée en animant cette foule plus nombreuse encore que les légions de figures peintes en style néo-byzantin du mont Athos, dans cette église grecque de Salamine, qui étonne si fort les voyageurs.

C'est la première fois qu'a lieu une tentative de ce genre pratiquée sur une si grande échelle : jusqu'à présent les ressources de la peinture appliquées à la décoration des temples ou des palais n'avaient guère rendu que les symboles des religions fausses ou vraies, les hauts faits plus ou moins authentiques des dynasties légitimes ou usurpatrices. Tous les dieux et tous les rois avaient trouvé dans les arts des interprètes soumis et des adulateurs pleins de souplesse : le saint le plus obscur a eu ses chapelles décorées de chefs-d'œuvre. Le moindre quart de dieu antique a eu des milliers de statues en marbre; les rois les moins glorieux ont fait peindre vingt fois leur légende chimérique, et jamais cette idée si simple et si grande de rendre justice au génie humain par une glorification synthétique de ses phénomènes et de ses évolutions n'était venue à personne.

Cependant, cette intelligence qui, dès les premiers jours du monde, renonce aux délices de l'Éden pour avoir la connaissance du bien et du mal, et s'élance du paradis à la recherche d'un idéal supérieur, préférant la lutte et l'exercice de son libre arbitre au bonheur sous conditions; cette âme universelle, à qui les générations, en se succédant sans s'interrompre, prêtent leurs corps collectifs, et dont les facultés éclatent par tant de manifestations splendides, valent bien qu'on les célèbre dans une apothéose colossale, suprême effort de l'art.

L'artiste qui a conçu cette pensée a mis dans l'accomplissement de sa tâche la plus haute impartialité philosophique et le plus religieux respect des traditions. Il a tout vu en grand et s'est placé en dehors du temps et de l'espace. A voir ces peintures, vous ne devineriez ni sa religion, ni sa patrie, ni même son époque, si quelques figures, pour ainsi dire contemporaines, ne vous en donnaient la date : Bacchus et Jésus-Christ, César et Napoléon, Sophocle et Racine, Athènes et Rome, le vieux monde et le nouveau, les dieux, les héros, les civilisations sont à leur rang ; l'Orient même y trouverait le calife Hakem, le dernier homme qui se soit proclamé Dieu et qu'on ait cru. Aucune étroite préférence de clocher : l'humanité n'a qu'une patrie qui est la terre. Les petites raies bleues et rouges qui délimitent les royaumes doivent disparaître, et d'ailleurs on ne les retrouve pas sur le monde réel.

Il est temps que les pays ne se prennent plus pour leurs propres fétiches. Une nation civilisée devrait avoir honte de se regarder perpétuellement le nombril comme ces fakirs de l'Inde abîmés dans la contemplation de leur moi. La France a eu longtemps ce travers de s'encenser elle-même et de chanter dévotement sa propre litanie. Les grands hommes appartiennent à tous les pays. Shakespeare n'est pas plus Anglais que Molière n'est Français : ils sont humains. Leur patrie physique ne peut les revendiquer exclusivement. Un héros, un poëte, sont les résultats de toutes les civilisations et les produits de l'intelligence universelle. Virgile, quoique mort depuis deux mille ans, est notre contemporain, notre ami, notre frère ; sa pensée hante la nôtre. Nous connaissons Raphaël comme s'il vivait. Les siècles et les patries n'existent pas : ce qui est vraiment intelligent, vraiment grand, vraiment beau, est éternel et général.

La terre n'est pas déjà si vaste et le temps si considérable pour découper l'une en petites parcelles et l'autre en périodes mesurées : pour satisfaire notre soif, qu'est-ce qu'une coupe de six mille ans remplie par le vin d'un millier de peuples, la pensée d'une vingtaine de poëtes et les rêves théogoniques de sept ou huit révélateurs? Plus de Walhallah, plus de musée de Versailles! Que les héros prennent leur place dans le chœur général de l'humanité et se classent par la proportion : tant pis pour ceux qui ne peuvent supporter le voisinage! Ceux qui n'étaient grands qu'à leur époque et dans leur endroit sont petits. César est à Paris, et en dix-huit cent quarante-huit, aussi intéressant que le jour où il a passé le Rubicon. Sa taille n'est pas diminuée d'une ligne et sa gloire n'a pas un rayon de moins malgré le lever de l'astre napoléonien.

La France n'a pas fourni toutes les figures de la composition de Chenavard, mais elle tient magnifiquement son rang dans cette immense assemblée de toutes les civilisations et de toutes les gloires : les Chinois seuls peuvent croire qu'ils occupent le centre de l'univers et que, hors l'Empire du Milieu, tout n'est que stupidité et barbarie.

L'impartialité que l'artiste a montrée pour les nations et pour les hommes, il l'a montrée pour les religions qui ne sont, à vrai dire, sous la variété de leurs symbolismes que l'expression de la même pensée. Toute religion se réduit philosophiquement à trois points : une théurgie, une cosmogonie, une morale, c'est-à-dire l'explication de l'être ou des êtres divins, de la création des choses et de la conscience. Au point de vue abstrait, les noms des huit ou dix mille dieux qui ont régné ou règnent encore sur la terre ne sont que les épithètes de la litanie de l'Absolu. Jéhovah, Brahma, Jupiter, Allah, qu'importe le nom, c'est toujours l'infini, l'éternel, l'incompréhensible, le jour sans ombre, la sagesse sans erreur, le torrent de vie, le fluide imparticulaire qui traverse les univers compactes, qui se meut dans nous et dans lequel nous nous mouvons, le suprême amour, la suprême intelligence et la suprême justice!

L'artiste philosophe ne s'est donc prononcé pour aucun système religieux, il les a tous admis comme l'expression du même désir, assignant à chacun une place plus ou moins large, selon qu'ils ont plus ou moins contribué au bonheur et aux progrès de l'humanité. Comme le Panthéon de Rome, le Panthéon de Chenavard reçoit tous les dieux; ils sont là, chacun avec ses attributs, guidant le peuple et la civilisation qui les adorait, tous pieusemen rendus, et revêtus de leurs plus belles formes par le pinceau consciencieux de l'artiste.

Les hommes de toutes les nations et de tous les temps peuvent entrer dans ce temple et y trouver les objets de leurs vénérations. Le Chaldéen y verra ses étoiles, l'Égyptien son Osiris, son Isis et son Typhon; l'Indien, Brahma et tous ses Avatars; l'Hébreu, Jéhovah; le Perse, Ormudz et Ahrimane; le Grec et le Romain, leur Olympe au grand complet; le chrétien, son Christ glorifié dix-huit fois; le barbare du Nord, ses dieux frissonnants sous la neige des pôles; le Musulman, ennemi des images, son prophète, la face voilée par une flamme; le Druse, son kalife Hakem avec ses prunelles d'azur et son masque de lion. Chacun pourra faire sa prière dans cette église universelle, vraie métropole du genre humain, aussi bien faite pour Homère que pour Dante, pour Alexandre que pour Charlemagne, pour Phidias que pour Raphaël, pour Triptolème que pour Watt, pour Aristote que pour Lavoisier, où l'hiérophante, le mage, le pontife, le prêtre, l'iman se réunissent dans un hymne commun, immense acclamation du fini devant l'infini!

Ce sera le temple de la Raison, non pas comme l'entendaient les révolutionnaires voltairiens, c'est-à-dire la Raison négative et stérile, mais bien le temple de la Raison affirmative et féconde : certes, l'heure est bien choisie pour élever un pareil monument. L'humanité se résume au moment de s'élancer vers le nouvel avenir que lui ouvrent les inventions modernes. Le monde de l'imprimerie, de la poudre à canon, de la vapeur et de l'électricité n'est pas réalisé encore, et la face des civilisations va être renouvelée.

Le Panthéon de Chenavard sera donc comme une espèce d'encyclopédie de l'art renfermant le passé et le présent, déjà illuminé par l'aube de l'ère future. Historien des religions anciennes, il est le prophète de la religion nouvelle, le règne de la Raison, dernière et suprême évolution de l'humanité.

Avantage qui n'est pas à dédaigner dans ce temps où les gouvernements se chassent comme les vagues sur la rive, ni la royauté, ni la république, ni la dictature, ni le despotisme n'ont rien à rayer sur ces murailles. Aucun fait crûment contemporain n'y pourrait choquer les aversions ou les rancunes d'un régime quelconque. Certes rien n'était plus facile que de couvrir ces vastes surfaces de sujets irritants et de flatteries peintes à l'adresse du jour. Il ne manque pas de petits faits que l'orgueil de ceux qui y ont participé tend à croire énormes, et dont toute la reproduction eût été accueillie avec complaisance ; mais tout en étant de son temps, l'artiste doit éviter l'*actualité*. Raphaël peignait dans les chambres du Vatican l'*École d'Athènes*, au lieu de glorifier la victoire de Montepulciano, ou tout autre exploit papal de même force, très-illustre et très-insignifiant. L'occasion était belle pour Chenavard de mettre là des tambours, des canons, des troupiers de Sambre-et-Meuse, des grognards de l'empire, mais l'artiste dégage toujours l'idée des faits, et préfère la cause au résultat. Sa large synthèse embrasse tout sans l'alourdir par les détails.

Ce gigantesque travail, l'artiste, contrairement aux opinions reçues aujourd'hui que les œuvres d'art cherchent l'originalité pour principal mérite, a déclaré ne pas vouloir l'exécuter lui-même : — il faudrait deux cents ans à un seul homme pour revêtir cet énorme édifice de son vêtement colorié. Mais ce n'est pas là la raison du peintre. Il trouve que les grandes œuvres doivent être impersonnelles, et paraître plutôt le produit d'une mystérieuse agrégation que l'expression d'une nature particulière. Il est impossible d'assigner leur part de travail aux laborieux ouvriers qui ont élevé et ciselé les cathédrales ; excepté quelques noms conservés dans la poussière des chartes, les auteurs de ces chefs-d'œuvre sont inconnus. Chenavard veut que ces tableaux se déroulent sur les murs et sur les frises sans qu'on pense à la main qui les a tracés et fixés.

Tout le travail paraîtra sorti de la même main et de la même palette comme en un seul jour, et pour ainsi dire sans effort : un Briarée collectif dirigé par une pensée unique accomplira en peu de temps cette besogne cyclopéenne, — un cerveau et mille bras !

Voici la manière de procéder de l'artiste : il dessine au trait d'une façon arrêtée ses compositions dont il livre un calque à son collaborateur Papety, qui les copie au fusain sur une plus grande échelle. Le talent intelligent et souple de M. Papety le rend admirablement propre à ce travail, qui n'exige pas moins d'habileté que d'abnégation. Chenavard arrête l'effet, ôte ou ajoute aux contours, donne de l'accent, et fait de ce dessin exécuté par un autre une chose tout à fait sienne. Alors on fixe le fusain au moyen de vernis et d'essence pour que la poussière noire ne s'envolle pas au premier souffle, et l'on passe au carton définitif, qui a la grandeur du tableau même qu'il représente. Chenavard retouche cette dernière édition de sa pensée, la corrige et lui imprime le caractère. — Ce sont ces cartons qu'il doit faire mettre en place et apprécier par le public avant de commencer à peindre : on verra ainsi toute l'œuvre, et malgré l'absence de tons, on pourra préjuger de l'effet.

Les grands cartons achevés, des esquisses calquées sur les dessins fixés seront peintes d'abord en grisaille avec du blanc et de la terre de Cassel par son collaborateur, puis glacés légèrement par Chenavard des tons qu'il aura choisis. Les bleus, les rouges, les verts seront mis en place. Ensuite, l'esquisse achevée et reprise sera placée à côté du grand carton.

Les peintures murales ébauchées aussi en grisaille par vingt-cinq ou trente peintres amis, disciples ou simples travailleurs, recevront d'après ces esquisses leur coloration au moyen de glacis que l'artiste directeur pourra continuellement retoucher et rectifier, redressant ainsi les fausses interprétations de sa pensée. De cette sorte, il aura l'avantage d'arriver avec toute sa fougue sur un travail bien assis, solide et régulier, et d'imprimer facilement un style unique à l'œuvre de ces mains diverses.

Comme on voit, l'intention du maître est de sacrifier à l'œuvre toutes les personnalités, même la sienne; caprice de main, ragout de brosse, accent individuel, il abandonne ces mièvreries aux peintres de chevalet. A l'époque de développement où nous sommes, l'originalité d'un artiste, si piquante qu'elle soit, ne peut suffire à défrayer les travaux gigantesques et collectifs faits pour les multitudes; il faut que l'ordre et la méthode viennent au secours de la science et de l'inspiration.

Chenavard, s'il s'est peu préoccupé du *faire*, semble avoir trouvé une science nouvelle, *les mathématiques de la composition*. On dirait que, par une analyse sagace et patiente, il s'est rendu compte de la manière de composer de tous les maîtres, qu'il a désarticulé leurs groupes, pénétré le secret de leurs lignes, mis à jour leurs artifices, découvert leurs habitudes et leurs *tics* même. La composition pyramidale à lignes convergentes ou divergentes, à simple ou double foyer, à un ou plusieurs plans, plafonnante, balancée, rhythmique, à contre-poids, avec ou sans repoussoirs, il connaît tout; il a combiné toutes les manières possibles d'assembler des figures, il connaît les types générateurs des groupes, le point de départ et d'arrivée des lignes, et peut mettre un géomètre au service de l'artiste.

Cette qualité si neuve, si inconnue, donne, sans qu'elle ait été cherchée le moins du monde, une originalité profonde à l'œuvre immense dont nous venons de reproduire, autant que la plume le peut, les principaux linéaments et les intentions les plus importantes.

L'on comprend, d'après ce que nous avons dit, que le mérite d'exécution, proprement dit, est tout à fait secondaire dans un pareil travail. Cependant, la méthode suivie par l'artiste, dont le but a été d'écrire sa pensée avec le crayon, comme le poëte le fait avec la plume, ne laisse rien à désirer sous le rapport de la science pratique et du métier. Titien, Paul Véronèse, Corrége ne procédaient pas autrement, et l'aspect général de ces peintures maintenues dans la gamme de la fresque, sans en avoir la crudité et la sécheresse, aura certainement un aspect très-doux et très-harmonieux.

Lorsque M. Ledru-Rollin donna le Panthéon à Chenavard, et ce sera peut-être le seul acte de son ministère dont la postérité lui saura gré, on s'étonna du mode de rémunération demandé par l'artiste. Cette idée de peintres payés à raison de dix francs la journée — c'est le prix auquel le maître lui-même avait évalué son travail — parut un peu singulier et blessa quelques susceptibilités, fort honorables d'ailleurs : on voulut voir là une dégradation de l'art, très-imaginaire à notre avis. — Qu'importe que ce soit le tableau ou le travail qui soit payé ? Pierre-Paul Rubens, qui n'était pas un rapin, demandait un florin par heure et ne se croyait nullement déshonoré pour cela.

Cette manière est la plus sûre, la seule peut-être, de conduire à bien ces immenses travaux, et l'expérience en prouvera toute la sagesse. — Dans deux ans, les cartons seront mis en place et livrés à l'examen public. Dans huit ans, les peintures terminées feront du Panthéon le rival de Saint-Pierre de Rome, et sur une table de marbre l'on gravera l'inscription suivante : « *Chenavard invenit, delineavit, et direxit adjuvantibus Papety, Comairas,* etc. »

Septembre 1848.

MARILHAT

Quelque temps après la révolution de juillet, vers 1833 à peu près, une petite colonie d'artistes, un campement de bohèmes pittoresques et littéraires menait une existence de Robinson Crusoé, non dans l'île de Juan Fernandez, mais au beau milieu de Paris, à la face de la monarchie constitutionnelle et bourgeoise, à cet angle du Carrousel laissé en dehors de la circulation comme ces places stagnantes des fleuves où ni courants ni remous ne se font sentir.

C'est un endroit singulier que celui-là : à deux pas du roulement tumultueux des voitures, vous tombez tout à coup dans une oasis de solitude et de silence. La rue du Doyenné se croise avec l'impasse du même nom, et s'enfonce au dessous du niveau général de la place par une pente assez rapide; l'impasse se termine par une espèce de terrain fermé assez peu exactement d'une clôture de planches à bateaux noircies par le temps. Les ruines d'une église, dont il reste une voûte en cul de four, deux ou trois piliers et un bout d'arcade contribuent à rendre ce lieu sauvage et sinistre. Au delà s'étendent, jusqu'à la rue des Orties, des terrains vagues parsemés de blocs de pierre destinés à l'achèvement du Louvre, entre lesquels poussent la folle avoine, la bardane et les chardons.

Les maisons qui bordent ces deux rues sont vieilles, rechignées et sombres, elles frappent par un air d'incurie et d'abandon. On ne les répare pas, les ordonnances de voirie le défendent, car elles doivent disparaître dans un temps donné, lorsque les travaux du Louvre seront repris. On dirait que ces pauvres logis ont la conscience de l'arrêt qui pèse sur eux, tant leur physionomie est morose. A la crainte de l'avenir peut se mêler le regret du passé, car c'étaient pour la plupart de respectables demeures honorablement hantées par des gens d'église et de robe.

J'habitais deux petites chambres dans la maison qui fait face à l'arcade qui mène au pont suspendu. Camille Rogier, Gérard de Nerval et Arsène Houssaye occupaient ensemble, dans l'impasse, un appartement remarquable par un vaste salon aux boiseries tarabiscotées, aux glaces à trumeaux, au plafond décoré de moulures délicates et capricieuses; ce salon chagrinait beaucoup le propriétaire, et avait longtemps empêché le logis de se louer, car en ce temps-là le goût que nous appelons bric-à-brac, faute de meilleur nom, n'était pas inventé encore.

Cette pièce, garnie de quelques meubles anciens brocantés à vil prix, rue de Lappe, aux Auvergnats de la bande noire, avait quelque chose d'étrange et de fantastique qui nous plaisait, et souvent le regret de ne recevoir personne dans une si belle pièce nous préoccupait douloureusement, mais pour rien au monde nous n'y eussions admis des bourgeois en chapeau rond et en habit à queue de morue, à moins que ce n'eût été un éditeur venant nous proposer dix mille francs pour un volume de vers ou un Anglais curieux de se composer une galerie de tableaux inédits.

Gérard trouva un moyen de tout concilier, c'était de donner dans ce salon Pompadour un bal costumé ; de cette façon, les personnages ne jureraient pas avec l'architecture : cette opinion paradoxale nous surprit un peu, car nos finances étaient dans l'état le plus mélancolique ; mais, poursuivit Gérard, les gens qui manquent du nécessaire doivent avoir le superflu, sans quoi, ils ne posséderaient rien du tout, ce qui serait trop peu, même pour des poëtes. Quant aux rafraîchissements, ils seront remplacés par des peintures murales qu'on demandera aux artistes amis ; cette magnificence vaudra bien à coup sûr quelques méchants verres d'eau chaude mêlée de thé et de rhum : faire peindre un salon exprès pour une fête, c'est une galanterie digne de princes italiens ou de fermiers-généraux, et qui nous couvrira de gloire.

Il n'y avait pas d'objection à faire à des raisonnements si logiques : les camarades furent convoqués, on dressa des échelles, et chacun se percha le moins incommodément possible pour esquisser le trumeau et le panneau qui lui était destiné dans la distribution du travail. Aucun des noms qui concoururent à cette décoration improvisée n'est resté dans l'ombre qui les couvrait alors, et dans ces

6

ébauches rapides l'on pouvait déjà pressentir le talent et le caractère futur de chacun.

Un jeune homme aux yeux noirs, aux cheveux ras, au teint cuivré, peignit sur une imposte des ivrognes couronnés de lierre, dans le goût de Velasquez, et un autre jeune homme à l'œil bleu, aux longs cheveux d'or, exécuta une naïade romantique : l'un était Adolphe Leleux, le peintre des Bretons et des Aragonais; l'autre Célestin Nanteuil, l'auteur du *Rayon*, un des plus charmants tableaux de l'exposition de cette année. Sur deux panneaux étroits, Corot logea en hauteur deux vues d'Italie d'une originalité et d'un style admirables. Théodore Chassériau, alors tout enfant, et l'un des plus fervents élèves d'Ingres, paya sa contribution pittoresque par une Diane au bain, où l'on remarquait déjà cette sauvagerie indienne mêlée au plus pur goût grec d'où résulte la beauté bizarre des œuvres qu'il a faites depuis.

D'autres panneaux furent remplis de fantaisies orientales et hoffmanniques par Camille Rogier, qui, plus tard, réalisa ses rêves par un séjour de huit ans à Constantinople, d'où il a rapporté le plus curieux album. Alcide Lorentz fit aussi quelques Turcs de carnaval, et des masques à la manière de Callot. Pour moi, je peignis dans un dessus de glace un déjeuner sur l'herbe, imitation d'un Watteau ou d'un Lancret quelconque, car, en ce temps-là, j'hésitais entre le pinceau et la plume. Gérard ne fit rien, mais il nous donna le conseil de nous couronner de fleurs, suivant l'usage antique.

Comme nous étions juchés sur nos échelles, la rose à l'oreille, la cigarette aux lèvres, la palette au pouce, chantonnant des ballades d'Alfred de Musset ou déclamant des vers d'Hugo, il entra un jeune homme amené par un camarade pour prendre sa part de nos travaux, et qui fit sur moi l'impression la plus vive.

Il avait une de ces figures qu'on n'oublie pas. Son teint naturel disparaissait sous une accumulation de couches de hâle, et ressemblait à du cuir de Cordoue, quoiqu'aux pommettes on pût distinguer à travers le jaune des traces de couleurs assez vives; une fine moustache ombrageait sa lèvre supérieure, et son nez mince, un peu courbé en bec d'oiseau de proie, s'unissait à des sourcils noirs extrêmement marqués. Les yeux, agrandis par la maigreur, avaient une limpidité, un éclat et une expression extraordinaires : ils semblaient avoir gardé le reflet d'un ciel plus lumineux et la flamme d'un soleil plus ardent; le ton bistré de la peau en faisait encore ressortir l'émail étincelant : ces yeux étaient le résultat d'un voyage en Orient, car l'Orient, nous en avons fait la remarque depuis, lorsqu'il ne vous aveugle pas, vous donne des regards aveuglants.

Le nouveau-venu promena sur tout ses prunelles d'épervier, prit un morceau de crayon blanc, et traça sur un coin resté vide trois palmiers s'épanouissant au dessus du dôme d'une mosquée; puis, quelque affaire l'appelant ailleurs, il s'en alla et ne revint plus.

Ce jeune homme à physionomie d'icoglan ou de zébek, comme nous le sûmes plus tard, était Prosper Marilhat, qui revenait d'Égypte. Rien, à cette époque, ne le recommandait à l'attention que le feu de ses yeux et le hâle de sa peau, car il n'avait encore rien exposé, et sa longue absence avait naturellement dérobé le secret de ses études et de ses progrès.

Au Salon suivant, un tableau étrange, marqué au cachet de l'originalité la plus naïve et la plus violente, attira l'attention des artistes et du public. On ne peut se faire aujourd'hui une idée de la surprise qu'excita cette révélation d'un monde inconnu. En ce temps-là, l'école romantique pittoresque commençait à peine à se produire, et le paysage historique florissait principalement. Ce superbe goût, qui règne encore sur les papiers de salle à manger des auberges de province, était cultivé avec succès par beaucoup de membres de l'Institut. Un arbre dans le coin, une montagne dans le fond, une fabrique à fronton triangulaire sur le bord d'une nappe d'eau formant cascade, un Ulysse, une Io ou un Narcisse pour animer la chose, tel était le programme. Aussi, à l'aspect de ce tableau exotique, les perruques traditionnelles se hérissèrent, les crânes beurre frais pâlirent d'horreur et dirent que l'art était perdu. Le public comprit tout de suite qu'un grand peintre était né. Sur le sable rouge du terrain, la brosse, comme un doigt qui trace un nom dans la poussière, avait écrit d'un jet fier et libre : Prosper Marilhat.

En voyant pour la première fois ce nom obscur la veille, et sur qui la lumière était à jamais fixée, le jeune homme aux yeux flamboyants me revint en mémoire, et il me sembla que lui seul avait pu faire cette œuvre si bizarrement puissante. En effet, c'était bien lui.

La place de l'Esbekieh au Caire! Aucun tableau ne fit sur moi une impression plus profonde et plus longtemps vibrante. J'aurais peur d'être taxé d'exagération en disant que la vue de cette peinture me rendit malade et m'inspira la nostalgie de l'Orient, où je n'avais jamais mis le pied. Je crus que je venais de reconnaître ma véritable patrie, et, lorsque je détournais les yeux de l'ardente peinture, je me sentais exilé : je le vois encore cet énorme caroubier au tronc monstrueux pousser dans l'air chaud ses branches entortillées comme des nœuds de serpents boas, et ses touffes de feuilles métalliques dont les noires découpures font briller si vivement l'indigo du ciel. L'ombre s'allonge azurée sur la terre fauve, les maisons élèvent leurs moucharabys et leurs cabinets treillagés de bois de cèdre et de cyprès avec une réalité surprenante; un enfant nu et bistré suit sa mère, long fantôme enveloppé d'un yalek bleu. La lumière pétille, le soleil darde ses flèches de feu, et le lourd silence des heures brûlantes pèse sur l'atmosphère.

J'ai raconté de quelle manière j'avais rencontré Marilhat pour la première fois. C'était à propos d'un bal. La dernière fois que je le vis, ce fut à propos d'un ballet; j'avais écrit pour Carlotta le livret de *la Péri*, et, dans cette œuvre muette, je voulais appporter toute l'exactitude matérielle possible. J'allai donc chez Marilhat faire provision de couleur locale; une sincère admiration chaleureusement exprimée de ma part, une bienveillance reconnaissante de la sienne, avaient établi entre nous des rapports qui, pour n'être pas fréquents, n'en étaient pas moins cordiaux. Il m'ouvrit tous ses cartons avec une inépuisable complaisance, me dessina ou me permit de calquer les costumes dont j'avais besoin, et me prêta même une petite guitare arabe à trois cordes, au ventre en calebasse et au long manche d'ébène et d'ivoire, qui servit à la Péri dans sa scène de séduction musicale; il est vrai de dire qu'aucune danseuse, à l'exception de mademoiselle Delphine Marquet, ne voulut se conformer aux indications de Marilhat, et que toutes, à mon grand désespoir, préférèrent s'habiller en sultanes du Jardin Turc, ce qui me démontra la vanité de la couleur locale en matière chorégraphique.

Maintenant ces yeux si avides de lumière sont baignés par l'ombre éternelle, et lorsqu'on reporta la guitare, dont on avait fait une copie en carton, la porte de l'atelier était fermée pour ne plus se rouvrir. Marilhat n'était pas mort, mais déjà il était perdu pour les arts; la tête ne guidait plus cette main si habile, et deux ans il se survécut ainsi à lui-même. Lorsqu'après des alternatives de calme et d'exaltation il s'éteignit enfin, les journaux, préoccupés de quelques misérables tracasseries politiques dont l'opposition taquinait alors la royauté, se turent sur cette triste fin, et la tombe du grand peintre mort si jeune ne reçut pas même ces banales couronnes nécrologiques qu'on jette à toutes les médiocrités défuntes comme pour les remercier de s'en être allées. L'oubli vient si vite dans notre époque affairée! A peine se souvient-on de soi-même; d'ailleurs, les vivants réclament leur part de publicité avec une telle énergie, que les morts doivent en souffrir, et moi, dont aucun génie n'a trouvé l'admiration infidèle, je ne suis pas non plus sans quelques remords à l'endroit de la mémoire de Marilhat. Voici bien des mois déjà que l'annonce de l'article qui le concerne se reproduit sur la couverture de la *Revue des Deux-Mondes;* mais la vie, comme dit Montaigne, est ondoyante et diverse, et la plus ferme volonté dévie à chaque instant; le labeur de chaque jour, les mille soins de l'existence, les chagrins et les découragements d'un poëte qui poursuit son rêve à travers les pesantes réalités du journalisme, une révolution, un deuil irréparable dans les circonstances les plus douloureuses, me serviront d'excuse, et mon hommage, pour être un peu tardif, n'en sera pas moins senti. Je n'oublie vite que les sots et les méchants.

Je n'ai pu m'empêcher de commencer cette esquisse biographique, sur laquelle la mort prématurée de celui qui en est l'objet jette d'avance comme un crêpe de tristesse, par les deux anecdotes frivoles et peut-être puériles qu'on vient de lire. Aujourd'hui les peintures du salon de la rue du Doyenné ont disparu sous une couche de badigeon, car ces barbouillages auraient nui à la location, et la *guzla* rapportée du Caire par Marilhat qui la prit des mains d'une *gawhasie*, après avoir résonné à l'Opéra sous les doigts frêles de Carlotta Grisi, se trouve dans un coin de l'atelier de Fernand Boissard, où son emploi est de *poser* pour les mandolines moyen âge.

Prosper Marilhat fut d'abord élève de Roqueplan : ses premiers essais, quoique indiquant d'heureuses dispositions, n'indiquent pas le genre de talent qu'il aura plus tard ; c'est qu'il n'avait pas encore trouvé le véritable milieu de son talent. Chose remarquable, l'âme a sa patrie comme le corps, et souvent ces patries sont différentes. Il y a bien des génies pareils au palmier et au sapin dont parle Henri Heine dans une de ses chansons. Le palmier rêvait des neiges du pôle sous la pluie de feu de l'équateur ; le sapin, frissonnant sous les frimas de la Norvége, rêvait de ciel bleu et de soleil brûlant. Ce qui arrive aux arbres peut arriver aux hommes. Quelquefois ils ne sont pas plantés dans leur pays réel ; ces aspirations singulières qui font un Grec ou un Arabe d'un individu né à Paris ou dans l'Auvergne ont leur raison d'être. La mystérieuse voix du sang, qui se tait pendant des générations entières ou ne murmure que des syllabes confuses, parle de loin en loin un langage plus net et plus intelligible. Dans la confusion générale, chaque race réclame les siens; un aïeul inconnu revendique ses droits. Qui sait de combien de gouttes hétérogènes est formée la liqueur rouge qui coule sous notre peau? Les grandes migrations parties des hauts plateaux de l'Inde, les débordements des races polaires, les invasions romaines et arabes ont toutes laissé leurs traces. Des instincts bizarres, au premier coup d'œil, viennent de ces souvenirs confus, de ces rappels d'une origine étrangère. Le vague désir de la patrie primitive agite les âmes qui ont plus de mémoire que les autres et en qui revit le type effacé ailleurs. De là ces folles inquiétudes qui s'emparent tout à coup de certains esprits, ces besoins de s'envoler comme en sentent les oiseaux de passage élevés en captivité, ces départs soudains qui font qu'un homme quitte les jouissances d'une vie confortable, luxueuse pour s'enfoncer dans les steppes, les pampas, les despoblados et les sahara, à travers toute sorte de fatigues et de périls. Il va retrouver ses frères d'autrefois; on pourrait même indiquer aisément la patrie intellectuelle de chacun des grands talents d'aujourdhui. Lamartine, Alfred de Musset et de Vigny sont Anglais; Delacroix est Anglo-Hindou; Victor Hugo, Espagnol, comme Charles-Quint avec le royaume des Flandres; Ingres appartient à l'Italie de Rome ou de Florence; la Grèce réclame Pradier; Dumas est créole, à part toute allusion de couleur; Chasseriau est un Pélage du temps d'Orphée; Decamps, un Turc de l'Asie-Mineure; Marilhat, lui, était un Arabe syrien, il devait avoir dans les veines quelque reste du sang de ces Sarrasins que Charles-Martel n'a pas tous tués.

Aussi, lorsque cette occasion se présenta de faire le voyage d'Orient en compagnie de M. Hugel, riche seigneur prussien, Marilhat comprit sa vocation, et l'avenir de son talent fut décidé. Ce voyage fut l'événement capital de sa vie, ou plutôt ce fut sa vie tout entière : l'éblouissement n'en cessa jamais pour lui, et les années qu'il vécut ensuite n'eurent d'autre emploi que de rendre les impressions reçues à cette époque bienheureuse. A part quelques rares études d'arbre qu'il peignait lorsqu'il allait l'été passer cinq ou six semaines chez ses parents en Auvergne, tous ses tableaux ne représentent que des sites et des scènes de l'Orient. Rentré dans les brumes du Nord, il garda toujours dans l'œil le soleil de là-bas. Il s'isola de la nature qui l'entourait, et, malgré les nuages gris, les terrains froids, les hêtres, les frênes et les bouleaux, il fit toujours, avec l'exactitude de la vision rétrospective, s'épanouir l'étoile de feuilles du palmier dans l'implacable azur du ciel égyptien. Il n'aperçut pas le noir fourmillement des bourgeois dans nos rues crottées, il n'entendit pas le tumulte de nos voitures. Pour lui, la foule bigarrée des Fellahs, des Nubiens, des Cophtes, des Nègres, des Turcs, des Arabes, circulait toujours dans le pittoresque dédale du Caire avec ses armes et ses costumes bizarres; il y avait dans son imagination un perpétuel mirage de dômes d'étain, de minarets d'ivoire, de mosquées aux assises blanches et roses, de caroubiers trapus et de dattiers sveltes, de flamans s'enfuyant dans les roseaux, de vols de colombes égrenées dans l'air comme des colliers de perle; quoique son corps fût ici, il n'avait, pas, à vrai dire, quitté l'Orient, et consolait sa nostalgie par un travail acharné. Decamps offre un exemple illustre de ce phénomène. Il n'a jamais pu non plus rentrer dans sa patrie, et il continue sa caravane orientale sans plus se détourner qu'un pèlerin musulman qui veut aller baiser la pierre noire à la Caaba.

Nous allons tâcher de faire, avec ce pauvre Marilhat, enlevé si malheureusement à la fleur de l'âge et du talent, ce voyage qui l'a rendu un des plus grands peintres de paysage de ce temps-ci et de tous les temps, il faut bien le dire.

On a bien voulu nous confier quelques lettres qu'il écrivit à sa sœur dans les rares loisirs que lui laissaient ses études et ses excursions. Cette liasse de papiers jaunis, presque illisibles, usés à leurs angles, lacérés par les griffes de la santé, exhalant encore les âcres parfums des fumigations contre la peste, et que nous avons dépliés avec une précaution respectueuse et triste, nous permettra de comparer le récit au tableau, l'impression écrite à l'impression peinte.

Ce n'est pas un voyage complet que nous allons transcrire; ces lettres offrent beaucoup de lacunes; plusieurs se sont égarées en route, d'autres ont été perdues depuis. Une foule de détails sont omis, car Marilhat, en peintre qu'il était, se fiait plus au crayon qu'à la plume, et à plusieurs reprises exprime cette opinion : qu'un bon croquis vaut mieux que toutes les descriptions imaginables; il avait plus que personne le droit d'émettre cet avis, mais chacun fait comme il peut. Si la description littéraire est moins exacte, elle a cet avantage, d'être successive, et Marilhat lui-même s'est donné tort par plusieurs passages charmants et pittoresques.

La première de ces lettres est datée du 16 mai 1831, à bord du brick *le d'Assas*, en rade de Navarin. Le jeune voyageur y parle de la Provence, qu'il vient de traverser « juste au moment des roses et des arbres de Judée, » de la route de Marseille à Toulon, si aride et si sauvage, du joli vallon chargé d'oliviers en fleur qu'on parcourt avant d'entrer dans cette dernière ville.

Il continue d'un ton badin en s'excusant de ne pas décrire d'une façon détaillée des choses si connues, et, s'adressant à sa sœur, « je te dirai seulement, comme dans *Plik et Plok :* Corbleu ! c'est un joli brick que le brick *le d'Assas!* Il est fin, léger, coquet, d'une propreté merveilleuse, et c'est, les marins en conviennent, le plus joli navire qu'on ait mis à l'eau depuis longtemps. Il n'a que dix-huit mois, ayant été lancé à Rochefort lors de l'expédition d'Alger, ce qui ne m'a pas empêché d'avoir le mal de mer. C'est une diable de chose que le mal de mer ! Veux-tu savoir ce que c'est ? On entre dans un navire, on est fort gai. Peu à peu les figures changent, l'une s'allonge, l'autre s'élargit, une autre devient rouge, une autre devient verte. Les plaisanteries cessent, on s'aligne entre les caronades, et... »

Débarqué à Navarin avec ses compagnons, le jeune voyageur indique ainsi son itinéraire : « Nous irons voir l'ancienne Arcadie et quelques ruines grecques. Nous nous réembarquerons immédiatement pour Napoli de Romanie. De là nous nous dirigerons vers Athènes, Sparte et toutes les villes de Grèce que nous pourrons visiter ; puis, nous embarquant de nouveau, nous gagnerons Candie, ensuite Alexandrie, d'où nous commencerons notre voyage en Syrie, dont je parlerai dans ma prochaine lettre. »

Cette excursion accomplie, Marilhat tient sa parole, et d'Alexandrie envoie à sa sœur la lettre suivante qui contient ses premières impressions orientales : « Tu dois savoir, ma chère amie, qu'il y a déjà huit jours que nous sommes à Alexandrie, et ces huit jours ne m'ont pas paru longs, je t'assure, quoique nous soyons assassinés par les cousins et les moustiques et quoique le soleil soit passablement ardent; mais il y a dans toute la ville quelque chose de si neuf pour moi, dans les habitants quelque chose de si original, que le temps se passe très-vite à voir et à dessiner dans les bazars et les places publiques toutes ces figures si noblement déguenillées. Quelle différence avec notre froide et *propre* France !

« Je crois, » continue-t-il en revenant sur ses pas, « que je t'ai laissée à Navarin; je ne te raconterai pas notre petite incursion en Grèce. C'est si bête de raconter, surtout quand on parle de quelque chose que l'on a vu avec plaisir ! Je me contenterai de t'apprendre que nous sommes allés de Navarin à Napoli de Romanie par mer, que là nous avons pris avec nous une escorte que nous a donnée le comte Capo d'Istria, que nous avons vu Argos, Corinthe, Mégare, Athènes et les lieux intermédiaires où il y avait des antiquités, que nous sommes restés trois jours dans cette dernière ville et qu'ensuite nous nous sommes embarqués pour Candie, que nous y avons relâché un jour et que nous voici au terme de notre voyage par mer, grâce au ciel. Je ne te dirai pas que la Grèce est un pays charmant, bien cultivé, bien boisé, peuplé d'habitants doux et hospitaliers : je mentirais; mais je te dirai que c'est un pays d'un caractère superbe, hérissé de rochers arides, mais d'une forme imposante, avec des plaines désertes, mais d'une grandeur et d'une beauté magnifique, et couvertes de broussailles, de lauriers-roses tout en fleurs, de myrtes et de thuyas; que les habitants y sont voleurs, canailles, mais qu'ils ont des têtes et des attitudes fort imposantes; qu'il y a des ruines superbes...

« Cependant tout cela n'est rien comparativement à la partie de l'Égypte où nous sommes. Les ruines y sont peu importantes, mais les habitants sont la chose la plus extraordinaire que j'aie jamais vue. Il y a des figures parmi eux qui sont absolument semblables à celles que les anciens Égyptiens cherchaient à imiter dans leurs sculptures. »

La Grèce et ses nobles sites obtiennent, on le voit, de notre artiste un légitime tribut d'admiration. Pourtant, dès qu'il met le pied sur le rivage d'Alexandrie, on sent qu'il aborde à sa terre natale, à la patrie réelle de son talent; il s'étonne, il se récrie et ne procède que par exclamations. La vue de cette foule si pittoresquement drapée, si sale et si brillante, si bariolée et si diverse, l'enchante et le ravit. Justement le pacha a convoqué son armée, et il y a là une collection de types à faire devenir un peintre fou de joie. Les Cophtes, tels encore que les couvercles des momies nous les représentent, les habitants du Sennaar et du Darfour, les Abyssins, les Gallas, les gens du Dongola, ceux de l'oasis d'Ammon, les Arabes de l'Hedjaz, les Turcs, les Maugrabins, posent tour à tour devant l'artiste. Autour de la ville, des cahutes basses en briques et couvertes de plusieurs doigts de poussière mamelonnant la plaine, comme autant de verrues, contiennent les families des soldats. Des femmes fauves comme des statues de bronze, vêtues à peine d'une chemise bleue, entrent dans ces tanières en courbant la tête ou en sortent portant quelque vase de terre et trainant quelque enfant tout nu. Quel plaisir et aussi quel regret pour Marilhat, qui voudrait dessiner des deux mains et quarante-huit heures par jour! mais laissons-le parler plutôt lui-même. A travers la mauvaise humeur que lui cause quelque courbature perce le plus vif sentiment pittoresque.

« Dans le voyage que nous venons de terminer, nous avons rencontré une mauvaise saison : c'était au plus fort de l'été. Tu sens que, voyageant dans la plus grande chaleur du jour sous le soleil brûlant de Syrie, et surtout étant obligés de ne porter pour coiffure qu'un tarbouch ou bonnet grec, à cause du fanatisme des habitants contre les chapeaux, nous n'étions pas sans attraper force coups de soleil. Nos visages couleur d'écrevisse étaient impayables, et notre tournure... c'est à décrire! Représente-toi quatre ou cinq figures de différentes couleurs, selon l'effet du soleil sur chaque carnation : l'un avait la peau rouge, puis à côté brune et encore noire. C'étaient les trois couches différentes, les restes, par place, du premier et du deuxième coup de soleil, tout cela se pelant comme l'écorce d'un jeune cerisier et s'enlevant de temps en temps par larges rouleaux ; l'autre avait sur le nez une immense vessie ou ampoule, et sur la figure autant d'autres petites, comme les enfants de la première. Pour moi, j'ai pelé au moins une demi-douzaine de fois. Nous voilà pourtant sur la route à dix heures, loin encore du lieu de la sieste, et tout cela parce que M. Hugel ne se lève jamais de bonne heure, chacun monté sur une mule immense, dessous lui tout son bagage et son matelas, cheminant gravement au milieu de la caravane, tantôt pestant contre la maudite mule qui ne veut pas avancer, tantôt, par un écart, roulant à terre, la tête la première, le bagage d'un côté, le matelas sur soi, sans avoir d'autre consolation que de rire de ses compagnons... Nous faisions comme cela douze ou treize lieues de France par jour, puis nous nous arrêtions dans un lieu habité ou sauvage, toujours à l'air; on étendait son matelas, on faisait décharger les mules, le cuisinier allumait son feu. S'il n'était pas encore nuit, je partais pour faire quelques croquis de mon côté: le naturaliste, du sien, chargeait son havresac, prenait son bâton et allait à la recherche... Au lieu de la halte, sur un tas de bagages mêlés de casseroles, de matelas, de bâts d'ânes, était juché le baron écrivant; puis, autour de lui, il y avait les deux ou trois cents Arabes de la caravane, occupés à le regarder. Alors, quand je revenais avec mon carton sur le dos, le naturaliste avec son chapeau hérissé d'insectes et de lézards, et tout autour du cou un immense serpent, nous trouvions la table mise sur une natte avec des matelas pour siéges, comme dans les festins antiques; au milieu, un immense plat de pilau; puis des poulets bouillis et des terrines de lait aigre pour compléter notre repas; quelquefois, surtout dans les derniers jours, de très-beaux raisins de la couleur la plus agréablement dorée que l'on puisse voir. Là-dessus, nous étendions de nouveau nos matelas, nous établissions une sentinelle, nous nous roulions dans nos manteaux, et je t'assure que hormis l'heure de notre garde, nous n'ouvrions guère les yeux jusqu'au lendemain. Puis c'était à recommencer; alors on s'appelait, on chargeait de nouveau, et en avant!

« La Syrie, en grande partie, je t'assure, est terrible à traverser en été. C'est un pays aride et sec, qui fait mal à voir. Seulement, dans les montagnes du Liban, il y a une belle végétation, mais rien comme notre France. Si tu veux savoir au juste ce que c'est que la Syrie, c'est la partie aride de notre province (l'Auvergne) en laid... Les belles parties, qui sont extrêmement rares, sont mille fois plus belles que les jardins d'Hyères, sans culture s'entend; cela se trouve seulement quand il y a de l'eau : alors c'est une place d'une lieue et souvent moins... puis tout est désert. Je ne te parle pas de tout cela en artiste; j'ai mal à la tête, et je ne vois pas les choses en beau. »

Dans une autre lettre, où il félicite ironiquement son frère d'avoir été promu au grade de lieutenant de la garde nationale, à Thiers, nous retrouvons ce passage remarquable. Rassasié de palmiers et de végétations tropicales, il recommande, si l'on veut lui faire plaisir, de planter à Sauvignac, près de la serre du jardin, des *saules pleureurs*, et de faire nettoyer la petite allée du bois. « ... Lui, il est là, continue-t-il en parlant de son frère avec une vivacité d'images qui le met en présence des objets, il va se promener de bonne heure par une de ces journées d'automne si agréables, où le brouillard du matin vous enveloppe comme un songe, où l'on parcourt, sans penser où l'on va, les charmants sentiers des bois, où l'on respire, en gonflant sa poitrine, cette atmosphère fraîche et mélancolique, où l'on n'entend que les feuilles mortes qui tombent avec un léger frôlement comme un regret des beaux jours, et de temps en temps le cri saccadé et moqueur du merle qui s'enfuit; alors son chien fera quelques pas brusquement en avant, et puis, après avoir interrogé son maître, il retournera à sa place accoutumée reprendre son allure trottinante. Je me souviens de tout cela ; je me rappelle tout jusqu'au *Pli-des-Grives*, jusqu'au cigare fumé tranquillement sur les *Tertres de Bontest*, en face de cette nature douce et calme et de cet horizon si gai et si plein de bonheur. Dis-lui qu'ici tout est grand, haut, sublime, mais tout est aride ; c'est dénudé de végétation, encore plus pelé et plus monotone que les vastes bruyères de nos montagnes. Ici (je veux dire en Syrie), toute la végétation semble avoir été comme brûlée et réduite en cendre, sans perdre sa forme, par le souffle empesté d'un mauvais génie. La seule variation, c'est des chemins étroits et tortueux taillés sur une base de craie blanche ou quelques éboulements de terrains, comme si la nature n'y était pas encore assez nue et qu'on ait voulu lui arracher par force son dernier vêtement en lambeaux. Partout la même misère. Quand ce ne sont pas des bruyères, des chardons, ce sont des pierres tombées là comme la grêle et qui ont sablé ces vastes contrées d'une teinte uniformément gris-noir comme la peau raboteuse d'un crapaud ; toujours une ligne droite ou régulièrement ondulée de collines arides ; quelquefois, dans le lointain, les pics majestueux et nus du Liban, comme un gigantesque squelette qui paraîtrait à l'horizon ; toujours un ciel pur et d'un azur foncé vers le haut, vers le bas d'un ton lourd et écrasant, plus terreux et plus livide à mesure qu'on approche davantage du désert. Qu'on se figure au milieu de cette désolation trois ou quatre mille chameaux blancs, roux et noirs mangeant gravement les herbes sèches et dispersés dans la plaine comme autant de petites taches ; un camp de Bédouins, composé de vingt ou trente tentes noires, toutes noires, en poil de chameau, agglomérées sans ordre; quelques femmes ayant pour tout vêtement une chemise bleue et une ceinture en cuir; puis près de vous, si vous voyez un homme poussant ses chèvres ou ses moutons, c'est quelque chose de sec et de fier, couleur de pain bis, avec une chemise, autrefois blanche, serrée d'une ceinture de cuir, recouverte d'un manteau en laine à trois larges raies bleues du haut en bas, la tête enveloppée d'un mouchoir de soie jaune et entourée d'une corde en poil de chameau. C'est là l'habitant de la partie déserte de la Syrie et de la Judée. — Plus près de la mer, ce sont des villages blancs en terre avec des terrasses pour toits, et pour maisons des carrés de dix pieds et des portes de trois pieds de haut. Là-dedans logent les paysans... Tout cependant n'est pas comme cela. Quelquefois on trouve une belle source, grosse à l'endroit d'où elle sort comme votre Durolle; alors à ses alentours se déploie la plus riche végétation qu'on puisse imaginer. Sur un rideau d'un vert brillant et pur, formé par les vignes et les orangers qui se mêlent et s'entrelacent, on voit scintiller le rouge sémillant de la grenade, qui s'ouvre pour offrir, la coquette! ses charmes aux voyageurs, et s'étaler la feuille large et luisante de la banane avec ses longues grappes de fruits, et dans le fond, plus loin, le gris-vert de l'olivier, placé là comme pour reposer les yeux de tant d'objets splendides.

« Sous ces charmants fouillis de végétation, une halte de Turcs avec leurs chevaux arabes attachés aux arbres. Les hommes sont assis à leur manière sur leurs tapis et fument gravement la pipe ou le narguilhé. Nous faisons quelquefois partie du tableau. Moi armé de mon carton à dessiner, le cuisinier en train de faire cuire une mauvaise poule et un peu de riz, et là-bas, dans la campagne, le docteur prussien avec son havresac passé derrière le dos et attaché si court, qu'il semble faire l'office de collet; de ce havresac sortent des pinces, des marteaux, un voile à papillon. Quant à la tête, elle est coiffée d'un chapeau de paille hérissé de lézards, de mouches, de scarabées, d'insectes de toute sorte; pour les jambes, elles s'engloutissent dans d'immenses bottes turques rouges à pointes recourbées assez grandes pour faire un justaucorps. La main balance un énorme bâton. Représente-toi tout cela, et, pour prendre ton point de vue, place-toi sur un tas de matelas, de caisses, de casseroles et de bâts, et tu auras une idée de ce que c'est qu'un naturaliste en Syrie et un campement de voyageurs arrêtés pour dîner dans un lieu commode. »

Une autre lettre, écrite à son père, contient des détails sur l'itinéraire suivi en Palestine par la petite caravane artistique et botanique. « Tu dois sans doute, mon cher père, avoir reçu la lettre que je t'ai envoyée de Beyrouth. Dans le cas contraire, je te dirai que nous n'avons pu faire le voyage de Palmyre comme nous l'espérions, à cause des Bédouins, qui, justement à cette époque, étaient agglomérés pour faire paître leurs troupeaux près de Homs, ville située au bord du désert, et d'où nous devions partir pour notre expédition. Nous sommes allés de là à Balbek, puis dans le Liban, où nous avons passé quelque temps. Ce que je ne t'ai pas dit, de peur de t'effrayer, c'est que M. Hugel y est tombé malade d'une fièvre nerveuse qui lui a duré quinze jours à Tripoli, puis à peu près autant à Beyrouth, où nous étions allés par mer. De Beyrouth, nous sommes allés par mer à Saïde (Sidon), puis à Sour (Tyr), ensuite à Acre, per terre ; de la à Nazareth, puis au Thabor, à Tibériade, près de la mer de Galilée. Nous sommes retournés à Nazareth, puis de là nous avons dirigé notre voyage vers la grande cité de Jérusalem par Samarie (Naplouse aujourd'hui). Nous y sommes restés huit jours, tu penses à quoi faire : à visiter toutes les places... à recueillir toutes les traditions... pas moi, car je n'écris rien, et je préférerais du reste un bon croquis (malheureusement les bons croquis sont rares !) à toutes les relations de voyages imaginables. A Jérusalem, je me suis fourni d'une bonne provision de chapelets, reliques, etc., que j'ai fait bénir au Saint-Sépulcre. Cela peut être agréable à quelques personnes de nos connaissances. Nous sommes allés voir Bethléem et la mer Morte, et tous les points importants ; puis nous avons fait route sur Jaffa, où nous nous sommes embarqués pour Alexandrie. Notre traversée a été de quarante-huit heures seulement. Tu sens que, tout en voyant des lieux si anciennement illustres, les souvenirs de nos vieilles armées de la république m'ont souvent occupé, et au Thabor, et à Saint-Jean d'Acre, et à Jaffa, que de fois j'ai pensé à toutes ces belles victoires d'une poignée de Français sur des milliers d'Arabes, venus comme des fourmis de leurs déserts !

« Comme les mauvaises nouvelles se savent vite et sont toujours exagérées, tu dois avoir lu dans les journaux des relations effrayantes des ravages du choléra-morbus en Syrie, en Arabie et en Égypte ; je vais te dire tout ce que j'en ai su sur les lieux mêmes, et quel rapport cela peut avoir avec notre voyage.

« Le choléra est venu des Indes en Perse par les caravanes. Les hadjis ou pèlerins persans l'ont porté à la Mekke et à Médine, où cette année se trouvent à peu près cent mille pèlerins, venus de tous les pays musulmans; la maladie aussitôt s'est manifestée d'une manière effrayante, et a enlevé, dans l'espace de quatre à cinq jours, quarante mille hadjis. Puis le temps de partir est arrivé, et de ce centre commun les caravanes se sont dirigées, l'une pour Bagdad, l'autre pour Constantinople par la Syrie, l'autre pour la Haute-Égypte par la mer Rouge et Kosseïr, enfin la plus nombreuse pour la Basse-Égypte, le Delta, le Caire et Alexandrie; ainsi la maladie que les Arabes appellent le vent jaune a éclaté en même temps partout...

« Nous sommes arrivés au Caire après la maladie, et il n'y a plus rien dans la Haute-Égypte. Nous partons sous peu pour ce pays. »

Profitant de son séjour au Caire, où il a trouvé le motif de tant de délicieux tableaux. Marilhat en fait à la plume le croquis suivant, avec une netteté et une finesse admirables: « La ville se présente à vous comme les mille petites tourelles dentelées d'un édifice gothique au pied d'une montagne blanchâtre assez escarpée, et flanquée d'une citadelle à tours et à dômes blancs dans le goût turc. D'une part, vers la montagne, le désert avec toute son aridité, sa désolation, et, pour y ajouter encore, la ville des tombeaux, espèce de cité qui a ses rues, ses maisons, ses quartiers, ses palais, et n'a d'habitants vivants que quelques reptiles, quelques oiseaux solitaires et d'immenses vautours placés sur les minarets comme les vedettes de cette triste population; de l'autre part, vers le Nil, des champs couverts d'une verdure brillante, et (du moins à l'époque où nous y étions) de temps en temps de charmantes pièces d'eau, restes de l'inondation, miroitant au sein de cette verdure ; des jardins couverts d'arbres épais et noirs, d'où s'élèvent comme autant d'aigrettes des milliers de palmiers avec leurs belles grappes rouges ou dorées. Au milieu de ce contraste se trouve la ville, tout-à-fait en harmonie avec ce paysage bizarre, immense ramas d'édifices à toits plats sans tuiles, noircis par la fumée et couverts de poussière : de loin en loin, un édifice neuf, blanc et scintillant, jaillit de ce tas de maisons grisâtres, de ces rues étroites et noires où se remue un peuple sale quoique très-brillant et bariolé ; de cette poussière, de cette fumée bleue s'élancent vers l'air libre mille et mille minarets, comme le palmier des jardins, minarets couverts d'ornements légers à l'arabe et cerclés de leurs trois galeries de dentelles superposées. C'est un admirable spectacle, fait pour enthousiasmer un peintre. »

Ensuite il ajoute, en parlant de son projet de voyage dans la Haute-Égypte : « C'est un beau voyage que celui de la Haute-Égypte, facile à faire avec agrément. Il y a ici fréquemment des dames anglaises qui le font ; mais passé le Caire, comme le costume européen des femmes n'est pas connu, elles sont obligées de s'habiller à la turque. Je t'assure qu'il y a comme cela de fort jolies Turques. »

Ce voyage, fait en compagnie de M. Hugel, dura trois mois. Une dernière lettre que nous allons citer, outre les impressions de l'artiste, contient des détails curieux sur le voyage de l'obélisque de Luxor, avec qui il naviguait de conserve :

« 18 mai 1833. Rade de Toulon.

« Me voilà enfin de retour dans notre belle France. Je

suis arrivé hier dans la matinée sur *le Sphinx*, bateau à vapeur de l'État qui remorquait l'obélisque de Luxor. Mais à quoi bon être arrivé quand on est condamné à voir cette terre chérie de près sans pouvoir y mettre les pieds, sans pouvoir serrer la main à un compatriote, sans pouvoir aller même au lazaret qu'avec un garde de santé grognard qui a toujours peur que vous communiquiez avec des gens qui se portent peut-être moins bien que vous. Oui, c'est un vrai supplice de Tantale, et d'autant plus grand, qu'on vient d'un pays plus aride et plus éloigné de nos mœurs. J'ai heureusement à qui parler dans les officiers du bâtiment, qui sont de vrais amis pour moi et des jeunes gens charmants pour tout le monde ; j'ai tout ce qu'il me faut pour passer la quarantaine gaiement, et cependant!...

« J'étais parti avec *le Sphinx* dans l'espoir que la traversée serait moins longue et moins fatigante qu'avec un bâtiment marchand. La bonté du bâtiment et l'agrément de l'intérieur me le faisaient penser, mais il était écrit qu'il n'en serait pas ainsi ; il fallait que tout tendît à allonger ce malencontreux voyage. Partis d'Alexandrie par un temps superbe, le 1ᵉʳ mai, nous avons eu, deux jours après, un vent de nord-ouest si fort, que ne pouvant plus aller de l'avant, inquiets du *Luxor*, qui, peu fait pour supporter la mer, paraissait devoir s'engloutir à chaque instant, nous avons laissé porter sur Rhodes, où nous sommes arrivés à bon port, malgré un vent très-fort et une mer houleuse. Comme le port n'y est pas assez sûr, nous nous sommes réfugiés vis-à-vis, à Marmariza, sur la côte de Caramanie. Là, nous avons attendu que le mauvais temps nous permît de repartir ; puis nous avons fait route sur Navarin, croyant y trouver du charbon pour refaire notre provision, qui commençait à s'épuiser. Un coup de vent nous a forcé de relâcher à Milo, dans l'Archipel, d'où nous sommes repartis au bout de deux jours. Arrivés à Navarin, point de charbon! Obligés d'aller en prendre dans les Iles Ioniennes! A Zante, nous en trouvons à peine pour atteindre à Corfou, où enfin nos soutes se sont comblées. Le chargement a duré huit jours, après lesquels nous avons chauffé, et nous voilà arrivés ici avec un temps superbe, arrivés comme Ulysse, après avoir visité toute la Grèce antique. Si l'obélisque, que tu verras du reste à Paris, t'intéresse, je te dirai qu'il va à merveille, et que si tous ses antiques magots hiéroglyphiques n'ont pas plus le mal de mer dans la traversée qui va les conduire au Havre qu'ils ne l'ont eu jusqu'ici, il n'y aura pas trop d'avaries pour qu'ils puissent montrer leurs grotesques faces de granit sur une de nos places de Paris.

« Cependant le voyage m'a amusé, en ce sens que j'ai vu Rhodes et ses souvenirs de chevalerie, ses écussons des anciens chevaliers, sa tour attaquée avec tant d'ardeur, défendue avec tant de courage; Marmariza et ses montagnes incultes, couvertes de pins, de myrtes et de toutes ces plantes du climat de Grèce qui répandent dans l'air un parfum à elle, et lui donnent un aspect si brillant, quoique si triste! Et Milo décoré de la mémoire du plus bel âge des arts; Navarin, je le connaissais déjà; enfin Zante et Corfou, îles doublement charmantes dans le passé et dans le présent, les premières que je voyais qui me rappelassent un peu l'Europe et présentant des restes de la puissance commerçante de Venise. Ma qualité d'artiste m'a fait recevoir du lord haut commissaire, gouverneur de l'île, ainsi que de lady N....., sa femme, qui, artiste qu'elle est, aime les arts, comme tous les sommités de l'aristocratie (lord N... est le frère du duc de Buckingham). Je suis allé au bal deux fois. Je te reparlerai de tout cela à loisir. Le papier finit. Adieu, *Salam-Alek.*

« L'Égyptien Prosper Marilhat. »

Là se termine l'odyssée de notre voyageur, et ici nous allons placer quelques détails épars dans sa correspondance.

A son retour au Caire, il lui arriva un malheur très-sensible pour un peintre; sa boîte à couleurs embarquée avec d'autres bagages à Beyrouth, fut promenée on ne sait où par un patron maltais qu'égarait la peur du choléra. Heureusement, il se trouva là un amateur qui, touché du désespoir du jeune peintre, lui céda une boîte assez bien garnie qu'il avait. O béni sois-tu, digne amateur qui, sous la forme d'une douzaine de vessies, représentas la Providence auprès de Marilhat et fus la cause indirecte de beaucoup de chefs-d'œuvre.

Notre artiste, à qui M. Hugel avait proposé de faire le voyage des Indes-Orientales, et qui n'avait pas accepté, passa quelques mois tout seul, tantôt à Alexandrie, tantôt à Kanka, à Rosette et au Caire, où étaient restés le docteur et le naturaliste prussien, qui, tous deux, avaient trouvé à se placer avantageusement au service du pacha, dont il fit le portrait, non sans peine, car « ce diable d'homme » voulait être peint sans poser, prétention assez gênante pour la ressemblance, qui fut pourtant réussie. Il eût bien voulu en faire une copie, mais il lui fallut se contenter d'un croquis fait à la hâte et en cachette. Pendant tout ce temps, Marilhat, fit des portraits pour vivre et des études pour apprendre. Ses portraits lui étaient payés 300 francs, et ce chiffre flattait son amour-propre. — Il peignit aussi deux décorations pour un théâtre bourgeois d'Alexandrie, où il y avait « des actrices bien jolies. »

Il resta là tout l'hiver, n'osant pas revenir en France, de peur de geler, car, dit-il, « depuis mon séjour en Orient, je suis devenu si frileux, que, même ici, je souffre beaucoup du froid de l'hiver, si doux cependant. Que serait-ce donc, si j'arrivais en France dans cette saison? » Nous aussi, nous avons éprouvé ce frisson en revenant de Constantine, au mois d'août, après un long bain de soleil à quarante-huit degrés. Une houppelande doublée de peau d'ours dans laquelle nous nous étions enveloppé ne nous empêchait pas de claquer des dents sur le quai de Marseille, et nous ne sommes pas encore réchauffé !

Les fragments que nous avons cités donnent une idée assez complète de l'itinéraire suivi par Marilhat à l'exception de son voyage dans la Haute-Égypte qu'il annonce plusieurs fois, et dont sa correspondance ne contient pas de description, bien que sa *Vue des ruines de Thèbes* et d'autres dessins montrent que le voyage a été accompli. Mais peut-être que les lettres confiées aux mains peu sûres, des fellahs se seront égarées, ou Marilhat, énervé par « ce mou climat d'Orient, » n'aura pas écrit.

Ce que nous avons détaché de cette correspondance écrite au vol de la plume à de proches parents, sans le moindre soupçon de publicité, fait voir, à travers sa négligence, que Marilhat eût pu acquérir comme écrivain le nom qu'il a conquis comme peintre ; son style est net, coloré, rapide ; ses descriptions, aidées par l'œil exercé de l'artiste, ont une précision caractéristique des plus rares ; chaque objet est attaqué par son angle saillant, chaque touche posée à sa place et du premier coup : il a dans son style une grande puissance de réalisation plastique. Pour bien écrire un voyage, il faut un littérateur avec des qualités de peintre ou un peintre avec un sentiment littéraire, et Marilhat remplit parfaitement ces conditions; c'était du reste un esprit vif, clair, plein d'activité et de feu, légèrement ironique et se plaisant aux lectures choisies : Montaigne, Cervantes et Rabelais étaient ses auteurs de prédilection; il aimait à parler et parlait bien. Ses conversations roulaient en général sur des théories d'art tantôt paradoxales, tantôt profondément sensées, suivant son humeur, qu'il développait avec beaucoup de verve et d'éloquence : l'art fut l'idole de sa vie et la consuma tout entière.

Dans le *post-scriptum* de plusieurs de ses lettres, il parle avec une sollicitude inquiète du sort de son tableau envoyé au Salon avant son départ, et demande l'avis de Cicéri et de Camille Roqueplan, et plus tard, lorsqu'on lui marque que quelques-unes de ses études apportées en France ont été comparées à celles d'Isabey par des connaisseurs, il se récrie, quoique le compliment l'ait touché au vif : « Isabey est un habile peintre, et je ne suis qu'un jeune croûton! »

Revenu à Paris après une si longue absence, que devait prolonger encore un voyage en Italie, projet qui ne s'accomplit pas, Marilhat se posa tout de suite au premier rang par son tableau de la *Place de l'Esbekieh*. Decamps revenait, lui aussi, de son pèlerinage, et lançait, à travers les ruelles crayeuses de Smyrne, cette *Patrouille turque* qui courait si vite, que son ombre ne pouvait la suivre sur les murailles. La peinture avait ses *Orientales* comme la poésie.

Une des gloires de Marilhat fut de conserver son originalité en présence de Decamps. Ces deux talents sont des lignes parallèles voisines, il est vrai, mais qui ne se touchent point; ce que l'un a de plus en fantaisie, l'autre le regagne en caractère. Si la couleur de Decamps est plus phosphorescente, le dessin de Marilhat a plus d'élégance. L'exécution, excellente chez tous deux, l'emporte en finesse chez le peintre enlevé si jeune à sa gloire et au long avenir qui semblait devoir l'attendre.

A *la Place de l'Esbekieh* succédèrent le *Tombeau du scheick Abou-Mandour*, la *Vallée des Tombeaux à Thèbes*, le *Jardin de la Mosquée*, les *Ruines de Balbeck*, et d'autres chefs-d'œuvre d'une nouveauté, d'un éclat et d'une puissance extraordinaires.

Puis Marilhat fut pris de maladie du style, maladie que les jeunes paysagistes, revenus dans leurs ateliers, gagnent en regardant les gravures d'après Poussin. La plupart en meurent ou restent malades toute leur vie. Notre Égyptien, habitué aux fléaux, à la peste, au choléra, à la dyssenterie, et d'ailleurs violemment médicamenté par une critique intelligente, survécut et rentra dans sa parfaite santé pittoresque.

Au salon de 1844, qui, si cette expression peut s'étendre à la peinture, fut le chant du cygne de Marilhat, il envoya huit tableaux, huit diamants : un *Souvenir des bords du Nil*, un *Village près de Rosette*, une *Ville d'Égypte au crépuscule*, une *Vue prise à Tripoli*, un *Café sur une route en Syrie*, etc.

Le *Souvenir des bords du Nil* est peut-être le chef-d'œuvre du peintre, nous dirions presque de la peinture. Jamais l'art du paysagiste n'est allé plus haut ni plus loin.

C'est si parfait, que le travail n'a laissé aucune trace. Ce tableau semble s'être peint tout seul comme une vue répétée dans une glace. Nous en avons écrit jadis une description que nous reproduisons ici comme prise sur le fait. « Les teintes violettes du soir commencent à se mêler à l'azur limpide du ciel, où la lune se recourbe comme une faucille d'argent. Des tons de turquoise et de citron pâle baignent les dernières bandes de l'horizon, sur lequel se détachent en noir les colonnes sveltes et les élégants chapiteaux d'un bois de palmiers plantés sur une rive qui forme une ligne de démarcation entre le ciel et l'eau, miroir exact qui en réfléchit les teintes. Dans l'ombre de cette rive commencent à scintiller quelques points lumineux, étoiles de la terre qui s'éveillent à la même heure que celles de là-haut. Un troupeau de buffles s'avance dans le fleuve pour s'abreuver ou le traverser à la nage. Dans le ciel, un essaim de grues vole en formant le V ou le delta. On ne peut rien rêver de plus calme, de plus taciturne et de plus mystérieux. Il règne dans cette toile une fraîcheur crépusculaire à tromper les chauves-souris. »

Comme la plupart des peintres, Marilhat eut trois manières : la première, qui se rapporte aux tableaux exécutés en Orient même ou d'après des études faites sur place, a quelque chose d'imprévu, de violent et de sauvage. On y sent passer le souffle orageux du Khamsin et ruisseler les rayons fondus du soleil d'Égypte. Tout un cycle d'œuvres où palpitent des souvenirs immédiats, ou du moins très-vifs encore, se rattache à ce genre. Puis vient la seconde manière, celle du style historique, dans laquelle l'artiste, averti à temps, n'a fait heureusement que très-peu de tableaux. La troisième est probablement celle qui satisfera davantage les amateurs. Marilhat, pendant cette période, se préoccupait de l'exécution à un point excessif. Il apportait le plus grand soin au choix de ses panneaux et de ses couleurs; il grattait, il ponçait, il se servait du rasoir, glaçait, reglaçait, et employait toutes les ressources matérielles de l'art. Jamais tableaux n'ont été l'objet de tant de précautions; il laissait quelquefois une teinte sécher trois mois avant de revenir dessus; aussi avait-il toujours une grande quantité d'ouvrages en train. Pour nous, et les artistes seront de notre avis, nous préférons sa première manière, moins parfaite sans doute, mais plus hardie.

On a bien voulu nous montrer les études et les tableaux que Marilhat a laissés à sa mort, ou plutôt dès le commencement de sa funeste maladie, à un état d'ébauche plus ou moins avancé.

Nous sommes entré dans la petite chambre qui les renferme empilés les uns sur les autres, ou tournés contre la muraille, avec un sentiment de profonde tristesse : un autre tombeau avait le corps du pauvre grand artiste, mais là était enterrée son âme. Ce que nous avons vu a doublé nos regrets. Pourquoi faut-il que le pinceau se soit échappé si tôt de cette main sans rivale? Tout l'Orient nous est apparu dans ces esquisses et ces ébauches étincelantes; déserts arides, vertes oasis, caroubiers au feuillage luisant, palmiers aux grappes rouges, villes aux coupoles d'étain, minarets élancés comme des mâts d'ivoire, fontaines aux arcades dentelées, ruines massives, caravansérails qu'encombre une foule brillante et bigarrée, caravanes aux types variés et bizarres, défilés de chameaux profilant sur l'horizon fauve leurs cous d'autruche et leurs dos gibbeux; buffles difformes descendant à l'abreuvoir ou se vautrant dans la vase, sauvages habitants du Sennâar pareils à des statues de jais, temples à moitié enterrés dans le sable, rien n'y manque. Ce qu'il y a de singulier dans ces tableaux, c'est que les portions peintes sont parfaitement achevées, quoique le reste de la toile soit laissé en blanc. L'exécution de Marilhat était si sûre, que tout coup portait. De simples frottés à la terre de cassel ont la perfection du travail le plus patient. Cette certitude de main, soutenue par une pratique incessante et des études immenses, lui permettait de peindre très-vite sans tomber dans le désordre, les bavochures, le gâchis et le tumulte de l'esquisse. Son tableau semblait fait derrière la toile. Il ne le peignait pas, il le découvrait.

Cependant, soit désir de la perfection, soit mobilité d'esprit, il n'a produit relativement à sa fécondité qu'un petit nombre d'œuvres terminées, bien qu'il ait travaillé avec un acharnement et une assiduité sans exemple.

Cette chambre ne contient pas moins de deux ou trois cents toiles commencées et menées jusqu'à un certain point d'exécution. Les moins faites ne sont pas les moins belles. Il serait à souhaiter que la famille de Marilhat fît une exposition de son œuvre complète, tableaux, dessins, études, et l'on verrait quel grand peintre la France a perdu dans ce jeune homme mort si déplorablement, et à qui elle eût pu épargner un chagrin. Marilhat, après cette radieuse exposition de 1844, croyait avoir mérité la croix, — il ne pensait pas que ce fût un hochet ; — on lui donna nous ne savons plus quelle médaille qui se distribue aux demoiselles qui font des bouquets de fleurs et des intérieurs vertueux. Il en conçut une mélancolie qui altéra son esprit, déjà si troublé, et précipita sa fin, dès longtemps prévue.

Puissent ces quelques pages ramener l'attention sur cette tombe que trop d'herbe environne, bien qu'elle soit récente! Hélas! le pauvre Marilhat joue de malheur. Qui lira aujourd'hui ces lignes où il ne s'agit que d'art, de souvenirs de voyage, de tableaux et d'ébauches interrompues par la mort? Écoutera-t-on le poëte qui, au milieu de la tourmente révolutionnaire, essaie de raviver dans les mémoires distraites l'admiration pour un grand peintre, et qui traverse les rues ensanglantées pour aller poser une couronne sur le nom de Marilhat?

DU
BEAU DANS L'ART [1]

On connait les *Nouvelles genevoises* de M. Töpffer; elles ont été ici même appréciées par une plume trop habile, trop ingénieuse, pour qu'il soit nécessaire d'y revenir. *Le Presbytère, l'Héritage, la Bibliothèque de mon oncle* et surtout *la Peur* sont de petits chefs-d'œuvres où Sterne, Xavier de Maistre et Bernardin de Saint-Pierre se fondent heureusement dans une originalité d'une saveur toute locale; aujourd'hui, c'est sous un autre point du vue que nous allons envisager M. Töpffer.

L'auteur des *Nouvelles genevoises*, de *Rosa et Gertrude*, des *Voyages en zigzag*, était, comme chacun sait, maître de pension, quoiqu'il ait d'abord tenté la carrière des

---

[1] *Réflexions et menus Propos d'un peintre genevois*, ouvrage posthume de M. Töpffer.

arts. Entraîné vers la peinture par une vocation sincère, il y renonça bien à regret, à cause de la faiblesse de ses yeux, sinon totalement, du moins comme profession formelle. Nous n'avons vu de M. Töpffer ni tableau ni « lavis à l'encre de Chine, » ce que nous regrettons beaucoup; mais, si nous ignorons sa peinture sérieuse, nos doigts ont feuilleté et refeuilleté les albums comiques où, dans une suite de dessins au trait, il nous a déroulé les aventures de MM. Crépin, Jabot, Vieux-Bois, Cryptogame et autres personnages grotesques de son invention. Le grand Goëthe daigna sourire aux fantaisies drolatiques du caricaturiste genevois, et ses petits cahiers lithographiés obtinrent un succès européen.

Il serait difficile de trouver en France des équivalents pour faire comprendre le talent de M. Töpffer comme dessinateur humoristique : ce n'est ni la finesse élégante de Gavarni, ni la puissance brutale de Daumier, ni l'exagération bouffonne de Cham, ni la charge triste de Traviès. Sa manière ressemblerait plutôt à celle de l'Anglais Cruikschanck ; mais il y a chez le Genevois moins d'esprit et plus de naïveté : on voit qu'il a étudié avec beaucoup d'attention les petits bons-hommes dont les gamins charbonnent les murailles avec des lignes dignes de l'art étrusque pour la grandeur et la simplicité ; c'est même le sujet de l'un des plus charmants chapitres de son livre. Il a dû également s'inspirer des byzantins d'Épinal. Les belles images d'Henriette et Damon, du Juif errant, Isaac Laquedem, de Geneviève de Brabant, de Pyrame et Thisbé, devaient, à coup sûr, orner son musée ou son cabinet de travail. Il en a appris l'art de rendre sa pensée, sans lui rien faire perdre de sa force, en quelques traits décisifs, dont la préoccupation des détails anatomiques et de la vérité bourgeoise ne vient pas troubler une seule minute la hardiesse sereine. Aussi quelques-unes de ses planches peuvent-elles être mises à côté des vignettes qui ornaient l'ancienne édition du *Diable amoureux* de Cazotte, et dont les illustrations les plus soignées et les mieux finies n'ont pu faire oublier le gribouillage primesautier et profondément significatif.

Nous avons un peu insisté, avant d'arriver aux *Réflexions et menus Propos,* sur le caractère du dessin de M. Töpffer, du moins tel qu'on peut le deviner d'après des cahiers de charges croquées à la plume, pour charmer les loisirs des soirs d'hiver et réveiller la gaieté du cercle intime. Il voudrait, autant que possible, entre la pensée et la réalisation de cette pensée, atténuer ou supprimer le moyen; il trouve avec raison cette figure de soldat griffonnée par un écolier, où les buffleteries, les épaulettes, les boutons de l'uniforme, sont indiqués d'une manière presque hiéroglyphique, supérieure à ce guerrier romain ombré soigneusement par un rapin au bout de deux ans d'atelier. Dans le charbonnage informe, l'idée de soldat éclate avec bien plus de force que l'idée de guerrier dans le dessin savamment fini. S'il eût continué ses études pittoresques, M. Töpffer eût assurément cherché le naïf, car, bien que la naïveté soit ou paraisse être plus que toute autre chose un don inné, on peut néanmoins la cultiver et la préserver d'altération comme une plante précieuse, quoique semée d'elle-même, et qu'on entoure de soins délicats.

Les *Réflexions et menus Propos d'un peintre genevois* devaient être primitivement un traité sur le lavis à l'encre de Chine; mais l'auteur, après avoir achevé le premier livre, s'aperçut qu'il n'y était question ni de lavis ni d'encre de Chine, ce qui est un bien petit malheur. En effet, quelle raison aurait un écrivain de caprice de gêner sa fantaisie pour le mince avantage de faire cadrer son œuvre avec le titre?

M. Töpffer débute par un chapitre sur le sixième sens, car, au delà du tact, de l'ouïe, de la vue, de l'odorat, il existe une perception des choses naturelles qui ne se rapporte à aucun de ces sens. Ce sixième sens se sert des autres comme d'humbles esclaves : lui assigner une place certaine est difficile; il réside peut-être dans le cerveau, mais qui pourrait l'affirmer? Les animaux en sont privés et beaucoup d'hommes aussi, car l'homme se divise en trois classes : — l'homme végétatif, l'homme animal, l'homme intellectuel. Plusieurs, très-braves gens du reste, voient la nature comme l'arbre voit le ciel ou comme le mouton voit le pré; d'autres, plus forts, ont la perception du bleu et du vert, mais sans en déduire aucune conséquence; quelques-uns remarquent les différences et les rapports de ces tons, et il en résulte pour eux une sensation de beauté, une idée qui n'est ni dans le ciel ni dans la prairie. Ceux-là jouissent du sixième sens : ils ont la bosse, quoique non bossus, ils possèdent ce que Boileau appelait l'influence secrète.

Si vous n'avez pas la bosse, cherchez quelque honnête métier, quelque emploi lucratif; mais, croyez-m'en, ne passez jamais votre pouce dans le trou d'une palette, ne vous servez du papier que pour faire des factures ou des quittances, et gardez-vous de laisser tomber vos doigts sur l'ivoire d'un clavier, car vous n'êtes, ne fûtes et ne serez jamais que ce que les étudiants allemands appellent un *philistin*, et les artistes français un *bourgeois*. Les arts ont cela d'admirable et de particulier, que l'esprit le plus lucide, le raisonnement le plus juste, joints à l'érudition la plus vaste et au travail le plus opiniâtre, ne servent à rien quand on n'a pas le sixième sens. Ceci ne veut pas dire que les gens doués ne doivent pas étudier, mais que l'étude est parfaitement inutile à ceux qui ne le sont pas. L'art différent en cela de la science, recommence à chaque artiste. Hors quelques procédés matériels de peu d'importance, tout est toujours à apprendre, et il faut que l'artiste se fasse son microcosme de toutes pièces. En art, il n'y a pas de progrès : si le bateau à vapeur est supérieur à la trirème grecque, Homère n'a pas été dépassé, Phidias vaut Michel-Ange, auquel notre âge n'a rien à opposer. Chaque poëte, chaque peintre, chaque sculpteur emporte son secret avec lui; il ne laisse pas de recettes. Le grain des toiles, la manutention des couleurs, le choix des pinceaux dont il se servait, voilà tout ce que l'on peut s'approprier de son expérience. Un chimiste, un mathématicien, un astronome, prennent la science juste au point où leurs illustres prédécesseurs l'ont laissée, et la conduisent, autant que leur génie le permet, à un point où d'autres la reprendront; mais cette conception du beau, qui emploie pour se produire les formes et les symboles extérieurs qui l'ont excitée, n'est pas additionnellement perfectible. Tout homme qui n'a pas son monde intérieur à traduire n'est pas un artiste. L'imitation est le moyen et non le but; par exemple, Raphaël est virginal, Rubens sensuel, Rembrandt mystérieux, Ostade rustique. Le premier cherche dans la nature les formes qui se rapprochent le plus de son type préconçu ; il choisit les plus belles têtes de femmes et de jeunes filles, il épure leurs traits, allonge les ovales de leurs figures, amincit leurs sourcils vers les tempes, arque leurs paupières et leurs lèvres pour les faire coïncider avec le sublime modèle qu'il porte au dedans de lui-même. Rubens a besoin de chairs satinées, de chevelures blondes, de bouches et de joues vermillonnées, de velours miroitants, de soies chiffonnées, de métaux lançant des paillettes de feu. Pour traduire la fête éternelle, la kermesse royale qui se donne dans son âme, il emprunte la pourpre, l'or, le marbre et l'azur partout où ils se rencontrent. Rembrandt, âme de songeur, d'avare, d'antiquaire et d'alchimiste, prend aux vieux édifices leurs arcades noires, leurs vitraux jaunes, leurs escaliers en colimaçon qui grimpent jusqu'aux voûtes et se perdent dans les caves, aux marchands de bric-à-brac leurs anciennes armures, leurs vieux coffres, leurs vases bossués, leurs ajustements étranges ou tombés en désuétude, aux synagogues leurs rabbins les plus chauves, les plus chassieux, les plus ridés, les plus sordides et les plus rances, et, de toutes ces formes douteuses, bizarres, effrayantes, qu'il plonge dans l'ombre fauve de son atmosphère, il fait son œuvre lumineuse et sombre, il réalise ses rêves ou plutôt ses cauchemars. Ostade, quand il asseoit un Flamand près d'un tonneau, à cheval sur un banc de bois, dans un de ces intérieurs où le sentiment du foyer rustique se traduit d'une façon si pénétrante, ne copie pas le manant qu'il a devant lui, bien qu'il paraisse quelquefois en faire le portrait ; il le fait servir à la reproduction de l'idéal rustique qu'il porte en lui-même. Aussi, on peut dire que nulle vierge ne l'est autant qu'une madone de Raphaël, que nulle santé ne s'épanouit aussi vivace que celle des femmes de Rubens; que jamais alchimiste n'a regardé d'un œil plus inquiet, plus scrutateur, plus profond, le microcosme rayonner aux murs de sa cellule, que cet homme esquissé en deux coups de pointe, qui se lève à demi de son fauteuil, dans une des formidables eaux-fortes de Rembrandt, et que le rustre le plus lourd, le plus pataud, le plus bizarrement taillé à coups de serpe, le plus vêtu de haillons bruns, le plus terreux et le plus enfumé, est presque un citadin à côté d'un paysan d'Ostade. Où ces peintres ont-ils vu une semblable vierge, une telle courtisane, un pareil alchimiste et un paysan de cette tournure?

De tout ceci, il ne faut pas conclure que l'artiste soit purement subjectif; il est aussi objectif : il donne et reçoit. Si le type de la beauté existe dans son esprit à l'état d'idéal, il prend à la nature des signes dont il a besoin pour les exprimer. Ces signes, il les transforme : il y ajoute et il en ôte, selon le genre de sa pensée, de telle sorte qu'un objet qui, dans la réalité, n'exciterait aucune attention, prend de l'importance et du charme étant représenté; car les sacrifices et les mensonges du peintre lui ont donné du sentiment, de la passion, du style et de la beauté. Tous les jours, on voit des vaches dans des prairies, des ponts ruinés, des animaux qui passent des ruisseaux à gué, et l'on n'y prend pas garde : d'où vient que ces mêmes choses, sous le pinceau de Paul Potter, de Karel du Jardin, de Berghem, vous arrêtent et vous séduisent? Est-ce la vérité de l'imitation qu'on admire? Nullement; les tableaux les plus *vrais* n'ont jamais fait illusion à personne, et l'illusion n'est pas le but de l'art.

Sans cela, le chef-d'œuvre suprême serait le trompe-l'œil, et le trompe-l'œil est exécuté par les peintres les plus médiocres avec une certitude mathématique. Les diorama, les panorama, les navalorama, ont produit en ce genre des effets merveilleux, et cependant Peter Neef, Van de Velde et Backuysen, dont les toiles ne trompent qui que ce soit une minute, sont restés les rois de l'intérieur, de la vue architecturale et de la marine.

La peinture n'est donc pas, comme on pourrait le croire d'abord, un art d'imitation, bien que son domaine semble circonscrit à la représentation des choses extérieures : le peintre porte son tableau en lui-même, et, entre la nature et lui, la toile sert d'intermédiaire. Quand il veut faire un paysage, ce n'est pas l'envie de copier tel arbre, tel rocher ou tel horizon qui le pousse, mais bien un certain rêve de fraîcheur agreste, de repos champêtre, de mélancolie amoureuse, d'harmonie sereine, de beauté idéale, qu'il cherche à traduire dans la langue qui lui est propre. Même, s'il s'astreint à représenter une vue exacte, sa pensée personnelle ne cessera pas d'être sensible pour cela : si elle est triste, il assombrira la nature la plus riante ; si elle est gaie, il saura trouver des fleurs dans l'aridité la plus sablonneuse ; c'est son âme qu'il peindra à travers une vue de forêt, de lac ou de montagne. C'est ce sentiment de beau préconçu qui inspire au sculpteur une statue, au poëte une églogue, au musicien une symphonie ; chacun tente de manifester avec son moyen cette rêverie, cette aspiration, ce trouble et cette inquiétude sublimes que causent au véritable artiste la prescience et le désir du beau.

Mais nous voici bien loin du lavis à l'encre de Chine ; il

faudrait cependant en parler un peu. L'encre de Chine authentique se distingue à sa cassure, qui est nette et brillante, à la finesse de son grain, à sa dureté extrême et à son inconcevable divisibilité; — nul *atrament* ne peut offrir une gamme de nuances plus étendues. La sépia, le bistre, qui séduisent d'abord par leurs teintes chaudes et rousses, sont grossiers à côté des gris fins et des noirs intenses de l'encre chinoise; résistez à l'attrait vulgaire de la sépia et du bistre, et vous en serez récompensés. Vos lavis, plus froids de ton, auront plus de délicatesse et de légèreté; surtout évitez le maigre, le léché, la minutie patiente, les petits pinceaux à poils ténus, ou vous ferez des dessins de demoiselle, sans largeur et sans force; prenez-moi un pinceau dont la pointe soit fine, mais dont le corps fasse un peu ventre, qui puisse retenir dans ses flancs la goutte d'eau chargée de matière colorante et fournir une teinte franche et sans reprise; quant au papier, la question est grave : il faut mettre de côté tout esprit de nationalité, et acheter du papier anglais, qu'on soit Suisse, Allemand, Espagnol ou Français. — Que ce papier soit du Wattman! Laissez le papier torchon aux escamoteurs qui cherchent leurs effets dans des *pâtés* de noir, des blancs égratignés, des touches traînées et grenues.

Ici M. Töpffer fait une jolie digression sentimentale sur les degrés d'attachement que peuvent inspirer à l'homme qui s'en sert les objets animés. Le bâton d'encre de Chine, tout couvert de dorures, de dragons bleus et de caractères énigmatiques pour nous, par sa durée, par l'égalité de son service, par sa complaisance à se laisser tourner dans le godet, par la faible odeur ambrée qu'il répand lorsqu'il est échauffé sous les doigts, par mille qualités secrètes et sûres, inspire une amitié mêlée d'estime ; c'est un compagnon fidèle que l'on retrouve toujours tel qu'on l'a laissé : sérieux, tranquille, sans rancune, tenant à votre disposition, comme si vous l'aviez quitté de la veille, toutes ses nuances, depuis le gris de perle le plus imperceptible jusqu'au noir le plus vigoureux. Ce bâton d'encre de Chine sera d'ailleurs votre bâton de vieillesse; à peine si tous vos essais, tous vos barbouillages, toutes vos cavernes de Fingal et tous vos clairs de lune l'ont diminué d'une ou deux lignes; il durera autant et plus que vous.

Le pinceau n'est pas d'un commerce aussi sûr : il est plein de hasards et de caprices ; aujourd'hui bon, demain mauvais, il laisse tomber la goutte d'eau qu'on lui confie au plus bel endroit du dessin; il crache, il éclate, il bavoche, il perd un de ses poils au milieu d'une touche de sentiment, d'autres fois il écarte traîtreusement ses pointes, comme les pivots d'une dent arrachée, sans qu'on puisse les rejoindre en les pressant des lèvres ou en l'appuyant sur le bord du verre, et puis l'on a plusieurs pinceaux; le pinceau est un favori, et non un ami; on le prend et on le rejette.

Quant au papier, il ne sert qu'une fois, c'est tout dire : avec lui point d'intimité, point d'habitude, il est passif et ne s'associe en rien à votre travail; il ne palpite pas sous une main habile, il ne se révolte pas sous une main ignorante, il souffre tout, suivant une expression vulgaire. Cette lâche complaisance le caractérise suffisamment. Le papier ne parle donc en rien au cœur. On ne peut l'aimer. Pour notre compte, nous allons plus loin que M. Töpffer, nous sentons pour lui l'aversion la plus prononcée. Quoi de plus funèbre qu'une grande page blanche, morne, glacée, posée sinistrement sur un pupitre, et qu'il faut remplir d'un bout à l'autre de caractères menus ! A cet aspect, le frisson saisit les plus intrépides, et l'on se sent triste jusqu'à la mort. Le papier à dessin ne renferme pas, il est vrai, dans ses steppes neigeux autant de mélancolie que le papier à écrire.

Arrivé là, M. Töpffer prend pour thème de ses démonstrations un âne dans un pré ; nous partageons le goût du peintre genevois pour l'âne. Le sien est un âne suisse aimablement rustique, « rousset » de pelage, stoïcien de caractère, quoique épicurien dans la pratique, lorsque l'occasion d'une feuille de chou ou d'un chardon se présente ; serviable, mais non servile, et prouvant au besoin son indépendance dans le passage des ruisseaux. Nous qui avons vécu familièrement avec l'âne espagnol, tout fier d'avoir porté Sancho Panza, tout historié de pompons, de plumets et de grelots, honoré presque autant que le cheval, admis à la même mangeoire, ami de la famille, et recevant sur son poil brillant et soyeux les tapes amicales des jolies señoras, nous qui l'avons vu cheminer triomphant et superbe sur les étroites corniches des sierras, parmi les mules aux couvertures bigarrées et les chevaux andalous, ses pairs et compagnons, nous trouverons peut-être l'âne de M. Töpffer un peu pelé, un peu pauvre, un peu mesquin ; mais, tel qu'il est, il a encore son charme. Ses oreilles énervées penchent avec une certaine mélancolie, son œil est rêveur, et ce poil blanc sous le ventre produit un excellent effet.

M. Töpffer se place devant cet honnête quadrupède, et il en obtient une première image à l'aide d'un simple linéament. A peine avons-nous commencé, que nous voilà en pleine fausseté. Le début de l'art est un mensonge, car dans la nature il n'y a pas de lignes. Les contours s'enveloppent les uns dans les autres, le trait n'existe pas, et cependant comment limiter la place qu'un objet occupe, au milieu de l'espace, sans cet utile auxiliaire ? Avec une simple ligne tirée de l'échine à la tête, nous découpons la silhouette de notre âne dans tous ses détails : voilà les oreilles et la queue ; bien que les yeux et les naseaux ne soient pas désignés, personne, pas même un enfant de trois ans, ne méconnaîtra un baudet dans ce tracé élémentaire ; quelques traits intérieurs indiqueront ces détails ainsi que les saillies des côtes et des muscles donnant un profil quelconque. Ceci est le premier pas de l'art ; ensuite, en teintant d'encre plus ou moins chargée les portions que n'éclaire pas le soleil, on obtient le modelé, le relief, la forme, il ne reste plus que la couleur à mettre, et la ressemblance sera complète : vous aurez un âne qui, outre les caractères généraux de sa race, présentera les signes de son individualité propre, et même de son individualité du jour et du moment ; il sera songeur, joyeux ou renfrogné. Maintenant prenez vingt-cinq peintres habiles et donnez-leur ce baudet pour modèle, vous obtiendrez vingt-cinq baudets complètement différents les uns des autres. Ceux-ci l'auront fait gris, ceux-là roussâtre ; le premier lui aura donné un air austère, le second une physionomie ingénue. Chacun aura fait ressortir le caractère le plus en harmonie avec son talent. Mais faites copier vingt-cinq ânes par un seul peintre, et tous ces ânes se ressembleront, ce qui prouve que les peintres dessinent d'après un modèle intérieur auquel ils plient les formes du modèle extérieur.

Les animaux sont-ils capables de comprendre la peinture? Un chat qui se voit dans un miroir joue avec son reflet, qu'il prend pour un autre chat ; mais le mouvement complète l'illusion. Se reconnaîtrait-il dans une peinture très-bien faite, convenablement exposée et éclairée? Cela est plus douteux, en dépit des rares exemples qu'on pourrait alléguer, à coup sûr il ne se reconnaîtra pas dans un simple trait, et l'on aura beau présenter au plus intelligent des chats, même au chat Murr, une feuille de papier où son image sera tracée : il affectera de la méconnaître, tandis que le paysan le plus obtus, l'enfant le moins attentif, le sauvage le plus abruti n'hésitera pas une minute. Mylord, le célèbre bouledogue de Godefroy Jadin, aboyait, il est vrai, avec fureur devant son image peinte par son maître, et tâchait de mordre la toile ; mais Mylord était un chien de lettres élevé parmi des artistes et des poëtes, et devenu par cette fréquentation un être presque humain.

Et cependant le trait, quoique ce soit une chose abstraite et de pure convention, ou peut-être à cause de cela, suffit aux conceptions les plus élevées, aux plus nobles besoins de l'art. Donnez à Michel-Ange un bout de fusin et un coin de muraille, et en quelques traits il va faire naître en vous l'idée du beau, du grandiose, du sublime, d'une façon si vive, que rien ne pourra dépasser l'impression de ce charbonnage. Ce grand artiste lui-même n'obtiendra pas de plus grands effets dans un tableau achevé. Entre sa pensée et le public, il n'y a eu que le signe graphique le plus indispensable, et cette simple ligne vous a introduit dans le monde gigantesque, au milieu des créations surhumaines qui peuplent l'âme du peintre.

De ces observations, M. Töpffer tire une conclusion qui

nous semble manquer de justesse, savoir, que la ligne est au dessus de tout, que plus l'art s'élève, moins il a besoin de l'effet et de la couleur. Sans doute on peut, par le dessin seul, réaliser les conceptions les plus nobles et les plus poétiques, et, avec les simples ressources de la grisaille et de la gravure, produire l'impression du beau. Suivant M. Töpffer, à mesure que l'art s'éloigne de son but sévère, il est forcé d'employer des procédés plus matériels et plus complexes. Si une vierge de Raphaël, une sibylle de Michel-Ange, peuvent, par la noblesse de leurs lignes, se passer du prestige de la couleur, des scènes familières, des personnages d'une moins haute nature ont besoin d'y recourir. Le paysage ne saurait s'en passer, car il n'existe que par les variétés de nuances, les oppositions de lumière et d'ombre, toutes choses qui nécessitent l'intervention de la palette. Le dessin d'un paysage n'a pas la même rigueur que celui d'une figure : un tronc peut pencher à droite ou à gauche, un rocher avoir telle ou telle cassure, un bouquet de feuilles s'insérer plus haut ou plus bas; la ligne est donc ici moins importante. Nous ne partageons pas tout à fait la doctrine de M. Töpffer, à laquelle lui-même met çà et là de judicieuses restrictions; l'anatomie du paysage a des lois moins visibles que l'anatomie du corps humain, mais tout aussi rigoureuses. Ce n'est pas le hasard qui incline ou redresse le tronc des arbres, et il n'est pas indifférent de diriger une branche d'un côté ou d'un autre; chaque plante a ses attitudes particulières dont il faut saisir le secret, et, pour ce qui est de croire que la beauté d'un paysage ne puisse être exprimée par un simple linéament, tout comme celle d'une déesse ou d'une madone, si M. Töpffer avait pu voir les dessins à la plume ou au crayon de MM. Aligny, Bertin, Corot, Bellel, il aurait compris que l'idéal d'un arbre pouvait être rendu par les moyens les plus sobres et les plus élémentaires.

Assurément la couleur a besoin du dessin, et l'on ne conçoit pas qu'elle existe sans lui. Les nuances pour s'étaler nécessitent une délimitation quelconque; même en atteignant les corps par les *milieux* et en évitant toute espèce de trait, on arrive malgré tout à un dessin caché qui n'est pas moins réel, mais de cette conséquence il ne résulte à nos yeux aucune infériorité pour la couleur. Le dessin, c'est la mélodie, la couleur, c'est l'harmonie : qu'on nous permette cette comparaison empruntée à un autre art. La mélodie peut bien subsister indépendamment de l'harmonie, cela est vrai, mais de quelles prodigieuses richesses de nuances, de quelle puissance d'effet ne serait-on pas privé en supprimant cette dernière ! L'idée du beau se rend aussi bien par un choix de teintes que par un choix de lignes. Quand Paul Véronèse fait monter dans un ciel bleu de turquoise la blanche colonnade d'un portique, quand Rubens frappe d'une plaque rose une joue d'un gris argenté, le Vénitien et le Flamand ont exprimé tout aussi nettement leur idée d'élégance, de beauté et de splendeur, que Raphaël en caressant les contours de la Fornarina.

Pour appuyer son opinion, M. Töpffer, remontant à la peinture antique, prétend qu'elle devait briller plutôt par la perfection du dessin que par la science du coloris. Il ne nous reste rien d'Apelles, de Parrhasius, de Timante, de Polygnote, de Zeuxis. Le temps impitoyable a fait tomber, comme la poussière de l'aile d'un papillon, ces œuvres sublimes dont la renommée seule est arrivée jusqu'à nous; les tablettes de bois de laryx, les parois de marbre qu'elles recouvraient, ont disparu. A peine trouve-t-on dans Pline et les auteurs anciens quelques indications sur les procédés dont se servaient ces artistes célèbres. Sans les découvertes d'Herculanum et de Pompéia, l'on en serait réduit à de simples conjectures; malheureusement es fresques déblayées dans ces deux cités momies sont des œuvres de pure décoration exécutées par des artistes inférieurs : cependant l'on peut, d'après elles, se faire une idée assez juste de ce qu'était la peinture des Grecs et des Romains. Les statues que nous a laissées l'antiquité ne permettent pas de douter un instant de la hauteur où l'art s'était élevé sous le règne du polythéisme et d'une religion anthropomorphique; la peinture est trop intimement unie à sa blanche sœur la statuaire, pour ne pas marcher à côté d'elle d'un pas égal : une époque qui produit de grands sculpteurs fournit aussi de bons peintres. — Les anciens ne connaissaient pas la peinture à l'huile, ils peignaient à fresque, en détrempe, à l'encaustique; à l'aide de ces moyens, l'on arrive à des résultats satisfaisants. Nous ne pensons pas, comme M. Töpffer, que les tableaux d'Apelles brillassent uniquement par la composition, le style et la pureté du dessin : ils devaient avoir une couleur blonde, lumineuse, tranquille, d'une localité simple et forte, d'une harmonie solide et mate comme les toiles claires de Titien. La Campaspe d'Apelles ressemblait sans doute à la maîtresse du Vecelli pour le ton et l'effet. Le coloris ne consiste pas, comme on le croit trop souvent, dans l'emploi du vert, du bleu, du rouge, en nuances vives, mais bien dans la gamme suivie d'un bout à l'autre, dans l'harmonie de l'ensemble. Les Grecs étaient coloristes en ce sens, et l'on voit, par le vernis qu'Apelles appliquait à ses peintures pour donner de la transparence aux parties embues et de l'austérité aux nuances trop fleuries, l'importance qu'ils attachaient à cette partie de l'art. Comment croire d'ailleurs que les Grecs n'avaient pas le sentiment de la couleur, eux dont l'architecture était polychrome, eux qui peignaient et doraient leurs statues?

Rendons au coloris la place qui lui est due. Le dessin, le relief, la couleur forment la trinité pittoresque. La couleur a une telle importance et se lie si fortement aux autres parties de l'art, qu'elle se fait sentir jusque dans les gravures, jusque dans les lavis. N'entendez-vous pas tous les jours un sculpteur dire devant une statue blanche partout : Comme les cheveux sont colorés! ou d'autres expressions équivalentes.

Que ce mot de statue nous serve de transition pour débattre avec M. Töpffer la question de la statuaire. Le sculpteur emprunte au monde réel une masse d'argile et un bloc de marbre pour manifester sa manière de comprendre le beau. Praxitèle a un rêve de beauté, d'amour et d'harmonie, et il fait sa Vénus. Avec le marbre, cette matière, froide, noble et neigeuse, il faudra qu'il rende la souplesse et la tiédeur de la vie, il faudra qu'il force la pierre rebelle à céder aux caprices de sa pensée. La femme, la déesse se dégage lentement du bloc. Tout le monde l'admire, bien qu'elle ait des yeux blancs, des cheveux incolores et s'éloigne de la réalité de toute la distance de l'idéal au vrai. Qui trouve invraisemblable sa pâleur étincelante et pure? Qui pense à lui demander, du moins maintenant, car les anciens teignaient leurs statues, le fard des joues et des lèvres, les prunelles marquées, les cheveux et les sourcils noirs, qui rendent les figures de cire pareilles à des fantômes dérisoires? L'art n'a donc pas besoin de vérité absolue, mais seulement de vérité relative, puisqu'un morceau de marbre taillé qui ne reproduit pas l'aspect complet du modèle excite, quand l'âme d'un grand artiste l'a réchauffé de sa flamme, l'amour, l'enthousiasme et l'admiration. Cette Vénus, polie par les baisers des siècles, et qui nous paraît d'une beauté si parfaite, sans doute Praxitèle en était mécontent; plus d'une fois, quand il y travaillait, le ciseau a dû tomber de ses mains découragées. A quel type préconçu comparait-il cette forme exquise et supérieure en perfection aux plus belles femmes, pour ne pas en être entièrement satisfait? Quels bras, quelle poitrine, quelles épaules avait-il vus dans les réalités de la chair qui pussent lutter contre les sublimes mensonges de son marbre? Raphaël aussi, peignant la Galatée, se plaignait de ne pas rencontrer de modèles qui le satisfissent; il se servait d'une *certaine idée* qu'il avait en lui. « Je manque de belles femmes et de bons juges ! » écrivait-il au comte Castiglioni.

Tout au rebours de ces grands hommes, les artistes médiocres sont toujours heureux de leurs œuvres. Si mince que soit le résultat, il est à la hauteur de la conception. L'habileté de main, les hasards du travail, produisent même quelquefois des effets inattendus dont ils sont joyeux et surpris; l'exécution dépasse la pensée.

Ainsi donc, il demeure prouvé que la peinture, que l'on considère comme un art d'imitation et qui est plutôt un art de transformation, agit souvent avec d'autant plus de force qu'elle s'éloigne de la nature. Ce que le peintre doit chercher avant tout, c'est l'interprétation et non le calque des objets; qu'il rende l'apparence et non la réalité.

Un artiste d'un immense talent, de Laberge, mort il y a quelques années, a consumé ses forces dans une lutte folle contre la nature. Il ne voulait rien peindre de convention. S'il faisait un arbre, il le copiait avec une exactitude désespérante; chaque feuille était un portrait; les cassures des petites branches, les rugosités, les nœuds et les mousses du tronc, il reproduisait tout plus fidèlement que le daguerréotype, car il y joignait la couleur. Souvent l'automne venait effeuiller le modèle avant que de Laberge eût fini l'étude commencée au printemps. Pour un chardon ou une bardane, il faisait quelquefois trente ou quarante cartons. Dans les derniers temps de sa vie, il travaillait à un tableau représentant dans un fond de paysage, d'après la fable de La Fontaine, Perrette et le pot au lait. Pour arriver à rendre le lait répandu aux pieds de la fillette éplorée, que de cruches il versa sur la terre dans la cour de sa petite maison de l'avenue Sainte-Marie! Quand il se portait encore bien, il faisait bâtir devant le pommier, le pan de mur ou la plante qu'il voulait rendre, une hutte de feuillage ou de paille où il travaillait des mois entiers, usant à ce minutieux labeur de pygmée l'audace et le génie d'un titan, car l'idée de de Laberge était tout bonnement de se substituer à la nature; il voulait, avec la largeur d'aspect, avoir l'infini des détails, produire l'effet de loin et de près, réaliser la vérité absolue. La perspective devait se produire par le recul du spectateur et non par des sacrifices de la part de l'artiste. S'il peignait un toit de masure, à six pas le toit seul était perceptible, à un pied chaque tuile avait sa physionomie particulière, sa nuance spéciale, sa fêlure, son angle écorné, sa lèpre de mousse. Sa vue prodigieuse le servait dans ce travail d'horloger suisse et de Prométhée dérobant le feu du ciel. Lorsque les progrès de la maladie l'empêchèrent de sortir, il fit scier dans les forêts des arbres qu'on apportait à son atelier. Son dernier effort fut une toile grande comme les deux mains et représentant sur le revers d'un fossé un mouton gardé par une vieille femme accroupie. Les plus précieux hollandais sont des Vanloo à côté de cela. Certes, si jamais homme a été bien doué pour la peinture, ce fut de Laberge. — Nous avons vu de lui un ou deux portraits qui ne le cèdent en rien à ceux d'Holbein. — Mais, égaré par un système faux, quoique ayant toutes les apparences de la vérité, il ferma son microcosme et peignit d'après le modèle extérieur et non d'après le modèle intérieur; il repoussa l'intuition, la déduction, le souvenir, et n'admit que l'imitation immédiate. D'artiste il se fit miroir. Chose étrange! malgré ce scrupule inouï, cette fidélité prodigieuse, ses paysages absolument vrais ne le paraissaient pas plus que ceux de Jules Dupré, de Cabat, de Flers, où l'effet remplace la réalité; car ces artistes, à la vérité relative, joignent leur intelligence et leur sentiment, et ce qui manque dans l'exactitude du détail est largement compensé par la sincérité de l'ensemble.

L'imitation seule de la nature, comme l'a prouvé l'exemple de ce pauvre de Laberge, perdu dans cette voie qui pourtant semble ne pas offrir de péril, ne doit donc pas être le but de l'artiste. Alors quel sera ce but? Le beau? Mais qu'est-ce que le beau? C'est là une question très-complexe, très-abstruse, très-difficile, et sur laquelle on écrirait des volumes sans en être beaucoup plus avancé. Si cette question n'est pas déjà fort claire lorsqu'il s'agit du beau littéraire, elle l'est encore moins lorsqu'il s'agit du beau plastique. Pourtant ce ne sont pas les définitions qui manquent.

Le beau existe-t-il en lui-même ou relativement? Une fleur est-elle belle par sa virtualité propre ou seulement parce qu'elle nous paraît ainsi? La qualité esthétique des choses, au point de vue du beau, est, selon Kant, toute subjective, c'est-à-dire qu'elles ne sont pas réellement belles, mais qu'elles nous apparaissent belles en vertu des lois de notre esprit. Certes, c'est une noble et grande idée que celle qui fait résulter le beau de la conformité des intelligences humaines et lui assure un caractère universel, immuable; mais un principe ainsi posé ne conduit-il pas à nier la réalité, quand on la voit réduite à de simples apparences? Cet idéalisme effréné ne supprime-t-il pas trop décidément, le monde matériel? Autre question : Le beau de l'art est-il le beau de la nature? Ce chêne fait-il aussi bien dans la forêt que dans le tableau? Souvent il fait mieux dans le tableau, car dans la forêt on ne le remarque guère; ce n'est pas tout pourtant : voici un chêne superbe, vigoureux, puissamment feuillu, digne de Dodone et des bois druidiques; en voilà un autre au tronc contrefait et crevassé, à la tête découronnée par la foudre, aux branches rompues et semblables à des moignons, un chêne ragot, comme dit M. Töpffer; eh bien! s'il est reproduit par un pinceau habile, il sera préféré au premier par plus d'un amateur. Cependant la beauté d'un chêne est-elle d'être déjeté, fendu, plein de coudes et de rugosités difformes, à moitié chauve ou coiffé d'un feuillage lacéré et roussi? Certes, rien n'est plus éloigné de l'idée d'un bel arbre que de semblables traits : le peintre, par un dessin énergique, un style farouche, une touche âpre, fera exprimer à cette bûche contournée des pensées de vieillesse, de majesté, de solitude et de mélancolie. S'il veut effrayer, il saura donner au tronc un vague profil humain, une attitude de fantôme ; avec tous les éléments de la difformité, il arrivera au beau par le pittoresque et le caractère. C'est ainsi que d'affreuses peintures de l'Espagnolet, représentant des martyrs éventrés ou des gueux en haillons, sont aussi belles et plus belles que des toiles du Guide ou de l'Albane, où la mythologie rit en sujets gracieux, et où l'on ne voit que femmes de neige dans des prés d'émeraudes, qu'amours roses dans des ciels d'outre-mer; c'est ainsi que des vers de Virgile, décrivant une épizootie et la mort d'un taureau qui vomit des flots de sang noir mêlés de sanie et d'écume, ont toute la beauté que l'art réclame, et valent la fraîche et verdoyante poésie de Tempé ou de Galatée s'enfuyant vers les saules.

Ceci nous conduit tout droit à la fameuse formule de l'art pour l'art que M. Töpffer n'a nullement entendue et qu'il déclare absurde. « L'art pour l'art, s'écrie-t-il tout à fait indigné, c'est comme si l'on disait : La forme pour la forme, le moyen pour le moyen. » Dans cette doctrine bien comprise, tous sujets sont indifférents et ne valent que par l'idéal, le sentiment et le style que chaque artiste y apporte. Lorsque plus loin M. Töpffer loue Shakspeare et Molière d'être à la fois objectifs et subjectifs et de marcher librement à la recherche esthétique du beau, tout en blâmant Voltaire de faire servir sa poésie à ses projets et à ses plans particuliers, il ne s'aperçoit pas qu'il fait l'éloge de la doctrine qu'il déclare insensée.

L'art pour l'art signifie, pour les adeptes, un travail dégagé de toute préoccupation autre que celle du beau en lui-même. Quand Shakspeare écrit *Othello*, il n'a d'autre but que de montrer l'homme en proie à la jalousie ; quand Voltaire fait *Mahomet*, outre l'intention de dessiner la figure du prophète, il a celle de démontrer en général les inconvénients du fanatisme et en particulier les vices des prêtres catholiques ou chrétiens de son temps : sa tragédie souffre de l'introduction de cet élément hétérogène, et, pour atteindre l'effet philosophique, il manque l'effet esthétique du beau absolu. Quoique *Othello* ne sape pas le moindre petit préjugé, il s'élève de cent coudées au dessus du *Mahomet*, malgré les tirades encyclopédiques de celui-ci.

Le programme de l'école moderne, que M. Töpffer attaque en plusieurs rencontres au point de vue étroit de Genève, est de rechercher la beauté pour elle-même avec une impartialité complète, un désintéressement parfait, sans demander le succès à des allusions ou à des tendances étrangères au sujet traité, et nous croyons que c'est là assurément la manière la plus philosophique d'envisager l'art.

La grande erreur des adversaires de la doctrine de l'art pour l'art et de M. Töpffer en particulier, c'est de croire que la forme peut être indépendante de l'idée ; la forme ne peut se produire sans idée, et l'idée sans forme. L'âme a besoin du corps, le corps a besoin de l'âme ; un squelette est aussi laid qu'un monceau de chair qu'une armature ne soutient pas. La comparaison de M. Töpffer d'un beau vase bien ciselé, qui ne contient qu'une liqueur médiocre, n'est pas heureuse. Une buire d'argent de Benvenuto Cellini, où des anges sortent du calice des lotus et s'embrassent à l'ombre de leurs ailes dans les enroulements des anses, ne contint-elle que du vin de Surêne ou d'Argenteuil, vaut mieux qu'une bouteille de verre à long goulot et à long bouchon remplie de vin de Bordeaux, grand Lafitte et retour de l'Inde. L'on sera de cet avis, à moins d'être un sommelier ou un gourmet dégustateur. Les formes de l'art ne sont pas des papillotes destinées à envelopper des dragées plus ou moins amères de morale et de philosophie, et leur chercher une utilité autre que la beauté, c'est montrer un esprit fermé à tous les souffles supérieurs et incapable de vues générales. M. Töpffer lui-même désavoue de semblables tendances, qui amèneraient à mettre au dessus de tout les quatrains de Pibrac et les sentences du conseiller Matthieu.

Est-ce à dire pour cela que l'art doive se renfermer dans un indifférentisme de parti pris, dans un détachement glacial de toute chose vivace et contemporaine pour n'admirer, Narcisse idéal, que sa propre réflexion dans l'eau et devenir amoureux de lui-même? Non, un artiste avant tout est un homme; il peut refléter dans son œuvre, soit qu'il les partage, soit qu'il les repousse, les amours, les haines, les passions, les croyances et les préjugés de son temps, à la condition que l'art sacré sera toujours pour lui, le but et non le moyen. Ce qui a été exécuté dans une autre intention que de satisfaire aux éternelles lois du beau ne saurait avoir de valeur dans l'avenir. La besogne faite, l'on jette l'outil de côté. Piocher n'est pas sculpter, et s'il peut être utile à un certain moment de renverser un mur, de creuser une mine, le mur tombé, la mine ayant fait explosion, l'habileté et le courage de l'ouvrier loués comme il convient, il ne reste rien de tout ce labeur. Que les artistes se gardent donc bien de s'atteler au service d'une école de philosophie ou d'une coterie politique, qu'ils laissent les fourgons chargés de théories embourbés dans leurs profondes ornières, et croient avoir fait autant pour le perfectionnement de l'Humanité que tous les utilitaires par une strophe harmonieuse, un noble type de tête, un torse aux lignes pures où se révèlent la recherche et le désir du beau éternel et général. Les vers d'Homère, les statues de Phidias, les peintures de Raphaël, ont plus élevé l'âme que tous les traités des moralistes. Ils ont fait concevoir l'idéal à des gens qui d'eux-mêmes ne l'auraient jamais soupçonné et introduit cet élément divin dans des esprits jusque-là matériels.

L'art pour l'art veut dire non pas la forme pour la forme, mais bien la forme pour le beau, abstraction faite de toute idée étrangère, de tout détournement au profit d'une doctrine quelconque, de toute utilité directe. Aucun maître ou disciple de l'école moderne n'a entendu autrement cette formule devenue célèbre par des polémiques sans intelligence et sans bonne foi. Puisque nous en sommes à chercher chicane à M. Töpffer, reprochons-lui des attaques de mauvais goût contre un des plus grands poëtes de notre temps, dont les vers sont dans toutes les mémoires et sur toutes les lèvres. Ces tons de pédagogue vont fort mal à l'esprit fin et délicat capable d'écrire les *Nouvelles genevoises;* ces critiques arriérées ont quelque chose de provincial et de suranné qui fait tache dans un livre aussi remarquable.

Revenons maintenant aux définitions du beau. Voici celle que donne M. Töpffer : « Le beau de l'art procède absolument et uniquement de la pensée humaine affranchie de toute autre servitude que celle de se manifester par la représentation des objets naturels. » — Cette proposition est suivie d'une autre ainsi conçue : « Dans l'art en général et dans la peinture en particulier, les signes de représentation qu'on emploie sont conventionnels à un haut degré, puisque, quand ils ne devraient varier qu'avec les objets naturels dont ils sont la représentation, ils varient au contraire perpétuellement avec les époques, avec les nations, avec les écoles, avec les individus. »

Nous ne sommes pas tout à fait de l'avis de M. Töpffer relativement aux variations et aux changements de ce qu'il nomme les signes conventionnels de la peinture, et qui dès lors cesseraient d'être représentatifs des objets naturels, qui sont toujours les mêmes : ces différences d'époque, de nation, d'école, d'individu, ont leur raison d'être dans la nature. Le peu de rapport qui existe entre un Teniers et un Léonard de Vinci, entre un Phidias et un Puget, entre un Boucher et un Géricault, ne vient pas de la variation capricieuse du signe conventionnel, mais de la dissemblance des types modifiés par le climat, le temps, le costume, les mœurs, et surtout par la manière de voir et le style de l'artiste : plus l'imitation même interprétée sera fidèle, plus la diversité sera grande. La Grecque du temps de Phidias dans sa tunique de marbre aux petits plis froissés, la Joconde, ce mystérieux sourire épanoui dans un nuage de demi-teintes, le paysan à forme de magot qui lutine la servante d'un cabaret, la bergère fardée et mouchetée de la Régence qui conduit son agneau poudré à blanc, ne sont nullement des caprices, mais bien des représentations exactes de types contemporains. Nous ne saurions admettre non plus que le beau vienne uniquement de la pensée de l'artiste ; l'idéal n'est pas toujours préconçu. Souvent la rencontre d'un type noble, gracieux ou rare, éveille son imagination et suscite des œuvres qui, sans cet événement fortuit, ne seraient pas nées. Un grand nombre de peintres et de sculpteurs reçoivent de l'extérieur l'impression du beau, et procèdent du matériel à l'idéal : ce ne sont donc pas des formes qu'ils empruntent à la nature pour en revêtir la conception *à priori* qu'ils ont eue du beau ; l'opération, avec eux, est toute contraire : ils prennent *à posteriori* dans leur esprit un souffle pour faire vivre les types observés et choisis. Au lieu de donner une forme à l'idéal, ils donnent un idéal à la forme ; ce n'est plus l'âme qui prend un corps, c'est le corps qui prend une âme : ce dernier procédé paraît même le plus simple. Le Titan qui souffrit sur la croix du Caucase les douleurs du Calvaire, quand il eut modelé sa statue d'argile, ravit la flamme du ciel, et appliqua une torche au flanc muet du fantôme pétri par ses mains.

La fantaisie du cerveau humain, que l'on croirait immense, est cependant très-bornée, car il est impossible d'imaginer une forme en dehors des choses créées. Les chimères les plus monstrueuses sont réelles ; leur étrangeté apparente ne provient que de la réunion de parties vraies séparément. Le lion, la chèvre et le serpent ont chacun un membre à réclamer dans la bête hideuse tuée par Bellérophon. Les mégalonix, les icthyosaures, les ptérodactyles, les mammouths, les palœontheriums, dans la création antédiluvienne, et, dans une époque plus récente, la zoologie bizarre de la Nouvelle-Hollande, sans compter le monde fourmillant révélé par le microscope à gaz, ont justifié d'avance tous les caprices du crayon et du ciseau. Les griffons, les hydres, les dragons, les harpies, les méduses, les sirènes, les tritons, sont revendiqués par l'histoire naturelle. Dans le champ de l'ornementation, qui semble sans limites, la végétation, avec ses feuillages, ses calices, ses branches, ses brindilles, fournit les motifs de tous les rinceaux, de tous les enroulements, de tous les ramages. Une fleur de l'Amérique ou de l'Inde se charge bientôt de démontrer au dessinateur, qui croyait avoir inventé une fleur fabuleuse, qu'il n'est qu'un plagiaire ou qu'un copiste. Les Sarrasins eux-mêmes, qui ont cherché le principe de leurs arabesques dans l'enlacement et la complication des lignes, ne sont pas sortis des décompositions du cercle, du triangle, du carré, et des autres figures mathématiques. Ces lacs prodigieux qui serpentent sur les murs de l'Alhambra, ces stalactites qui pendent des voûtes de la salle des Abencerrages et des Deux-Sœurs, n'ont pas une forme dont ne puisse rendre compte la trigonométrie ou la cristallographie. Dans la fabrique des vases, dont les lignes sembleraient toutes d'invention, les types sont fournis par la courge, l'œuf vidé, le calice des fleurs, et aussi par les nécessités de contenu. — Jamais artiste, si grand qu'il fût, n'a imaginé une forme, et, quand on veut rendre des sujets abstraits comme Dieu, les esprits célestes, on est obligé d'en revenir aux types humains, l'invention d'une figure autre que celle-là étant impossible.

Cette impuissance de rien créer en dehors de ce qui est nécessite, pour la manifestation du beau, l'emploi des formes naturelles. Bien que l'idéal ou le sentiment de la perfection soit inné chez lui, il faut que l'artiste cherche son alphabet dans le monde visible, qui lui fournit ses signes conventionnels, suivant l'expression de M. Töpffer; mais si l'idée du beau préexiste en nous, préexiste-t-elle chez un aveugle-né, par exemple? Quelle image peut se faire du beau de l'art un pensionnaire des Quinze-Vingts? Par le tact, il peut arriver à une certaine conscience des contours et des saillies; mais cette notion confuse et partielle est insuffisante pour apprécier même la sculpture, le plus matériel des arts dans son expression. Juger le mérite et la beauté d'une statue à l'aide d'un toucher nécessairement successif serait peut-être possible à un artiste qui aurait perdu les yeux, son éducation faite; un aveugle de naissance n'y parviendra jamais. Il faut donc admettre que l'idée du beau n'est pas aussi absolument subjective que l'affirme Kant, et qu'elle n'est pas toujours une opinion, mais très-souvent une impression. En fermant une des fenêtres qui mettent l'âme en communication avec le monde extérieur, vous rendez obscures celles de ses facultés qui y répondent, et vous annihilez les notions qu'on aurait pu croire innées. Sans doute, on objectera qu'elles subsistent à l'état latent et qu'elles ne semblent anéanties que faute de moyens de se formuler; mais ceci touche à des questions d'une telle difficulté, à savoir la mutilation qu'opère sur l'âme l'absence d'un sens, que ce n'est pas le lieu de les discuter ici. Revenons à nos définitions du beau.

Suivant Mendelsohn, « son essence est l'unité dans la variété. » Cette formule est incomplète; le beau existe au-dessus et en dehors des conditions d'unité et de variété. Une œuvre réunit souvent ces deux qualités sans être belle : l'*Apollon du Belvédère* n'est pas varié, *la Transfiguration* de Raphaël n'est pas une, et ce sont deux morceaux admirables. Des poëmes et des tableaux très-médiocres satisfont quelquefois aux conditions exigées par Mendelsohn sans en valoir mieux pour cela.

Winkelmann prétend que « le beau est une chose dont il est plus facile de dire ce qu'elle n'est pas que de dire ce qu'elle est. » C'est là un aphorisme prudent et d'une vérité incontestable, trop incontestable peut-être, et qui n'avance guère la question. Il en donne ailleurs une autre définition, qui ne nous paraît pas plus satisfaisante : « L'unité et la simplicité, dit-il, sont les véritables sources de la beauté. » Nous accordons que l'unité est, en effet, une des qualités essentielles du beau; mais que faut-il entendre par simplicité? Le contraire du riche, du varié, de l'orné, du complexe, et, par extension, du recherché, de l'affecté? Cependant le riche, l'orné, le complexe, sont des éléments du beau, et, si la formule s'applique assez exactement à l'art antique, dont Winkelmann se préoccupait trop, elle est fautive relativement à la peinture, à la poésie et surtout à la musique modernes, dont beaucoup de chefs-d'œuvre sont compliqués et splendides. A ce point de vue, que deviendraient Rubens, Michel-Ange, Shakspeare et Beethoven, qui assurément ne sont pas simples? Si, par simplicité, il faut entendre le don d'être naturel, beaucoup de gens ont cette qualité dans une organisation médiocre, et alors ils sont naturellement plats, voilà tout.

Mengs, l'ami de Winkelmann, définit le beau « une perfection visible, image imparfaite de la perfection suprême. » Tieck et Wackenrœder énoncent cette idée-ci, que « le beau est un seul et unique rayon de la clarté céleste, mais qu'en passant à travers le prisme le l'imagination chez les peuples des différentes zones, il se décompose en mille couleurs, en mille nuances. » Tout cela veut dire, en termes plus ou moins clairs, d'après la formule émise par Winkelmann et bien d'autres avant lui, que la beauté suprême réside en Dieu, ou, pour nous exprimer avec plus de rigueur philosophique, que le beau, dans son essence absolue, c'est Dieu.

D'après Burke, le beau serait la qualité ou les qualités des corps par lesquelles ils produisent l'amour ou une passion semblable. Selon le Hollandais Hemsterhuis, l'âme juge le beau ce dont elle peut se faire une idée dans le plus court espace de temps. La première de ces définitions rétrécit l'idée du beau à celle des corps et même uniquement aux corps qui inspirent de l'amour; malgré tout le mérite de Burke, elle n'est réellement pas discutable. Quant à celle d'Hemsterhuis, elle est du grotesque la plus réjouissant. A ce compte, un pavé ou une ligne de gazette vaudraient mieux que le Parthénon ou l'Iliade, car l'âme doit s'en faire une idée dans un espace de temps beaucoup plus court.

Dans son essai, le P. André dit : « Le beau quel qu'il soit, a toujours pour fondement l'ordre et pour essence l'unité. » Cette définition est incomplète, quoique judicieuse et plausible en apparence, car le beau éclate souvent où l'ordre est violé et manque dans des œuvres parfaitement régulières. S'il faut en croire Diderot, la notion du rapport constitue la beauté. Nous n'en croirons pas Diderot, car la notion du rapport existe entre une foule de choses indifférentes, désagréables ou même décidément affreuses. Marmontel proclame que les trois qualités distinctives du beau sont la force, la richesse et l'intelligence.

A quoi M. Töpffer répond, avec beaucoup de raison, que, dans la nature comme dans l'art, le beau se rencontre fréquemment sans la force, et la richesse sans le beau, tandis que l'intelligence a tout autant son rôle dans l'utile, dans le juste, dans le bon, dans le mauvais même, que dans le beau.

Platon, dans son dialogue du *grand Hippias*, établit « que le beau ne doit être cherché dans rien de particulier, dans rien de relatif; que tel ou tel objet peut être beau, mais qu'il ne l'est pas par lui-même, et qu'il existe au delà des choses individuelles un beau absolu qui fait leur beauté. » « Qu'on y pense, dit M. Cousin en commentant ce dialogue, c'est l'idée seule du beau qui fait que toute chose est belle. Ce n'est pas tel ou tel arrangement des parties, tel ou tel accord des formes, qui rend beau ce qui l'est; car indépendamment de tout arrangement, de toute composition, chaque partie, chaque forme pouvait être belle encore la disposition générale étant changée. La beauté se déclare par l'impossibilité immédiate où nous sommes de ne pas la trouver telle, c'est-à-dire de ne pas être frappés du beau qui s'y rencontre. On ne peut donner une autre explication de l'idée du beau. »

Arrêtons là cette liste de définitions déjà trop longue, et résumons-nous. Le beau dans son essence absolue, c'est Dieu. Il est aussi impossible de le chercher hors de la sphère divine, qu'il est impossible de trouver hors de cette sphère le vrai et le bon absolus. Le beau n'appartient donc pas à l'ordre sensible, mais à l'ordre spirituel. Il est invariable, car il est absolu, et cela seul peut varier qui est relatif. Descendu de ces hautes régions dans le monde sensible, le beau, non pas en lui-même, mais dans ses manifestations, est soumis aux influences extérieures. Les mœurs, les habitudes, les modes, la corruption, la barbarie, peuvent en troubler la notion. Le temple croule quelquefois ; mais, en déblayant les ruines, on trouvera toujours sous les décombres le dieu de marbre immobile et serein.

Tout cela ne veut pas dire qu'il faille négliger les moyens, les procédés, l'habileté matérielle, l'exactitude physique ; les manifestations du beau caché doivent se soumettre à la règle des formes sensibles : seulement que l'artiste, à travers les peintures de la vie ou du monde matériel poursuive son rêve idéal, pense au ciel en peignant la terre, et à Dieu en peignant l'homme; sans quoi ses ouvrages, quelque curieuse qu'en soit l'exécution, n'auront pas ce caractère général, éternel, immuable, qui donne la consécration aux chefs-d'œuvre : il leur manquera la vie.

Le défaut du livre de M. Töpffer, c'est d'être à la fois trop grave et trop frivole : trop grave, si c'est une fantaisie à la manière du *Voyage sentimental* ou du *Voyage autour de ma chambre;* trop frivole, si c'est un traité sérieux où la question du beau soit considérée d'une façon purement esthétique. Dans le premier volume, la part du caprice, de l'humour et des digressions à la manière de Sterne, est beaucoup plus large que dans le second volume, où la philosophie domine presque exclusivement. De l'encre de Chine, il n'en est plus fait mention. On renvoie le baudet à l'écurie après les utiles services qu'il a rendus. Nous avouons que son absence se fait désagréablement sentir. Cet âne avec sa mine honnête et pacifique, son œil rêveur, ses oreilles inquiètes et son pelage « rousset » intervenait à propos entre deux chapitres par trop ardus. L'auteur sent lui-même ce vide, et, pour le remplir, il va, dans un des plus jolis paragraphes de son livre, causer sur le haut d'une colline avec deux hommes qui équarissent une poutre et dont on voit du pied du coteau se dessiner la silhouette sur le ciel. Leurs coups frappés en cadence font tomber les copeaux sur un rythme que l'oreille écoute non sans charme. Une femme leur apporte leur modeste repas, et l'auteur, assis sur une des poutres, tout en devisant avec eux, regarde les bruines que le vent fait courir sur les bois, le pâle rayon qui éclaire les cimes dorées, et au fond, dans la plaine sombre, les roseaux jaunissants et les flaques d'eau miroitantes du marécage. Ce petit tableau est tracé de main de maître, et, pour notre part, nous le préférons à bien des chapitres d'esthétique. En quelques touches, le peintre fait deviner les lointains, indique les espaces intermédiaires, et accuse les premiers plans avec force et relief. Un rayon de soleil glisse à travers les nuages, dont les flancs déchirés laissent tomber des hachures de pluie, comme les flèches d'un carquois qui se renverse, sur les bois qui moutonnent à l'horizon. Quels jolis tons saumon-clair ont les poutres travaillées fraîchement, et comme cette nuance chaude et vivace, qui ressemble à de la chair, fait valoir les gris de perle du ciel et les vapeurs bleutées des fonds! Enfin le soir vient, le brouillard développe ses ouates, et l'on entend sur l'âpre chemin de la colline grincer l'essieu du chariot estompé par la brume.

Ce n'est rien, et c'est charmant. La lumière glisse, le vent soupire, la forêt palpite; l'activité humaine, symbolisée par les bûcherons et le charretier, anime le paysage, qui prend, d'un premier frisson d'automne, une mélancolie émouvante. Nous aimons aussi beaucoup les pages où l'auteur, se surprenant à vieillir, tourne au triste d'abord et ensuite à l'amer. — Né avec ce siècle, l'auteur en a la date pour âge, et ce chiffre qui grossit lui rappelle plus cruellement qu'à un autre le déclin de son existence. Il marche avec un compagnon qui lui survivra, et qui sera jeune encore lorsque lui, son jumeau, s'abritera, vieillard frileux, le long de quelque muraille exposée au soleil, ou s'affaissera, dépouille oubliée, sous d'épais draps de terre brune, au milieu des grandes herbes et des orties de l'abandon. Il commence à s'occuper des cyprès qui dépassent le mur d'enceinte du cimetière; toujours il les retrouve au bout de sa promenade, ces arbres funèbres qui n'attiraient pas son attention autrefois, et que ne remarque pas la jeunesse qu'enivre la fête de la vie et de l'amour.

Nous avons éprouvé, il y a sept ans, un sentiment semblable à Grenade, la ville des califes, la perle des Espagnes, sous l'enchantement du ciel d'Andalousie. Au-dessus de l'Alhambra, la forteresse rouge, s'élèvent dans l'azur implacable deux cyprès dont la vue vous poursuit sans relâche. On les aperçoit du Généralife, de la Silla del Moro, de l'Albaycin, du mont Sagrado, de la sierra d'Elvire, du Soupir du More, de la sierra Nevada. Lorsque l'on redescend du Mulhacen, la première chose qui accroche l'œil, dans la dentelure de la ville couchée sur les croupes de l'Antéquerula, ce sont ces deux noirs soupirs de feuillage tristes comme une pensée de mort au milieu de l'allégresse générale, seule teinte sombre dans cet éblouissement d'or, d'argent, d'azur et de rose. Je les voyais, de la terrasse de la maison que j'habitais, si crûment dessinés sur un fond de lumière aveuglante, qu'il me semblait les toucher de la main; ces *memento mori*, ces avertisseurs sépulcraux, étaient devenus mon cauchemar; et cependant quelle terre plus douce et plus parfumée eût-on trouvée pour dormir le grand sommeil à l'ombre des myrtes et des lauriers-roses ! — Il est vrai qu'en Espagne on met les morts dans des niches percées au flanc d'une muraille, comme les trous d'un colombier, et que, si j'étais mort là-bas, on m'eût enfourné comme les autres au lieu de confier mes restes à ce sol d'aromates et de poudre d'or. Mais je fais comme M. Töpffer, je tourne au triste; prenons garde à l'amer, et reposons-nous plutôt dans cette jolie description qu'il trace de la maison paternelle, rustique habitation de paysan, agrandie successivement et embellie d'un peu d'art et de confort. L'hiver est venu, les flocons de neige tombent assez pressés pour dérober à demi sous leur réseau blanc les grands arbres voisins; les petits oiseaux affamés et transis voltigent en piaillant autour de la haie, un passant paraît au coin du chemin, un chariot rampe le long de la côte. Le vent souffle dans les corridors comme dans des tuyaux d'orgues. Quel plaisir d'être là dans une chambrette bien close, sur un bon fauteuil, près d'un feu bien flambant, laissant errer un regard distrait sur ces correctes gravures de Woolet et ces capricieuses eaux-fortes d'Hermann Van Veld, feuilletant quelques pages d'un livre choisi, écrivant quelques lignes interrompues souvent par la pensée ou le rêve, et puis, quand les reflets rougissants de l'âtre indiquent l'arrivée du soir, de se lever et d'aller prendre place à sa table où fume le patriarcal potage au milieu du cercle joyeux de la famille! Cependant l'hiver est passé, allons faire un tour dans ce verger, un peu âpre, un peu sauvage, attenant à la maison ; à cause de l'élévation de la zone, il n'y pousse que des pommiers, des cerisiers ; la rose n'y vient qu'à l'état d'églantier ; mais, à deux pas, le sapin se groupe en forêts majestueuses, et là-bas, où les prairies s'abaissent, la Mantua roule ses eaux rapides et glacées. Les cimes des Alpes ferment l'horizon de leur couronne d'argent, et scintillent encore longtemps après que l'ombre baigne les lieux inférieurs.

Ces simples esquisses réveillent l'idée du beau mieux que de froids raisonnements : combien de dissertations esthétiques n'ont servi qu'à ennuyer les gens du monde ou à faire briller la souplesse de quelques rhéteurs ! Dans le rapport didactique, de pareilles subtilités n'ont trop souvent aucune importance. Les grands artistes s'en sont médiocrement occupés, et l'on peut dire qu'ils y étaient tout à fait étrangers aux plus glorieuses époques de l'art. Nous croyons même l'étude de ces mystérieuses genèses de la pensée plus nuisible encore qu'utile aux poëtes, aux peintres, aux sculpteurs et aux musiciens. L'inspiration a sa pudeur, elle ne descend pas si un œil trop curieux l'épie ; abandonnons l'embryologie psychique aux philosophes, ces anatomistes de l'âme ; livrons-nous à l'amour, à l'admiration, à l'enthousiasme, au travail et au loisir, à la pensée et au rêve, à toutes les ivresses de l'intelligence, à tous les épanouissements de la vie ; étincelons comme des flots, vibrons comme des lyres ; soyons traversés, comme des prismes, par les rayons des soleils et les effluves des univers ! Laissons les verbes parler avec nos lèvres ; confions-nous à l'inconnu qui tenait le *plectrum* d'Homère, le ciseau de Phidias et le pinceau d'Apelles, au visiteur qui vient à l'heure propice et fait soudain resplendir le poëme, la statue, le tableau, par un mot, une ligne, une teinte dont nous défions bien les plus subtils analyseurs de se rendre compte, et, s'il nous faut à toute force une définition du beau, acceptons celle de Platon : « Le beau est la splendeur du vrai ! »

SHAKSPEARE AUX FUNAMBULES

Autrefois, il y a dix ans, il était de mode, parmi les peintres et les gens de lettres, de fréquenter un petit théâtre du boulevard du Temple, où un paillasse célèbre attirait la foule. Nous occupions habituellement une baignoire d'avant-scène assez semblable à un tiroir de commode, et Pierrot s'était si bien habitué à nous voir, qu'il ne se faisait pas un seul festin sur la scène, qu'il ne nous en donnât notre part. Que de tartines de raisiné il a taillées pour nous! C'était le beau temps, le temps du *Bœuf enragé*, cette admirable pièce si fort goûtée du bon Charles Nodier, et de *ma Mère l'Oie*, autre chef-d'œuvre dont l'analyse a plus coûté de peine, d'esprit, d'intelligence, et de style à J.-J. que les comptes-rendus de tous les vaudevilles passés, présents et futurs. — Quelles pièces, mais aussi quel théâtre, et surtout quels spectateurs! Voilà un public! et non pas tous ces ennuyés en gants plus ou moins jaunes; tous ces feuilletonistes usés, excédés, blasés; toutes ces marquises de la rue du Helder, occupées seulement de leurs toilettes et de leurs bouquets; un public en veste, en blouse, en chemise, sans chemise souvent, les bras nus, la casquette sur l'oreille, mais naïf comme un enfant à qui l'on conte la *Barbe Bleue*, se laissant aller bonnement à la fiction du poëte, — oui du poëte, — acceptant tout, à condition d'être amusé; un véritable public, comprenant la fantaisie avec une merveilleuse facilité, qui admettrait sans objection le *Chat botté*, le *petit Chaperon rouge* de Ludwig-Tiek, et les étincelantes parades du Vénitien Gozzi, où fourmille et grimace ce monde étrangement bariolé de la farce italienne, mêlé à ce que la féerie à de plus extravagant. Si jamais l'on peut représenter en France le *Songe d'une nuit d'été*, la *Tempête*, *le conte d'Hiver* de Shakspeare, assurément ce ne sera que sur ces pauvres tréteaux vermoulus, devant ces spectateurs en haillons. Si nous avions l'honneur d'être un grand génie, nous essaierions de faire une pièce pour ce théâtre dédaigné, mais une telle hardiesse nous irait mal. V. Hugo, A. de Musset, pourraient tout au plus s'y risquer dans leurs bons jours. Mais, nous direz-vous, quel est donc l'auteur ou les auteurs qui travaillent à ces chefs-d'œuvre inouïs? Personne ne les connait, on ignore leurs noms, comme ceux des poëtes du Romancero, comme ceux des artistes qui ont élevé les cathédrales du moyen âge. L'auteur de ces merveilleuses parades, c'est tout le monde; ce grand poëte, cet être collectif qui a plus d'esprit que Voltaire, Beaumarchais et Byron; c'est l'auteur, le souffleur, le public surtout, qui fait ces sortes de pièces, à peu près comme ces chansons pleines de fautes de mesure et de rime qui font le désespoir des grands écrivains, et pour un couplet desquelles ils donneraient, avec du retour, leurs strophes les plus précieusement ciselées.

L'autre jour, assommé de grands chanteurs, de grands tragédiens, de grands comédiens, j'entrai dans ce bouge dramatique qui m'avait laissé de si joyeux souvenirs, hésitant un peu, comme cela arrive toujours lorsque l'on va revoir quelqu'un ou quelque chose qui vous a plu jadis. Le théâtre avait été repeint, il était presque propre, cela m'alarme. Il régnait dans la salle un certain parfum de vaudeville assez nauséabond ; il me passa par la tête de vagues appréhensions d'opéra-comique, en voyant l'orchestre renforcé de cinq ou six cornets à piston. Je me préparai à sortir, heureusement la toile, en se levant, mit fin à mon anxiété et me démontra victorieusement que les Funambules se soutenaient à leur hauteur primitive, et que les saines traditions de l'art y étaient religieusement conservées.

Le théâtre représente une rue, une place publique, absolument comme dans une pièce de Molière. Pierrot se promène, les mains dans les goussets, la tête basse, le pied traînant. Il est triste, une mélancolie secrète dévore son âme. Son cœur est vide, et sa bourse ressemble à son cœur; Cassandre son maître répond aux demandes d'argent qu'il lui fait, par un de ces coups de pied péremptoires qui avivent si fréquemment le dialogue des pantomimes. Pauvre Pierrot, quelle triste situation! toujours battu, jamais payé, mangeant peu, mais rarement, il n'est pas étonnant, qu'il soit un peu pâli, on le serait à moins.

Pour comble de malheur, Pierrot est amoureux, non pas du joli petit museau noir, de la jupe losangée de Colombine, mais d'une grande dame, d'une très-grande dame, d'une Éloa, d'une duchesse! qu'il a vue descendre de voiture pour entrer à l'église, à l'Opéra, nous ne savons plus où. Par suite de son amour et de ses jeûnes forcés, Pierrot craint que son charmant physique ne se détériore, il palpe son nez qui a beaucoup maigri, et ses jambes qui sont devenues pareilles à des bras de danseuse. Mais ce n'est pas cela qui l'inquiète sérieusement; un amoureux maigre et pâle n'est que plus intéressant. Il voudrait aller *dans le monde*, pour voir celle qu'il aime, et Pierrot ne possède d'autre vêtement que ses grègues et sa souquenille de toile blanche; allez donc en soirée chez une duchesse accoutré de la sorte! Pas d'habits! pas d'argent! que faire? Comment pénétrer dans ces mystérieux édens, tout éblouissants de cristaux, de bougies, de femmes et de fleurs, qu'il voit vaguement flamboyer aux fenêtres lumineuses des hôtels? Comme Pierrot est en proie à ces idées amères, qu'il accuse les dieux, la fortune et le sort, passe un marchand d'habits, portant toutes sortes de nippes, plus ou moins fripées. — Oh! si j'avais ce frac vert-pomme, et ce superbe pantalon à la cosaque! se dit Pierrot, l'œil allumé par la convoitise, les doigts titillés par d'irrésistibles envies; et en disant cela, il allonge et retire les mains à plusieurs reprises. Le marchand d'habits vient d'acheter la défroque civique d'un garde national, hors d'âge, dont il porte le sabre placé sous son bras, dans l'attitude peu belliqueuse d'un simple parapluie; la poignée de cuivre de l'innocent bancal s'offre tout naturellement à la main de Pierrot qui la saisit. Le marchand, sans prendre garde à rien, continue sa route. Pierrot reste immobile tenant toujours la poignée du sabre, dont la lame est bientôt tout entière hors du fourreau que le marchand d'habits entraîne avec lui. A la vue de l'acier flamboyant une pensée diabolique illumine la cervelle de Pierrot, il enfonce la lame, non pas dans sa gaine, mais dans le corps du malheureux qu'elle traverse de part en part, et qui tombe raide mort. Pierrot sans se déconcerter, choisit dans le paquet du défunt les vêtements les plus fashionables; et, pour faire disparaître les traces de son crime, il précipite le cadavre par le soupirail d'une cave. Sûr de n'être pas découvert, il va rentrer chez lui et faire sa toilette pour aller dans le monde voir sa duchesse adorée, lorsque tout à coup, soulevant la trappe de la cave, l'ombre de sa victime surgit sinistrement, enveloppée d'un long suaire, la pointe du sabre passant par la poitrine, et dit d'une voix caverneuse : *marrrchand d'habits!* vous peindre l'effroi qui se lit sur la face enfarinée de Pierrot, en entendant cette voix de l'autre monde, est une chose impossible. — Cependant il prend son parti, et pour en finir une fois pour toutes avec ses terreurs et ses visions, il saisit une énorme bûche dans un tas de bois qui se trouve là et engage avec le spectre une lutte terrible. Après plusieurs coups évités et parés, l'ombre ne peut s'empêcher de recevoir la bûche d'aplomb sur la tête, ce qui la fait replonger dans la cave, où Pierrot, pour surcroît de précaution, jette en toute hâte le bois coupé par les scieurs; et puis ajoutant l'ironie à la scélératesse, il penche sa tête vers le soupirail, et dit en contrefaisant la voix du spectre : *marrrchand d'habits!*

Ne voilà-t-il pas une exposition admirable, d'un haut caprice, d'une bizarre fantaisie, et que Shakspeare ne désavouerait pas!

Le théâtre change. Pierrot rentré chez lui revêt avec une respectueuse admiration l'immense pantalon à la cosaque et le miraculeux frac vert-pomme; il arbore un faux-col, s'ajuste des favoris noirs, et pour dissimuler la pâleur criminelle de sa physionomie, il pose sur sa farine deux petits nuages rouges, qui lui donnent l'air le plus coquet, le plus triomphant du monde.

Pierrot fait son entrée chez la duchesse; il a déjà saisi l'esprit de son rôle, il est plein de sang-froid, de dignité et de convenance; il salue aussi bien qu'un maître à danser ou un chien savant; il offre la main aux dames et fait tenir son lorgnon entre l'arcade sourcilière et l'orbite de son œil comme un lion du boulevard de Gand. C'est surtout auprès de la duchesse qu'il faut le voir! comme il se penche gracieusement au dos de son fauteuil! comme il lui gazouille à l'oreille mille riens charmants et lui dépeint en traits de flamme l'amour qu'il sent pour elle! Au milieu de sa plus belle période, Pierrot s'arrête subitement, ses faux favoris se hérissent d'horreur, son rouge tombe, son claque palpite d'épouvante, les manches de son frac raccourcissent; une voix sourde, étouffée comme le râle d'un mourant, murmure la phrase sacramentelle : *marrrchand d'habits!* Une tête sort du parquet; plus de doute, c'est lui, c'est le spectre. Pierrot lui pose le pied sur le crâne et le fait rentrer sous le plancher, en lui disant, comme Hamlet à l'ombre de son père : Allons! paix, vieille taupe! Puis il continue sa déclaration avec une résolution héroïque. Le spectre ressort de terre à quelques pas plus loin ; Pierrot le renfonce une seconde fois d'un si vigoureux talon de botte, que le fantôme se tient tranquille quelque temps.

Pierrot, se croyant définitivement débarrassé de l'apparition vengeresse, se livre à l'excès d'une joie convulsive. Il danse des galops frénétiques, exécute des cachuchas échevelées. Quand il a bien dansé, il a chaud, et veut prendre une glace ; ô ciel ! le spectre se présente tenant un plateau de rafraîchissements, et comme Pierrot avance sa main, il lui murmure d'un ton plus sépulcral encore que les autres fois, *marrrchand d'habits.* — Ici s'engage entre la gourmandise et la poltronnerie de Pierrot une de ces luttes si vraies et si profondément comiques, que Debureau excelle à rendre. Enfin la gourmandise l'emporte, il choisit une superbe glace panachée de mille couleurs qui se change en feu d'artifice sous ses lèvres coupables, et lui cause un tel saisissement, qu'il avale la cuiller.

Cette terrible soirée se termine enfin. — Pierrot, malgré les apparitions importunes du spectre, a su toucher le cœur de la duchesse, et il espère devenir bientôt le plus heureux des mortels. — Le souvenir du marchand d'habits si traîtreusement assassiné lui revient bien quelquefois à l'esprit, mais il le chasse au moyen d'une grande quantité de petits verres de différentes liqueurs. — Le frac vert-pomme brille toujours d'une ineffable splendeur, le pantalon à la cosaque continue à faire l'envie des négociants de contremarques. — Il faut l'avouer, à la honte de la morale et de la nature humaine, Pierrot est heureux ; il obtient les plus grands succès dans le monde, il gagne au jeu, ce qui lui permet d'acheter des cigares à paille, des gants de filoselle, et des favoris d'une autre couleur.— Son oreiller n'est pas rembourré par les épines du remords; mais hélas! rien ne s'écroule vite comme la prospérité qui n'a pas la vertu pour base. Pierrot en allant dans le monde en a pris les vices élégants. Son amour pour la duchesse ne l'empêche pas d'entretenir quelques danseuses de l'Opéra, et le pauvre diable se trouve bientôt réduit aux dernières extrémités. Il n'a plus d'autre ressource que de vendre ce délicieux frac couleur d'espérance qui lui a valu de si beaux succès, et ce prodigieux pantalon qui dissimulait si pompeusement ses jambes sans mollets.

Ici se trouve une situation dramatique de la plus haute portée, et d'une effrayante profondeur philosophique. Pierrot, tourmenté par le souvenir de son crime, n'ose pas appeler un marchand de peur de faire paraître l'effroyable vision. En effet, le fantôme, comme évoqué, passe dans la rue en râlant d'une voix enrouée comme quelqu'un qui aurait la bouche pleine de terre : *marrrchand d'habits!* Pierrot va bravement au spectre, et lui propose avec une hardiesse que n'aurait peut-être pas eue don Juan, d'acheter en bloc le frac, le gilet, le pantalon et le chapeau; le spectre fait signe qu'ils sont bien usés, et offre trente sous du tout. — Pierrot après l'avoir appelé voleur, consent au marché, et lui remet les hardes; alors le spectre prétendant que les effets sont à lui, ne veut pas lui donner les trente sous. La fureur de Pierrot ne connait plus de bornes; il détache un coup de pied superbe dans les jambes du fantôme, le coup de pied est suivi d'une série de coups de poing dans les yeux et l'estomac; l'ombre pour se défendre, retire le sabre qui lui traverse la poitrine, et s'escrime de son mieux, mais Pierrot se débat si vaillamment qu'il reprend les habits et reste maître du champ de bataille.

Malgré cette victoire la position de Pierrot n'est pas sensiblement améliorée. Il n'a pas d'argent; que faire? Pierrot s'avise ici d'une ruse digne des Mascarilles et des Scapins de Molière. Il va trouver Cassandre et lui dit : Voyez, les corsaires barbaresques m'ont arraché la langue; donnez-moi un peu d'argent, s'il vous plaît. — Que diable me contes-tu là? répond Cassandre surpris. Comment peux-tu parler, si tu n'as pas de langue? — Oh! Monsieur, je n'en ai que tout juste pour implorer la pitié des honnêtes gens. Cassandre, touché de cette réponse, donne quelque monnaie à Pierrot. Voyant que la ruse a réussi, Pierrot ne tarde pas à se représenter sous la forme d'un aveugle. Mon cher monsieur Cassandre, j'avais oublié de vous dire que ces mêmes corsaires barbaresques m'ont aussi crevé les yeux. — Comment fais-tu donc pour me suivre si exactement, si tu n'y vois clair?— Mon doux maître, j'y vois assez clair pour discerner les âmes sensibles. — Allons, ta situation me touche, répond Cassandre, voici une pièce ronde et va-t'en. — Pierrot s'en va, mais il roule dans son esprit un projet plus vaste, et digne du plus haut courage; il veut prendre la bourse tout entière. Pour exécuter ce louable projet, il ôte ses bras des manches de sa souquenille, de façon à imiter un amputé, et se promène sur le théâtre en les faisant voltiger comme deux ailerons de pingouin. — Monsieur Cassandre, monsieur Cassandre, les méchants Turcs m'ont aussi coupé les bras. — Voilà qui est fâcheux, mais que veux-tu que j'y fasse? Pendant ce dialogue Pierrot insinue sa main dans la poche de Cassandre qui s'aperçoit de la manœuvre, et s'écrie : — Comment, canaille, tu dis que les Turcs t'ont coupé les bras, et en voici un dans ma poche ! — Vous avez mon bras dans votre poche, mon pauvre bras que j'ai tant cherché ! — Vous êtes un fier drôle. — Retenir comme cela les bras des gens; avec cette mine honnête l'on ne vous aurait pas cru capable d'une pareille infamie; voler des bras, vous allez me suivre chez le commissaire de police. — Inutile de dire que Pierrot en retirant sa main de la poche de Cassandre, n'y laisse pas la bourse. Avec l'argent de Cassandre Pierrot redevient plus brillant que jamais, et déploie une telle amabilité qu'il obtient la main de la duchesse. Le mariage va se célébrer. Pierrot ivre d'orgueil, s'avance en tête du cortége, tenant sa blanche fiancée par le bout effilé de ses jolis doigts; tout à coup un long fantôme surgit par le trou du souffleur et répète d'une voix stridente la phrase fatale : *Marrrchand d'habits!* Pierrot, hors de lui, quitte sa fiancée, s'élance sur le spectre, et lui donne ce qu'on appelle en style populaire un bon renfoncement, puis il s'asseoit sur le trou du souffleur pour boucher hermétiquement l'ouverture et contenir le spectre dans les régions caverneuses. La mariée est très-étonnée de ces procédés étranges, car l'ombre n'est visible que pour le coupable Pierrot; elle vient le prendre par la main, l'oblige à se relever et à *marcher vers l'autel*. Aussitôt le spectre reparaît, enlace Pierrot dans ses longs bras, et le force à exécuter avec lui une valse infernale plus terrible cent fois que la célèbre valse de Méphistophélès, si merveilleusement dansée par Frédérik Lemaître. L'assassiné serre l'assassin contre sa poitrine de telle sorte que la pointe du sabre pénètre le corps de Pierrot, et lui sort entre les épaules. La victime et le meurtrier sont embrochés par le même fer comme deux hannetons que l'on aurait piqués à la même épingle. Le couple fantastique fait encore quelques tours, et s'abime dans une trappe, au milieu d'une large flamme d'essence de thérébentine. La mariée s'évanouit, les parents prennent les attitudes de la douleur et de l'étonnement, et la toile tombe au milieu des applaudissements.

Ne voilà-t-il pas un étrange drame, mêlé de rire et de terreur? Le spectre de Banquo et l'ombre d'Hamlet n'ont-ils pas de singuliers rapports avec l'apparition du marchand d'habits, et n'est-ce pas quelque chose de remarquable, que de retrouver Shakspeare aux Funambules? Cette parade renferme un mythe très-profond, très-complet, et d'une haute moralité, qui ne demanderait que d'être formulé en sanscrit, pour faire éclore des nuées de commentaires. Pierrot qui se promène dans la rue avec sa casaque blanche, son pantalon blanc, son visage enfariné, préoccupé de vagues désirs, n'est-ce pas la symbolisation de l'âme humaine encore innocente et blanche, tourmentée d'aspirations infinies vers les régions supérieures? La poignée du sabre qui semble s'offrir d'elle-même à Pierrot, et l'inviter par le scintillement perfide de son cuivre jaune n'est-elle pas un emblème frappant de la puissance de l'occasion sur les esprits déjà tentés et vacillants? La promptitude avec laquelle la lame entre dans le corps de la victime démontre combien le crime est facile à commettre, et comment un simple geste peut nous perdre à tout jamais. Pierrot n'avait en prenant le sabre d'autre idée que de faire une espièglerie! Le spectre du marchand d'habits sortant de la cave, montre que le crime ne saurait être caché, et lorsque Pierrot fait replonger dans la cave à coups de bûche l'ombre de la victime plaintive, l'auteur n'a-t-il pas indiqué de la manière la plus ingénieuse que les précautions peuvent quelquefois retarder la découverte d'un forfait, mais que le jour de la vengeance ne manque jamais d'arriver. Le spectre symbolise le remords de la façon la plus dramatique et la plus terrible. Cette simple phrase : « *Marrrchand d'habits* » qui jette une terreur si profonde dans l'âme de Pierrot, est un véritable trait de génie, et vaut pour le moins, le fameux « il avait bien du sang » de *Macbeth*. C'était le cri que poussait la victime au moment du meurtre; les paroles, l'accent, en sont restés ineffaçablement gravés dans la mémoire de l'assassin! Et cette scène de la déclaration, où l'ombre grogne sous le parquet, et lève la tête de temps en temps n'indique-t-elle pas de la manière la plus sensible que rien ne peut faire taire le remords au fond du cœur du criminel? Il a beau s'étourdir, s'enivrer de vin et d'amour, toujours le spectre est là, il sent à l'épaule le souffle intermittent et glacé qui lui chuchotte:« *Marrrchand d'habits.* » Le détail de la glace qui se change en feu d'artifice montre que, pour le criminel, tout devient un poison, et que ce qui rafraîchit la bouche de l'innocent brûle le palais du scélérat : de plus, c'est une indication préparatoire des feux éternels de l'enfer auxquels le meurtrier doit être livré. La scène où Pierrot affronte hardiment la présence du spectre et veut lui vendre les habits qu'il lui a volés, montre par son audacieuse énormité que le dénoûment approche et que les feux de Bengale se préparent dans le second dessous. Pierrot, comme don Juan, provoque la colère céleste, il est arrivé au dernier degré de l'endurcissement; aussi, quand il va épouser la princesse, le spectre vengeur reparaît, et cette fois il ne peut plus le faire rentrer dans la trappe qui l'a vomi. Allégorie très-fine qui démontre que tôt ou tard le crime se découvre, malgré l'audace, la présence d'esprit et le sang-froid du meurtrier. Cette valse infernale, où la pointe du sabre qui traverse le corps du marchand d'habits entre dans la poitrine de Pierrot et le perce de part en part, nous enseigne que les hommes sont punis par leur crime même, et que la pointe du couteau dont le meurtrier frappa sa victime, pénètre dans son propre cœur encore plus profondément. La surprise des parents à la vue de ce prodige, fait voir clairement le danger qu'il y a pour des duchesses à épouser des Pierrots sans prendre d'informations, et invite les spectateurs à mettre plus de circonspection dans leurs relations sociales. — Connaissez-vous beaucoup de tragédies qui supporteraient une pareille analyse?

LE
THÉATRE A MUNICH

I

Antigone, la Fiancée de Messine.

Nous allons voir *Antigone* à Munich; nous sommes bien allé la voir à l'Odéon! Il n'y a guère plus loin, et encore n'a-t-on pas la commodité d'un chemin de fer pour franchir la distance de la rive droite à la rive gauche. Grâce à la vapeur, l'espace n'existe plus, et la roue du Temps est sortie de son ornière. A peine avons-nous sommeillé quelques heures, la tête appuyée aux parois du wagon, que nous voici à Strasbourg, une ville déjà allemande. Le Munster dresse sa flèche, les cicognes volent les pattes en arrière comme sur la vignette des frontispices du libraire Delalain, ou se tiennent debout, le bec dans leur jabot, dans des poses de saint Siméon-Stylite, à l'angle des pignons pointus : les toits ont quatre étages de lucarnes, comme si elles avaient à loger une immense population de poëtes, et les enseignes parlent deux langues. Tout à l'heure cependant nous écoutions, sur la place du débarcadère de Paris, le sieur Mangin débiter son *pallas* du haut de sa voiture, coiffé d'un casque romain à plume tricolore, et maintenant bourdonne à mon oreille comme un gazouillement confus l'idiome d'au-delà du Rhin.

Bonjour, brave Munster, il serait malhonnête de ne pas t'aller rendre visite; quoiqu'il soit encore matin, tu es levé, et tes portes sont ouvertes. — Autrefois, nous professions un vif enthousiasme à l'endroit des cathédrales, enthousiasme qui s'est changé en admiration douloureuse depuis que nous avons vu sur le trépied de marbre de l'acropole les purs chefs-d'œuvre du génie grec dorés par le soleil de l'Attique; quel aspect sinistre présentent les hauts murs de grès rouge verdi par place comme du cuivre oxydé; avec quel effort haletant, d'étage en étage, de colonnette en colonnette, la flèche se dresse vers le ciel; quel élancement rigide dans ces nervures fuselées qui montent grêles et droites; quelle tristesse glaciale, quelle ombre noire sous les ogives du cloître !

Jamais nous n'avions senti à ce point l'intime souffrance, le désespoir secret et l'idéal nostalgique du moyen âge; les statuettes du porche s'allongent dans leurs niches comme des cadavres dans leur bière, dessinant à peine quelques plis cassants sous leurs draperies pareilles à des linceuls; leurs têtes seules, qui, au bout de leurs cols frêles, ressemblent à des fleurs cherchant la lumière, ont une expression d'ardeur malade et de désir inassouvi; pauvres vierges folles du portail, en vain vous tâchez d'être lubriques et provocantes; en vain vous cambrez les reins et tendez la hanche; vos petits seins amaigris, vos bras fluets, vos mains diaphanes font penser à de jeunes filles atteintes de consomption et dont la beauté laisse transparaître le squelette. Votre grâce morte et vos coquetteries d'outre-tombe attristent plus qu'elles ne séduisent, et vos lampes renversées vous donnent l'air de génies funèbres à la porte des cimetières.

Comme ceux qui ont élevé de pareils édifices devaient être malheureux! Quelle vie horrible, convulsée de terreurs, hantée de fantômes, suppose cette architecture sépulcrale, aux fondations cimentées d'ossements, au faîte peuplé de corbeaux, aux épouvantements combinés pour agir sur le système nerveux! Et qu'il y a loin de là à la lumineuse sérénité grecque et aux temples blancs des bienheureux Olympiens. Cependant, Erwyn de Steinbach, humble tailleur de pierre, Ictinus et Mnésiclès te laisseraient asseoir à leurs pieds avec ton maillet et ton tablier de peau, car tu as travaillé selon ton cœur, et nul n'a mieux rendu que toi la pensée de ton temps. — Jupiter-Panhellénien, lui-même, ne trouverait pas barbare la belle abside si grave, si simple et si noblement nue, qui termine ta cathédrale.

La voiture roule sur le pont de Kehl. Le Rhin, jaune et large, grossi par les pluies, se révolte en bouillonnant contre les proues des bateaux; mais nous ne voyons pas la petite Allemande chantant de sa voix fausse la chanson plaintive dont parle Henri Heine au commencement de son *Conte d'Hiver*.

Au bout du pont, nous prenons un chemin de fer placide et patriarcal qui nous mène à travers une foule de jardinets et de prairies, à peu près aussi *lentement* que cette chaise de poste, conduite par un postillon badois, à veste jaune serin, qui suit le grand chemin. La chaise de poste, employée comme terme de comparaison en fait de *lenteur*, a quelque chose de bizarre dont nous nous apercevons, notre phrase finie, et pourtant rien n'est plus juste. Nous ne voulons pas faire ici un itinéraire, et nous voyons fuir, sans trop les noter, les collines sombres sous lesquelles s'étale la Forêt-Noire : les stations ressemblent à des cabanes habitées par les bergers des idylles de Gessner; le houblon ou la vigne vierge en festonnent les piliers et les balcons; des églantiers étoilent les façades coquettement peintes de leurs fleurs emperlées de pluie.

Après avoir changé de chemin de fer et traversé un pays de prairies et de bois, uniment vert comme un tapis de billard, nous arrivons de nuit à Stuttgardt par une averse diluvienne qui n'avait pas fini de vider ses urnes fangeuses, lorsqu'à six heures du matin nous allâmes reprendre le wagon. Derrière les fils pressés de la pluie passaient des paysages d'une verdure luxuriante, des collines veloutées, de la base au sommet, de vigoureuses végétations; de petits villages peinturlurés comme des jouets de Nuremberg, des clochers à huit pans, ou bizarrement renflés comme les clochetons du Kremlin; les stations s'égayaient de quelques costumes nationaux : chapeau lampion, gilet court à double rangée de boutons énormes, en nacre ou en argent, redingote grise à taille dans le dos, à pans descendant jusqu'aux talons, botte de cuir noir portée par dessus le pantalon à la hongroise, hauts bonnets de soie noire avec un diadème de broderies d'or et de longues barbes flottantes, robes à taille placée immédiatement sous les bras, comme du temps de l'empire.

Ce n'est pas très-beau, mais au moins c'est différent, et l'on commence à comprendre qu'on est sorti de la banlieue. Entre Stuttgardt et Ulm se déroule cette Souabe, qui est comme une Arcadie dans cette poétique Allemagne; aux sommets des rochers quelques burgs démantelés ébrèchent le ciel de leur silhouette féodale. C'est au pied de ces tours qu'Uhland fait résonner le cor d'ivoire de la chevalerie; sur ces collines vertes courent les Kobolds aux chapeaux de feutre verts; du sein de ces ruisseaux, écartant les feuilles du nénuphar, sort l'Elfe, agaçant le comte du saint-empire, imbriqué de son armure d'or, ou le page au pourpoint de soie tailladé; la légende et le lied se promènent par ces petits sentiers en se donnant la main. Les villages, gothiquement naïfs, qu'on croirait calqués sur ces fabriques à murs en colombages, à pignons pointus, qu'Albert Durer donne pour fond à ses mythologies fantasques, viennent vous dire bonjour au bord du chemin en déshabillé du matin, s'étirant les bras et se frottant les yeux. Du haut du wagon, on pénètre dans leur intimité, et l'on comprend la poésie d'Hébel mieux encore qu'avec les traductions d'Henri Blaze et de Nicolas Martin.

A Ulm, la cathédrale immense s'élevait au-dessus des autres maisons et faisait, dans la silhouette de la ville, la bosse que produirait un mastodonte couché et ruminant au milieu d'un troupeau de brebis. — La pluie ruisselait sur sa carapace de sculptures, dont elle noircissait les tons roux, et nous avons eu le regret de ne pouvoir aller admirer sous ses voûtes géantes les stalles et les menuiseries du chœur, ciselées dans le bois par Sorlin, un rival de Berruguete, de Cornejo Duque et de Verbruggen, car le sifflet du chemin de fer pousse son cri strident, et la cloche appelle les voyageurs

Une petite rivière limoneuse se traîne entre des rives plates et submergées, parmi les joncs et les oseraies. Ce sera plus tard le Danube qui tombe échevelé par sept bouches dans la mer, presque aussi vaste lui-même qu'un océan : là, il côtoie piteusement le chemin de fer sans entrer dans ces colères superbes que décrit si bien Victor Hugo.

Une heure de temps d'arrêt à Augsbourg nous permet de parcourir au trot d'un petit flacre tudesque la grande rue de Maximilien, qui a gardé son antique physionomie. N'étaient les bourgeois modernes circulant d'une façon prosaïque sous des parapluies rouges et dans des habits achetés à la *Belle Jardinière,* on pourrait se croire au temps de Charles-Quint et de Fugger; il n'y a rien de changé à ces maisons aux toits en escalier, aux murs bariolés de fresques, aux balcons de serrurerie compliquée. Trois fontaines monumentales et d'une flère tournure ornent cette rue qui ressemble à un décor d'opéra.

Sur l'une, Hercule écrase, à coups de massue, une hydre qui a autant de têtes que celle de l'anarchie; et vomit de l'eau par toutes ses gueules; sur l'autre, un Mercure se balance avec un maniérisme demi-florentin, demi-allemand, tenant à la fois de Jean de Bologne et de Goltzius. Nous jetons à la hâte un coup d'œil sur Sainte-Afra et sur la cathédrale, et nous retournons au chemin de fer, tout chagrin de n'avoir pu voir à l'hôtel-de-ville la salle où don Carlos a été proclamé empereur, et dont le plafond, merveilleusement ouvré, est distribué en caissons tous d'une ornementation différente. Il faut aussi laisser en arrière la maison des Fugger et les quatre Titien qu'elle renferme ; mais, comme la vie, le voyage est un sacrifice perpétuel.

Augsbourg dépassé, les nuages laissent tomber leurs plis flasques à l'horizon comme des outres dégonflées ; le ciel se colore d'un bleu humide ; un rayon s'allonge sur la plaine comme une barre d'or sur un champ de sinople. Là-bas, au dessous d'un banc de nuées brillantes, scintillent, glacées d'argent, les cimes neigeuses des Alpes du Tyrol ; les premières bandes formées par des tourbières d'un noir vigoureux font fuir les lointains d'un ton léger et frais. Quelques campaniles d'apparence vénitienne haussent la tête, quelques constructions s'ébauchent. La tête et le bras d'une statue gigantesque se dessinent par dessus un temple grec ; c'est Munich.

Le débarcadère est très-beau. Ses arcatures relevées de quelques sobres ornements en couleur lui donnent l'apparence d'une basilique de l'industrie. Il serait à désirer que ce modèle si simple et si noble fût imité.

Le premier aspect de Munich est tout italien. Sur la grande place, que la voiture traverse en vous menant au Cerf-d'Or ou au Raisin-Bleu, s'élève un portique à la manière des lanzi de Florence ; une église à double campanile, à coupoles bossues, à volutes contournées, à statues poupines, vous rappelle les églises jésuites de Rome ; les maisons affectent des airs de villa ; et comme en ce moment le ciel, débarbouillé de nuages, singeait assez bien le bleu de turquoise des ciels de Venise, l'illusion était presque complète.

Le soir nous allâmes nous promener au hasard, selon notre coutume, et au tournant d'une rue nous nous trouvâmes en face du théâtre. C'est un édifice régulier et d'aspect monumental. Les huit colonnes corinthiennes de sa façade soutiennent un fronton peint à fresque et représentant Apollon Musagète au milieu de son docte troupeau. Les figures se détachent sur un fond d'un bleu vif, qui surprend un peu les yeux non encore habitués à l'architecture polychrome. En recul de ce fronton s'en élève un autre, orné d'une peinture dont le sujet est Pégase, symbole de l'imagination, entouré des Muses qui lui jettent des fleurs.

A droite, en regardant le théâtre, règne une rangée d'arcades dont les colonnes blanches se détachent sur un fond de rouge antique, et laissent apercevoir entre leurs interstices des groupes équestres dans le goût des métopes du Parthénon, ou, pour ne pas évoquer un si grand souvenir, à la manière des frises hippiques du cirque des Champs-Elysées, à Paris. C'est la poste arrangée à la grecque.

A gauche, s'étend un palais imité du palais Pitti à Florence, avec bossages, refends et piliers rustiques, qui communique au théâtre par une serre vitrée.

Au milieu de la place, quatre lions supportent sur une espèce de pavois la statue en bronze du premier roi de Bavière, Maximilien-Joseph, tout enguirlandé de couronnes fraîches ou desséchées, témoignage de l'amour des Munichois pour ce brave monarque.

Une disposition ingénieuse amène les voitures sous le péristyle même du théâtre, où se tient un suisse armé d'une hallebarde comme ceux de nos églises.

La salle nous a paru égale au moins en grandeur à celle de l'Opéra; elle contient cinq rangs de loges ou galeries, dont la première s'appelle la galerie noble. La loge du roi, qui occupe le milieu, coupe deux étages de loges. Deux grandes statues, le Drame et la Musique, dont l'attitude rappelle les figures de Klagmann au Théâtre-Lyrique, la flanquent de chaque côté ; l'ornementation est blanc et or. La toile représente une vaste et bonne copie de l'Aurore du Guide, qui se voit au palais Rospigliosa. Un cadran s'arrondit dans la frise, de sorte qu'en regardant la scène, les spectateurs voient toujours l'heure, et peuvent calculer la durée des actes et des entr'actes. C'est un usage italien que nous n'approuvons pas : on va au théâtre pour oublier le Temps, et il est inutile de vous faire compter chaque grain qui tombe de son sablier.

Le spectacle d'une tragédie grecque avec ses chœurs et demi-chœurs chantant la strophe, l'antistrophe et l'épode, et se livrant aux évolutions consacrées, n'est pas nouveau pour nous. L'*Antigone* de Sophocle, traduite par MM. Paul Meurice et Auguste Vacquerie, a été représentée à l'Odéon, et on n'a pas oublié l'effet que produisit cette soirée qui transportait le public de Paris au théâtre d'Athènes, et montrait combien peu la tragédie prétendue classique ressemblait à l'antiquité ; la mise en scène avait été copiée d'après celle de l'*Antigone* jouée à Berlin. L'autel de Bacchus, orné aux angles de crânes de béliers et de guirlandes, s'élevait devant le thymelé. Un palais à colonnes doriques, occupant le fond du théâtre, laissait passer par ses portes de bronze les différents interlocuteurs qui venaient débiter leurs mélopées du haut de la plate-forme. En bas se tenait le chœur, dissertant sur l'action et la fatalité, approuvant et désapprouvant, et chantant cette même musique de Mendelsohn-Bartholdy. Le rideau se baissait au lieu de se lever, en sorte que l'*Antigone* de Munich ne nous a causé aucune surprise. Nous avons entendu avec plaisir l'exécution précise et vigoureuse des chœurs, soutenus par un excellent orchestre. M. Dahn, de Munich, porte fort noblement le manteau de pourpre et le sceptre d'or de Créon, et mademoiselle Damboëk est une Antigone assez sculpturale.

Le lendemain, on donnait la *Fiancée de Messine*, une pièce singulière où Schiller a essayé de traiter un sujet moderne avec des formes grecques, et d'introduire le chœur dans une action romantique. Schiller trouvait que le drame représentait la vie d'une façon trop prosaïquement exacte : copier la nature telle quelle, lui semblait bourgeois et contraire à l'art. Le chœur, ce personnage à la fois un et multiple, qui peut traduire la pensée de l'auteur ou les sentiments de la foule, ôtait, selon lui, à la représentation ce caractère de réalisme excessif et lui donnait la solennité convenable.

Les acteurs se mouvaient alors dans une sphère idéale au-dessus des vraisemblances vulgaires, en pleine et libre poésie. Le chœur, supprimé par les tragiques français comme choquant la vérité, Schiller le rétablissait précisément pour cette raison, de même que les peintres de grand style évitent le trompe-l'œil et l'imitation servile du modèle. — La tragédie ainsi conçue doit rappeler ces fresques épiques peintes sur les murailles des temples et des palais avec des tons plus abstraits que réels, où le philistin ne retrouve pas la couleur de sa peau et l'ombre portée de sa verrue. — C'est l'effet que produit à la scène la *Fiancée de Messine*.

On en connaît le sujet : deux frères, don Manuel et don

César, fils du prince de Messine, se haïssent d'une haine instinctive et furieuse, comme Etéocle et Polynice. Leur père est mort. Isabelle, leur mère, essaie de les réconcilier sur ce cercueil; longtemps ils restent immobiles, pétrifiés, dans un silence farouche, comme deux statues de divinités infernales, ayant chacun derrière soi leurs partisans, qui grondent sourdement comme une meute de dogues rivaux attendant d'être découplés pour se ruer l'un sur l'autre. Enfin ils se décident à se tendre la main, et la bonne harmonie renaît, les deux demi-chœurs fraternisent et causent amicalement; mais l'accord ne dure pas longtemps. — Isabelle a eu une fille qui, d'après son thème de nativité dressé par un astrologue sarrazin, doit produire une multitude de catastrophes et de désastres. Cette fille, soustraite à la mort à laquelle on l'avait condamnée en naissant, a été élevée, avec le plus grand mystère, dans un couvent où nul ne soupçonne son illustre origine. Une seule fois elle est sortie pour assister aux funérailles du prince de Messine, ignorant que son père reposait sous le noir catafalque.

Don César l'a vue dans l'église, et a deviné sa beauté à travers le voile qui la recouvrait; il est devenu amoureux avec cette facilité qu'ont les héros de Schiller à s'enflammer, et que le comte Auguste de Platen reproche au poëte dans une de ses épigrammes. Don Manuel, en chassant, a poursuivi une biche qui s'est réfugiée dans le jardin d'un couvent, aux pieds d'une jeune novice, dont il s'est épris non moins rapidement; la femme voilée des funérailles, la novice du monastère ne sont qu'une même personne : les deux frères aiment leur sœur sans le savoir. Don Manuel est le préféré, et don César, se trouvant près de Béatrix, sent soudain sa haine se rallumer; un éclair rouge lui passe devant les yeux, il tire son poignard et en frappe son frère au cœur. La fatalité s'est accomplie! Pour se punir de ce forfait, lorsqu'il apprend que Béatrix est sa sœur, il se tue : la mère et la fille se retirent dans l'ombre du cloître.

Une chose nous inquiétait. Les chœurs de la *Fiancée de Messine* ne sont pas mis en musique et doivent être parlés, et nous ne concevions guère comment une vingtaine de choristes s'y prendraient pour prononcer en même temps les mêmes paroles. Les deux demi-chœurs, l'un vêtu de rouge et l'autre de brun; le premier portant des armes bronzées, dont la couleur miroitait comme celle du moiré métallique, le second caparaçonné de corselets et de hauberts en fer battu, étaient en présence, laissant la princesse Isabelle débiter ses homélies conciliatrices. Tout à coup, une voix forte, grave, profonde, retentit comme le souffle d'une poitrine géante; c'est le chœur qui parle et dit la même pensée avec ses vingt bouches; pas une syllabe en retard, pas une dissonance, l'ensemble le plus parfait; d'autres fois le choryphée seul prend la parole et se mêle un instant à l'action, puis se tait et se confond avec sa troupe.

La représentation de la *Fiancée de Messine* est nécessairement un peu froide. Le poëte l'a voulu ainsi. Par horreur des petits moyens scéniques et des artifices vulgaires du théâtre, il a rejeté la particularité, le détail, le mouvement, et ses figures pâles et froides ont l'air de statues sous un portique : c'était l'effet qu'il s'était proposé, et il n'y a donc pas à le critiquer là-dessus; il ne reste qu'à louer la grandeur épique et monumentale de l'œuvre, le lyrisme du style et la fatalité ivre qui trébuche en se heurtant aux colonnes de marbre de la tragédie grecque.

Ce rapprochement d'Antigone et de la fiancée de Messine, du prototype et de l'imitation, présentait un spectacle instructif. Mais la morale à en tirer, c'est que la lune ne peut briller comme le soleil, et que les vivants ont tort d'employer les formes mortes.

Madame Rettich (de Vienne) a rempli le rôle d'Isabelle avec beaucoup de dignité et de sentiment. Son costume noir, ses longs voiles, sa figure triste et noble conviennent admirablement à la princesse de Messine, cette mère douloureuse qui pleure un fils et ne peut condamner l'autre. — On la dit fort belle aussi dans les rôles de lady Macbeth, de Volumnia et autres physionomies tragiques accentuées.

Emile Devrient, de Dresde, est l'idéal de l'acteur romantique; on le dirait sorti tout découpé des illustrations de Faust et d'Hamlet, par Delacroix. Il a un port de tête, une attitude de corps, une façon de porter son costume, et des gestes tout à fait shakspeariens. Quel Didier et quel Hernani il aurait fait!

II

Nathan le Sage. — Emilia Galotti, de Lessing. — Le Prophète, de Meyerbeer.

La vie est autrement distribuée à Munich qu'à Paris. L'on y dîne à une heure et le spectacle commence à six heures; à neuf heures, tout est fini, et chacun va souper, boire de la bière aux brasseries, manger des glaces et des gâteaux chez les confiseurs, ou écouter de la musique au Prater et aux orchestres en plein vent. Le héros n'a qu'à se hâter de lancer sa tirade contre le sort, et l'héroïne qui prendrait des temps dans son agonie au cinquième acte courrait risque de mourir au milieu de la solitude. Les spectateurs faméliques s'esquiveraient par files. Aussi les entr'actes sont-ils d'une brièveté exemplaire, et les pièces se mènent-elles rondement.

Après l'*Antigone* de Sophocle et la *Fiancée de Messine* de Schiller, destinées à donner une idée, par le type et l'imitation, de la forme sacerdotale du théâtre antique, on a joué trois pièces de Lessing, qu'on peut regarder comme le père du théâtre allemand moderne.

L'école académique, à la tête de laquelle était Gotsched,

écrivait dans le goût français des tragédies soumises à la règle des trois unités, et d'un ennui mortel. Lessing, esprit éminent, judicieux, critique, nourri de littérature anglaise, résolut de remplacer ces pâles contre-épreuves de modèles déjà bien effacés par des œuvres plus vivantes, plus réelles, plus rapprochées de la nature, et il tenta une révolution qui réussit. En France, Diderot avait été moins heureux avec son *Père de famille*, et cependant ses théories de rénovation dramatique eurent beaucoup d'influence sur Lessing. Ce sont les mêmes idées de vérité bourgeoise, de moralité sentimentale et de tolérance philosophique.

Sara Sampson, Minna de Barnheim, Emilia Galotti, Nathan-le-Sage firent disparaître comme de pâles ombres les fausses imitations classiques et les pastiches des tragédies de Voltaire. La forme alors si neuve de ces drames excita une vive admiration, et les imitateurs se l'approprièrent avec une facilité désespérante. Ce ne furent plus que tableaux d'intérieur, scènes de famille, amours persécutés, immolations vertueuses, et il fallut emporter au théâtre des fioles lacrymatoires comme les pleureuses antiques ; ce genre prosaïque et pleurard menaçait d'envahir à tout jamais la scène allemande lorsque Gœthe, entraîné d'abord vers Gotsched, ayant lu Shakespeare dans la traduction de Wieland, sentit se décider sa vocation romantique, et fit *Goetz de Berlichingen* et le premier *Faust*, qui ouvrirent un nouveau cycle.

Le mérite de Lessing est d'avoir compris, dans un temps d'imitation, toute l'inanité des calques classiques, et il ne faut pas un médiocre courage pour heurter de front une mode généralement reçue, fût-elle ridicule. Critique plus encore que poète, il fit des pièces pour appuyer ses théories plutôt que pour satisfaire une véritable vocation dramatique. On y sent la volonté et le système, ce qui ne diminue pas leur valeur, car les idées sur lesquelles elles se fondent sont justes.

Nathan le Sage passe pour le chef-d'œuvre de Lessing : — c'est un drame universel et humanitaire, une thèse à personnages qui, sans mériter les éloges enthousiastes qu'en fait Moïse Mendelsohn, a d'éminentes qualités. Nathan le Sage est un riche Juif tout confit en vertus : magnifique, charitable, sans aucun préjugé religieux, aussi dégagé de superstitions qu'un encyclopédiste de la société du baron d'Holbach, quoiqu'il habite Jérusalem et vive au temps de Saladin. De nombreux vaisseaux lui apportent l'or et les perles d'Ophyr, de longues files de chameaux chargés des drogues les plus précieuses viennent s'agenouiller à son seuil tout gris de la poudre du désert.

Au commencement de la pièce, Nathan arrive de Babylone, où il est allé vendre des marchandises et recouvrer des créances. Pendant son absence, le feu a pris à sa maison, et Recha, sa fille adoptive, aurait été brûlée, sans le courage d'un jeune templier, prisonnier de Saladin, qui l'a enlevée du milieu des flammes, risquant sa vie pour sauver une inconnue, avec une insouciance toute chevaleresque ; il s'est dérobé brusquement à la reconnaissance de Recha, et cette reconnaissance s'est tournée en amour chez la jeune fille. Ce templier est un compagnon assez farouche qui promène sa mélancolie sous les palmiers, près de la mosquée, drapé dans son manteau blanc, roussi par le feu.

Il allait être décapité comme plusieurs autres captifs, lorsque Saladin, lui trouvant de la ressemblance avec Assad, un frère qu'il regrettait, fit relever le yatagan du bourreau, et lui donna Jérusalem pour prison. Depuis ce temps, il erre désœuvré et triste, bâillant comme un lion le long des rues désertes, recevant fort mal les gens qui l'accostent. Daya, l'esclave chrétienne chargée des messages amoureux de Recha, le moine espion bénévole du patriarche de Jérusalem, Nathan le Sage, lui-même, sont rabroués de la belle manière par ce templier misanthropique et peu sociable.

Pourtant il finit par céder à l'insistance doucement opiniâtre du bonhomme, qui baise le pan brûlé du manteau, et se laisse conduire à la maison. Après un entretien avec le père, où tous deux reconnaissent qu'on ne choisit ni sa religion ni sa patrie, et que les honnêtes gens sont frères, le templier s'éprend de la jeune fille, qu'il dédaignait d'abord. — Un templier aimer une juive! cela au temps des croisades, à Jérusalem, sur la terre même teinte par le sang de Dieu, dont on allait reconquérir le tombeau. Cela est plus philosophique qu'historique; mais le templier n'est pas plus chrétien que Nathan n'est juif et que Saladin n'est musulman, comme le prouve la poignée de mains qu'il donne à Nathan lorsque celui-ci, interrogé sur la question de l'excellence des religions juive, chrétienne et musulmane, répond au sultan par l'apologue des trois anneaux.

« Il y a bien des années, vivait, dans l'Orient, un homme qui avait reçu d'une main chérie une bague d'un prix inestimable. La pierre était une opale où se jouaient mille belles couleurs, et elle avait la vertu mystérieuse de rendre agréable devant Dieu et devant les hommes quiconque la portait avec cette ferme conviction. Ce n'est donc pas merveille que cet habitant de l'Orient ne l'ôtât jamais de son doigt, et qu'il prit toutes ses dispositions pour qu'elle restât toujours dans sa famille ; et voici ce qu'il prescrivit : il laissa la bague à son fils le plus aimé, et disposa que celui-ci la laissât de même à celui de ses fils qu'il aimerait le mieux, voulant que toujours, sans acception de droit d'aînesse, le fils chéri, possesseur de l'anneau, devînt le chef de la famille. De génération en génération, cette bague vint enfin au père de trois fils, tous les trois pareillement dociles, et qu'il ne pouvait s'empêcher d'aimer également tous les trois.

« Seulement, de temps en temps, selon que l'un ou l'autre se trouvait seul avec lui et que les autres n'étaient pas là pour jouir des effusions de son cœur, tantôt celui-ci, tantôt celui-là, tantôt le troisième lui semblait le plus digne de l'anneau ; si bien qu'il eut la pieuse faiblesse de le promettre à chacun d'eux. Cela alla bien tant que cela put aller ; mais il approchait de sa fin, et le bon père était dans l'embarras ; il s'affligeait de tromper deux de ses fils qui s'étaient abandonnés à sa parole. Que faire ? Il fit venir en secret un ouvrier à qui il ordonna de faire, d'après le modèle de sa bague, deux autres bagues, en n'épargnant ni soins ni dépenses pour les rendre parfaitement pareilles.

« L'ouvrier y réussit ; quand il rapporta les anneaux, le père lui-même ne pouvait plus distinguer l'original ; heureux et content, il fait venir ses fils chacun en particulier, il donne à chacun sa bénédiction, et meurt. A peine le père est-il mort, que chacun se présente avec son anneau et veut être le chef de la famille ; on examine, on se dispute, on plaide, c'est en vain, le véritable anneau n'était pas démontrable. »

Le sens de l'apologue est clair. Les trois anneaux, ce

sont les religions de la Bible, de l'Évangile et du Coran, de Moïse, de Jésus et de Mahomet. Un juge modeste et sage, devant qui l'on plaide, remet la cause à mille milliers d'années. Saladin trouve l'histoire admirable et en admet les conclusions : Nathan devient son trésorier, à la place d'un derviche assez original; le templier est reconnu pour le fils d'Assad; Recha se trouve être la nièce de Saladin, et les trois religions se donnent le baiser de la tolérance, ou plutôt de l'indifférence. Nathan, Saladin et le templier sont des déistes purs, peut-être même bien des panthéistes, à qui toute forme de culte importe peu; le brahme est retourné dans l'Inde, sans quoi il s'asseoirait très-volontiers à cette agape philosophique.

Nous étions assez curieux de voir quel effet produirait à la scène une pièce dont chaque personnage est une abstraction et représente une allégorie théologique; nous redoutions un ennui intense et un froid mortel; nous avons été agréablement trompé. La multiplicité des changements à vue amuse l'œil; les costumes caractéristiques de Saladin, du templier, du derviche, de Nathan, leur donnent de la réalité, et les acteurs jouent leur rôle avec une conscience chaleureuse, une onction communicative et un respect bien rare du texte.

Sans doute, ces idées de tolérance sont depuis longtemps devenues des banalités libérales; mais au temps où Lessing écrivait, il y avait du courage à formuler de pareilles doctrines; on doit louer l'auteur de *Nathan le Sage* de ne pas avoir envenimé son sujet; s'il ne se prononce pour aucune croyance, au moins il ne défend pas de croire, et laisse l'espérance d'être vraie à toute religion sincère. *Nathan le Sage* est écrit en vers iambiques non rimés, mètre que Schiller a depuis adopté, et qui est devenu le vers scénique allemand.

Lessing, cet esprit si droit et si ferme, avait reconnu, malgré la préférence donnée d'abord à la prose, que le rhythme élevait le langage aux conditions de l'art, et traçait une ligne de démarcation nécessaire entre l'idéal et la réalité. Le vers, c'est le fard sur la joue de la pensée, la lumière sur le châssis peint, le complément de l'illusion scénique. Iffland, le célèbre acteur, aimait à jouer *Nathan le Sage*, qu'on ne représente plus guère maintenant, et qui a été remis en scène pour cette occasion spéciale.

Nathan est rendu par M. Anschutz d'une façon toute patriarcale et avec une bonté vraie et bien sentie. M. Liedtke, de Berlin, représente le templier brusque, franc, d'une sensibilité contenue, chevaleresque sous le manteau blanc à croix rouge. Saladin est joué avec une courtoisie et une élégance toute sarrazine par M. Kaizer, de Hanovre. Le moine et le patriarche, figures épisodiques, ont donné à M. Laroche, de Vienne, et à M. Jost, de Munich, l'occasion de dessiner deux figures sacerdotales qui ne seraient pas déplacées dans un intérieur de Granet.

Madame Dahn-Hausmann est une bien jolie Recha; mais pourquoi porte-t-elle des anglaises et une robe de mousseline blanche au onzième siècle, à Jérusalem?

Emilia Galotti est purement et simplement la tragédie de *Virginie* transportée dans les temps modernes. La grande Rome y devient la petite principauté de Guastalla. Appius Claudius est un Gonzague quelconque; Virginius s'appelle Odoard; il n'est nullement républicain; il est à peine misanthrope.

Dans ce cadre ainsi réduit, le drame s'engage et les caractères se développent avec assez de mouvement et d'intérêt. *Emilia Galotti* est la meilleure pièce du théâtre de Lessing : on comprend qu'elle ait eu, lors de son apparition dans l'Allemagne du dix-huitième siècle, une sorte de mirage de fantaisie romantique. Werther, quand il fait les apprêts solennels de son suicide, pose à côté du pistolet fatal une bouteille de vin et un volume ouvert : ce volume est *Emilia Galotti*. Il boit à peine un verre, mais il lit plusieurs scènes, et le voilà tout monté pour l'enivrement de la mort.

La péripétie finale où le père tue la fille, respire, en effet, un assez fier mépris de la vie. Madame de Staël dit que « c'est un beau coup de poignard. » Lessing a pourtant trop atténué peut-être l'héroïsme du père. — Odoard frappe Emilia par un mouvement subit, sans réflexion, sans raison presque, et tout aussitôt s'écrie : Dieu ! qu'ai-je fait ? Ce n'est plus la volonté sauvage et implacable de Virginius. On se rappelle Macready dans cette scène ; il embrassait sa fille avec une passion si tendre, il passait sa main sur ses beaux cheveux avec une si ardente caresse, il regardait d'un regard avide et terrible cette chère vie encore animée, et puis il donnait un dernier baiser et le coup de couteau.

Dans Lessing, Odoard a l'air de tuer son enfant par hasard. Mais ce qui est bien allemand et bien charmant, c'est l'attitude d'Emilia dans cette scène, attitude élégiaque plutôt que tragique. Tout en conjurant, tout en défiant son père de la poignarder, Emilia effeuille la rose blanche qui parfumait ses cheveux, et sauve l'horreur du meurtre par sa grâce innocente. Comme Ophélie, comme Virginie, elle a la pudeur de la mort.

Le père assassin se rend en prison, où il attend le prince débauché, son juge, qu'il citera ensuite devant le juge de tous. Puisque nous en sommes aux origines du théâtre moderne en Allemagne, notons que la figure d'Odoard a pu fournir à Schiller la première idée du Verrina de la *Conjuration de Fiesque*.

Quant à la pensée philosophique de la pièce, — qu'il faut toujours chercher dans Lessing, — elle est sans doute contenue dans les derniers mots du drame : « Grand Dieu ! n'est-ce pas assez pour le malheur du monde que les princes soient des hommes ? faut-il encore que leurs amis soient des démons ! »

Emilia Galotti est jouée à Munich avec le talent convaincu qui est le caractère de ces enthousiastes acteurs allemands. L'artiste qui remplissait la veille l'énorme personnage de Méphistophélès s'était chargé, dans *Emilia Galotti*, d'un rôle de quarante lignes, et jouait un brigand insignifiant après avoir figuré le Diable en personne.

Émile Devrient, qui joue ordinairement Hamlet et Don Carlos, faisait le fiancé d'Émilia : il n'a que deux scènes et ne paraît qu'au second acte. Les acteurs ici se sacrifient au poëte avec une abnégation qui est en réalité toute simple, mais qui nous semble encore, hélas ! la plus étonnante du monde.

Der Prophet.

Parmi les fêtes du jubilé intellectuel qui se célèbrent à Munich, nous espérions que la musique aurait son tour et que nous pourrions assister à quelques belles représentations des chefs-d'œuvre lyriques de l'Allemagne. Aussi est-ce avec une véritable joie que nous avons vu l'autre jour luire sur l'affiche ces deux mots magiques : *Der Prophet.* Le chef-d'œuvre de Meyerbeer commençait à six heures, et à six heures nous étions à notre poste, espérant nous reposer, dans les harmonies de cette langue céleste qui parle à tous les peuples, des rauques intonations du drame allemand, que nous avons le malheur de ne comprendre qu'à travers la traduction et à l'état de pantomime.

Un orchestre vigoureux et d'une belle sonorité, des chœurs bien attaqués, bien nourris, d'une justesse parfaite, et tels qu'on n'en trouve pas souvent en France, nous avaient favorablement disposé. Les trois anabaptistes entonnaient fort convenablement leur lugubre psalmodie. Oberthal s'avance, un superbe cavalier vêtu à faire croire qu'il s'est échappé tout à l'heure d'un vitrail suisse ou d'un tryptique d'Albert Durer. Sa voix et son jeu ne déparent pas cette belle prestance ; enfin, tout allait pour le mieux, lorsque Fidès et Bertha, après avoir chanté le premier couplet de leur charmant duo, en restent là et jugent à propos de nous priver du second ; bien mieux encore, on nous supprime toute la scène de révolte qui termine le premier acte.

Un tel commencement était un indice pénible de ce qui allait suivre ; aussi le système de mutilation a-t-il continué à travers la pièce entière ; au second acte, M. Jung (le prophète) a imité, en supprimant un couplet de la romance, l'exemple que lui avaient donné sa fiancée et sa mère.

Excepté le pas des patineurs, enrichi de quelques drôleries d'un goût hasardeux, le ballet a été entièrement supprimé, et, pour ne pas citer toutes les autres mutilations qu'on a fait subir au chef-d'œuvre de Meyerbeer, nous finirons en signalant la plus étrange de toutes : celle du trio de la prison, au cinquième acte, où Bertha n'a pas daigné paraitre. Non-seulement ceci est un sacrilége musical ; mais, au lieu de Bertha, c'est un comparse qui vient mettre le feu aux poudres, ce qui produit le dénouement le plus absurde et le plus monstrueux.

Nous aurions beau jeu, on le voit, de recommencer à Munich le procès musical intenté à Paris par le comte Tyszkiewiez à propos de *Freyschutz;* mais nous serons clément, n'acceptant pas l'opéra actuel comme le véritable, le complet. Nous concevons que M. le directeur ait reculé devant la dépense de deux troupes de premier ordre; mais rien, que nous sachions, ne le forçait à jouer des ciseaux à travers la partition de Meyerbeer. Seulement, que le maestro ne sache rien de tout ceci.

III

Faust, de Goëthe.

En voyant sur l'affiche *Faust*, tragédie de Goëthe, nous pensions à l'effarement d'un directeur de Paris à qui l'on proposerait de jouer la traduction de ce chef-d'œuvre par Gérard de Nerval ou Henri Blaze. Comme il bondirait sur son fauteuil de basane verte, et comme il ferait jeter à la porte par quatre machinistes le critique intempestif qui développerait devant lui cette idée incongrue. Nous-même, tant la routine théâtrale a d'empire sur les plus fermes esprits, nous éprouvions une certaine inquiétude, et nous nous demandions si *Faust*, cet étrange cauchemar germanique, était plastiquement possible. Oui, nous, vieux romantique de 1830, travaillé à notre insu par un reste de superstition aristotélique et de respect chinoisement imbécile pour les trois unités, nous doutions que l'Allemagne pût représenter le mystère de son grand poëte dans sa forme intégrale !

Et cependant rien n'est plus simple ; nous sortons du théâtre tout étonné ; la moindre féerie, le moindre mélodrame un peu compliqué, sont vingt fois plus difficiles à monter que *Faust*. — C'est la poésie seule qui fait peur, la poésie, cet épouvantail des Français en général, et des directeurs en particulier. Lyrisme à part, *Faust* n'est pas plus impossible que le *Monstre Vert*, la *Biche aux Bois* ou la *Prière des Naufragés*.

Le prologue dans le ciel a été supprimé bien à tort, selon nous, et probablement par une idée pieuse mal entendue, car rien n'est plus profondément catholique que cette scène imitée de Job. La perte ou le salut de l'âme est la seule chose intéressante au point de vue religieux, tout le reste n'est qu'accident, et cette partie se joue entre Dieu et le diable depuis le commencement du monde. — Au moyen-âge, un impresario de mystères ou d'autos-sacramentales n'eût pas manqué ce début, et il aurait fait voir le Père Éternel en barbe blanche et en habit d'empereur dans une gloire de papier doré, ses anges groupés autour de lui comme des pages célestes, conversant familièrement avec le diable et faisant le pari, nœud de toute la pièce. La foi vive des spectateurs ne se fût nullement choquée de ce qu'on retranche aujourd'hui, et les cœurs, fortement imprégnés de la poésie des légendes, auraient compris sans peine la beauté de cette exposition si orthodoxe dans son irrévérence apparente. Il fallait laisser au poëme ce frontispice à personnages enluminés sur fond d'or qui est comme la vignette d'Épinal sur un roman de la bibliothèque bleue.

Peut-être le Père Éternel se montre-t-il dans ses discours légèrement spinosiste ou même manichéen, et se souvient-il trop que le diable a autrefois habité le ciel sous la forme du plus beau des anges ; mais il faudrait être un théologien bien subtil pour saisir ces nuances à travers les paroles divinement sonores qui retentissent comme les soleils roulant dans l'infini, et mettent une atmosphère d'or autour de la pensée.

La pièce s'ouvre par le monologue de Faust. « Ah! philosophie, jurisprudence et médecine, pour mon malheur! théologie aussi, j'ai tout approfondi avec une ardeur laborieuse, et maintenant me voici, pauvre fou, aussi sage qu'auparavant. » Le décor est ainsi indiqué par le poëte : — Dans une chambre haute, voûtée, étroite, gothique, Faust, inquiet, dans son fauteuil, à son pupitre. — Cette indication, si complète en sa brièveté, ne vous fait-elle pas songer tout de suite au philosophe en méditation de Rembrandt, et, sur ces quelques mots, ne bâtissez-vous pas un réduit plein de mystère, d'ombre et de recueillement, aux murailles brunes de ton, aux coins obscurs, où s'entasse la poussière scientifique sur les matras, les cornues, les parchemins, les livres et tout le mobilier baroque de l'alchimie; à la fenêtre aux mailles de plomb, aux vitres bouillonnées éclairant d'un jour louche le front dépouillé du rêveur et l'in-folio qu'il feuillète; à l'escalier à vis contournant sa spirale dans un coin comme une aspiration vers l'infini; mais tout cela jaune, vieux, rance, glacé de bitume, doré de reflets fauves, enfumé d'un vernis couleur d'ambre.

A défaut de Rembrandt, prenez Isabey ou Eugène Delacroix : ils peuvent loger tous deux convenablement Faust; mais ne vous adressez pas au décorateur de Munich; il a mis le cher docteur dans une boutique d'empailleur ou de marchand de bric-à-brac du quai des Augustins. A quoi cela sert-il donc d'être Allemand? Avec ce décor blanchâtre, plein de détails crus et papillotants, l'impression de clair-obscur magique, de vapeur crépusculaire où s'ébauchent vaguement des formes d'esprits, et que donne la lecture du livre, ne saurait naître chez le spectateur, et le microcosme aurait peine à faire rayonner son soleil cabalistique sur ce fond blafard. — Pourquoi aussi Faust prend-il pour s'empoisonner une bavaroise au chocolat au lieu d'un flacon d'opium? — Est-ce par amour pour la couleur locale? — Nous regrettons qu'on ait substitué des sons de cloche et de musique lointaine aux chœurs d'anges et de femmes qui célèbrent la résurrection du Christ, et rappellent Faust à ses pieuses émotions d'enfant; il est dans la manière panthéiste de Goëthe d'animer les objets et de prêter la pensée à tous les murmures.

La scène de Faust et de Wagner dans la campagne est bien rendue : la ville dessine sur l'horizon ses tourelles, ses toits crénelés, ses pignons pointus, ses flèches d'église, et découpe une assez bonne silhouette de vieille ville allemande. Le va-et-vient, les chansons et les propos interrompus des bourgeois, des soudards, des étudiants et des fillettes sont représentés avec naturel, et tout cela fourmille, babille et sautille joyeusement à l'oreille et à l'œil. Seulement, l'épisode si sataniquement romantique du barbet a été esquivé, à notre grand regret. Le barbet ne trace ses magiques lacets qu'à la cantonade. Cette première apparition de l'esprit du mal, que Faust devine sous la forme équivoque de ce chien noir redoublant autour de lui des cercles de flamme, a beaucoup d'importance dans la pièce.

Elle caractérise en outre une antipathie particulière de Goëthe, qui considérait le chien comme un animal impur et diabolique. Pendant notre séjour à Munich, nous avons fait la connaissance d'un barbet aimable et plein d'esprit qui exécutait des exercices bien autrement difficiles que de courir en rond autour d'un docteur. Avec trois ou quatre répétitions, il eût parfaitement rempli ce rôle au-dessous de ses talents, et il est fâcheux que le directeur du théâtre ne l'ait pas engagé. Comme il eût franchi le seuil d'un saut et comme il se fût intelligemment couché derrière le poêle! Là il eût été facile de l'escamoter et de faire gonfler lentement à sa place un monstre de baudruche aux formes menaçantes et bizarres qui, en s'affaissant sur lui-même, eût ensuite laissé voir Méphistophélès en costume d'étudiant voyageur! Toute cette mise en scène a été tronquée, simplifiée et dépouillée de son caractère de sorcellerie si propre à émouvoir l'imagination.

Le rat que Méphisto, seigneur naturel de toutes les sales engeances et de toutes les vermines, appelle pour ronger le pentagramme inscrit sur le seuil et qui l'empêche de sortir, est également supprimé; cependant il ne manque pas à Nuremberg de rats très-bien imités qui, au moyen d'un ressort et de petites roulettes en cuivre, circulent en frétillant de la queue avec une inquiétante vérité d'illusion. Rien n'eût été plus aisé que d'en lâcher un au moment opportun. En retranchant ainsi les accessoires et les détails fantastiquement caractéristiques dont Goëthe a historié son drame, on arriverait à donner à *Faust* l'aspect de *Bérénice,* et c'est pourquoi nous insistons sur ces petites particularités, que la représentation, réduite pour nous à l'état de pantomime, nous laissait tout le loisir de relever.

Bientôt Méphistophélès revient, son pied de cheval dissimulé par un tricot de soie, un petit manteau sur l'épaule, en pourpoint noir à crevés rouges, coiffé du caloquet à plume de coq ; le propre du visage du diable est l'ironie, aussi a-t-il des sourcils circonflexes, de malignes pattes d'oie au coin de l'œil et un perpétuel ricanement sur ses lèvres pâles et minces ; il parle d'une voix saccadée et stridente, avec des intentions fausses, bizarres, inattendues, car l'harmonie lui est interdite comme la sympathie. Ses poses sont anguleuses, ses gestes inquiets et détraqués ; toujours il se remue, sautille et s'agite. Le repos ne saurait exister pour lui. Les dieux sont immobiles, mais les mauvais esprits tremblent et vacillent comme des flammes. M. Doëhring, chargé du rôle de Méphisto, a très-bien compris toutes ces nuances. La scène où, sous la robe et le bonnet du docteur Faust, il berne l'étudiant naïf qui voudrait tout apprendre et à qui il démontre, avec des façons railleuses, la vanité de toutes les sciences, est d'un comique vertigineux. Quels acérés coups d'épingle dans les ballons de l'orgueil humain ! L'étudiant sort sans se douter qu'il emporte, écrite sur son album, et parafée de la propre griffe du diable, la phrase qui perdit le monde, et Faust part en compagnie de Méphisto, devenu son serviteur au moyen d'un pacte, assis sur un manteau gonflé d'un peu d'air inflammable, pour essayer de la vie réelle et des jouissances positives, lui qui, jusque-là, a rêvé dans la machine pneumatique des abstractions.

Méphisto le mène à cette célèbre cave d'Auerbach qui existe encore à Leipzig, et sous les voûtes de laquelle Froseh, Siebel, Altmayer et Brander, un quatuor de gaillards peu métaphysiques, se livrent avec une franche bestialité aux joies grossières du cabaret, buvant, braillant, beuglant, et se roulant en vrais porcs dans le plus épais sensualisme !

Le diable est matérialiste, et il veut tout d'abord plonger Faust, le représentant du spiritualisme, en pleine fange.

« Je dois, avant toute chose, t'introduire en joyeuse compagnie, afin que tu voies comme on mène aisément bonne vie. Pour cette race, pas un jour qui ne soit une fête. Avec un peu d'esprit et beaucoup de contentement, chacun tourne dans un cercle étroit comme de jeunes chats jouant avec leur queue. Pourvu qu'ils aient la tête libre, tant que l'hôte leur fait crédit, ils sont gais et sans soucis. »

Cette bacchanale ignoble ne fait pas même sourire Faust, et Méphisto y joint un peu de sorcellerie pour en relever la platitude. Des trous qu'il perce avec un foret dans le bord de la table jaillissent des vins de différentes saveurs, qui se changent en fusées pétillantes sur les lèvres altérées des ivrognes, bientôt pris d'une rage soudaine et se gourmant à pleins poings. Méphisto enlève Faust à ce crapuleux spectacle et l'emporte dans la cuisine de la sorcière, car le docteur a besoin de quelques préparations pour mener la vie de don Juan; il est chauve, ridé, pâle du reflet des parchemins, souffreteux, et d'une élégance médiocre; sa timidité, augmentée par ces disgraces, l'empêche de se bien présenter dans le monde, et l'homme capable de sonder les mystères de la nature, et de dominer les ondines, les salamandres, les sylphes et les gnomes, n'oserait pas aborder une fillette dans la rue ou l'inviter à la danse.

— Le tableau de l'intérieur de la sorcière a été très-pittoresquement et très-franchement rendu. C'est un étrange taudis, étrangement habité. Sous le manteau de la cheminée chargé de tous les biblots de la sorcellerie, sont accroupis sur les cendres la guenon et le mâle, animaux domestiques dans toute la force du terme, qui écument la marmite où cuit quelque ragoût à la Macbeth, quelque affreuse *olla podrida :* crapaud gonflé de venin, filet de serpent aquatique, œil de lézard d'eau, pattes de grenouilles, poil de chauve-souris, langue de chien, langue fourchue de vipère, dard d'un serpent sans yeux, cuisse de lézard, écailles de dragon, dent de loup, momie de sorcière, gueule de requin vorace, racine de ciguë, foie de juif blasphémateur, fiel de bouc, morceaux d'ifs coupés dans une éclipse, nez de Turc, lèvres de Tartare, doigt de l'enfant d'une prostituée mis bas dans un fossé et étranglé en naissant, dont Goëthe a pris la recette à Shakespeare. Une flamme livide et sinistre comme un reflet de l'enfer, monte incessamment par le tuyau, et lèche de ses langues rouges les flancs noirs de ce pot-au-feu du diable. A l'aspect de Méphisto, la ménagerie s'agite, se tracasse, grimace et miaule ; les singes-chats font des cabrioles et des culbutes.

Ces chats-singes se frottent luxurieusement contre les pieds des escabeaux boiteux. L'un pousse une grosse boule de verre, l'autre fait rouler une couronne comme un cerceau, et tous témoignent à leur manière leur joie de voir le maître ; les discours qu'ils tiennent forment une suite de non-sens mystérieux qu'on voudrait expliquer, et qui arrêtent l'esprit comme des hiéroglyphes. Ce sont des idées d'animaux exprimées en style confusément humain tenant de la parole et du glapissement. Faust, dégoûté de ces drôleries sabbatiques, arrête ses yeux sur un miroir où rayonne, à travers un brouillard toujours plus transparent, comme une lumineuse vision de la beauté pure, l'image de cette Hélène que Vénus donna en récompense à Pâris, et qu'admiraient les vieillards assis aux portes Scées. Cette apparition d'Hélène, que Goëthe n'a pas inventée, contient déjà en germe tout le second Faust.

Cependant, la marmite négligée écume, bouillonne, et la mixture se répand sur les braises en sifflant et en grésillant. La sorcière accourt, et, ne reconnaissant pas d'abord le seigneur au pied de cheval, bougonne, grogne et grommèle en voyant son bouillon répandu et des étrangers installés chez elle. Méphistophélès rompt son incognito par un geste obscène, et la ménagère, devenue plus gracieuse, présente à Faust une coupe de ce philtre puissant qui ranimerait Éson, Nestor et Priam, espèce d'élixir de Jouvence concentré, mélangé de phosphore, de cantharides et de flammes d'enfer dont le diable sait bien la recette, mais qu'il n'a pas la patience de préparer lui-même. A peine Faust a-t-il dans le corps ce breuvage terrible, capable de tuer en une heure tout homme qui n'aurait point passé son baccalauréat de sorcellerie, qu'il se sent ivre de jeunesse et d'amour, effervescent de désir, fou de passion et capable de voir Hélène dans la première grisette de la rue.

Le théâtre change et représente une rue où passe Marguerite légère de corps et de cœur, car elle vient de recevoir l'absolution du prêtre après une confession à faire sourire les anges ; timide, furtive, les yeux baissés modestement, elle rase les murs à pas menus pour rentrer chez elle, et se hâte en se sentant suivie. Avec quelle sauvagerie virginale elle repousse Faust qui l'aborde en lui offrant son bras, et comme elle s'enfuit toute palpitante, toute rouge d'indignation et de plaisir. Au fond, elle est flattée, l'humble fille, d'avoir attiré l'attention de ce beau seigneur à l'œil impérieux et doux, coiffé d'une toque à plumes, orné d'une chaîne d'or, couvert de soie et de velours.

Faust, incendié par le philtre, ne veut souffrir aucun retard; il lui faut tout de suite cette fleur charmante pour la respirer et la jeter là. — Comment! elle a plus de quatorze ans, s'écrie-t-il avec la fatuité d'un Français, et ce soir elle ne serait pas à moi! C'est bien la peine de s'être donné au diable! Ah! monsieur le savant, vous connaissez les livres et non les femmes, et l'on pourrait vous dire la phrase de Zulietta à J.-J. Rousseau : *Lascia le donne et studi la matematica*. Méphisto, le cynique, est moins grossier que vous. « A quoi sert de précipiter la jouissance? L'ivresse en est beaucoup moins vive que lorsque auparavant d'en haut, d'en bas, par toutes sortes de brimborions, vous avez vous-même ajusté la poupée, comme nous l'apprend maint conte italien. » Faut-il que ce soit le diable qui vous apprenne les délicatesses, sublime docteur? Pour calmer l'impatience de Faust, Méphistophélès l'introduit dans la chambrette de Marguerite en visite chez une voisine.

Un décor mal fait ou mal choisi enlève à cette adorable scène toute son intimité. Comment voulez-vous qu'on accepte cette grande halle démeublée, où flâne un vieux bahut le long d'une muraille poussiéreuse, pour la chambre de Marguerite, ce chaste et blanc réduit, cet intérieur de lis, ce paradis de fraîcheur et d'innocence? En vain l'on y cherche le petit lit virginal dont Faust soulève le rideau, le fauteuil de chêne poli avec tant de soin, l'armoire frottée de cire, l'image de la Vierge, les deux vases de fleurs, le rouet lustré, tout ce pauvre ménage de jeune fille, où la médiocrité sourit d'un air si heureux, où la pureté d'une humble vie brille avec tant de candeur, que l'amour, honteux de lui-même, hésite sur le seuil. Il fallait copier tout bonnement la gravure au trait de Retsch, d'une minutie si naïvement allemande et d'un sentiment si profond. Cela nous a contrarié de voir Marguerite tirer les boucles d'oreilles apportées par Méphistophélès d'un meuble sale et poudreux, et se promener dans une chambre ainsi faite.

Méphisto et Marthe, cette voisine moitié entremetteuse, moitié bohémienne, qui regrette un mari problématique, sont bien faits pour s'entendre ; leurs perversités se flairent, se devinent et sympathisent presque. La perte de Marguerite est résolue et bientôt consommée. La conversation du jardin la livre à Faust, qu'elle veut empêcher de baiser ses jolies mains durcies par le travail et les soins domestiques. Si elle l'osait, elle lui offrirait sa bouche rose comme une fleur à cueillir, car elle l'aime du fond du cœur, et bientôt accepte en rougissant le petit flacon d'opium qui doit endormir une mère au sommeil trop léger.

— Cher homme, je t'adore, s'écrie-t-elle avec cette bonne effusion allemande et cette adorable simplicité dont les amoureuses de notre théâtre ne donnent aucune idée. Mademoiselle Seebach (de Hambourg), qui jouait Marguerite, a montré dans ce rôle, si difficile à cause de son extrême vérité, un naturel charmant et une sincérité d'émotion rare ; comme elle fait aimer cette bonne Gretchen, si candide, si confiante, tendre cœur et faible tête ! Avec quelle grâce elle effeuille la pâquerette au jardin et presse du pied la planchette du rouet! Mais c'est surtout à la scène de l'église qu'il faut la voir, prosternée devant l'autel, les yeux pleins de larmes, le cœur plein de sanglots, tressaillant aux lugubres versets de la psalmodie funèbre, essayant de prier, tandis que l'esprit malin chuchotte, penché sur son épaule, des paroles de honte et de désespoir, puis tombant évanouie en demandant à sa voisine son flacon; elle est aussi belle dans sa prison, lorsque, condamnée comme infanticide, à demi folle de remords et de douleur, elle refuse de suivre Faust, qui vient la délivrer, et veut expier sa faute sur la terre pour en mériter le pardon dans le ciel.

Toute cette partie dramatique a été conservée sans autre changement que quelques tableaux rapprochés ou fondus ensemble. Valentin a été tué dans la rue sous les traits de l'éminent acteur Devrient, qui, par religion pour le chef-d'œuvre de Goëthe, a bien voulu se charger de ce rôle, composé d'une scène unique. Mais Lieschen n'est pas venue au puits avec sa cruche, faire la chronique scandaleuse du quartier devant la pauvre Gretchen. — Nous aurions voulu lui entendre dire, de son petit air prude et pincé, en racontant l'histoire de Barbe, une jeune fille qui s'est laissé séduire:

..... C'est affreux!
Quand elle mange et boit maintenant, c'est pour deux.

Ce tableau est très-allemand, et chaque jour nous voyons, près des fontaines aux clochetons gothiques ou aux figures contournées de la renaissance, les jeunes filles et les servantes laisser couler leur babil pendant que l'eau emplit leurs cruches, et déborde, si l'histoire offre de l'intérêt.

L'on a coupé le sabbat sur le Brocken, qui pouvait, selon nous, s'arranger très-bien en intermède de ballet mêlé de quelques répliques de Faust et de Méphistophélès. L'apparition si dramatiquement prophétique et d'une si glaçante terreur de cette figure pâle dont le col blanc est entouré d'un colier rouge épais comme le dos d'une lame de couteau, de ce spectre décollé de Marguerite encore vivante, est un des plus grands effets de la pièce ; ce sabbat reporte en outre dans le domaine du fantastique et de l'infernal cette bourgeoise aventure de séduction, de grossesse et d'infanticide ; Faust, fasciné par ces rondes vertigineuses et ces prodiges diaboliques, perd toute notion du réel ; il oublie le temps dont Méphistophélès lui dissimule la fuite.

L'intelligence obscurcie de ces fumées d'enfer, il ne pense plus que Marguerite l'attend dans des angoisses mortelles et se meurt pendant qu'il danse avec de jeunes sorcières nues, qui, à travers leurs rires, laissent échapper des souris rouges. — Autrement, l'on ne comprend pas pourquoi Faust, qui aime toujours Marguerite, l'abandonne dans une situation si affreuse, et dont il pourrait la faire sortir sans prendre la moindre peine, grâce au valet tout-puissant dont il dispose.

M. Hendrichs (de Berlin) a joué Faust avec beaucoup d'intelligence et un bon sentiment lyrique ; mais nous eussions préféré un acteur plus ardent, plus inégal, plus fiévreux, plus romantique en un mot, Devrient, par exemple, à ce Faust robuste et bien nourri que la soif de l'idéal n'a nullement desséché.

Cette représentation nous a vivement intéressé ; elle nous a prouvé que le domaine de la poésie théâtrale est beaucoup plus étendu qu'on ne l'imagine, car les coupures ont été faites, non pour sauver une situation hardie, mais pour abréger la pièce. On parlait même de monter le second *Faust*. — Qu'en dites-vous, timides et classiques directeurs de Paris?

IV

Egmont, de Goëthe.

Egmont appartient à cette période du talent de Goëthe où il cherchait la vie et le mouvement. *Gœtz de Berlichingen*, *Clavijo* et le premier *Faust* ont été conçus sous l'influence de la lecture de Shakespeare et sont, au point de vue du théâtre, les meilleurs drames du poëte. Plus tard, Goëthe, s'élevant à des régions plus hautes, mais aussi plus froides, et quittant, pour les neigeux sommets, les plaines bigarrées animées par l'activité humaine, fit parler de blanches statues sur un rhythme solennel et devint divinement ennuyeux, comme dans *Iphigénie* et *le Tasse*, ou d'une impersonnalité tout à fait abstraite, comme dans la *Fille naturelle*, dont les scènes ne portent pas d'indication de lieux, et les personnages, de noms.

L'Olympien ne s'était pas encore enfermé dans son palais de marbre et assis sur son trône d'or, un escabeau d'ivoire sous les pieds, avec la pose immobile des dieux éternels qui, de leurs yeux fixes et sans prunelle, regardent indifféremment la vie se composer et se décomposer en formes diverses comme les flocons de nuages sur le ciel bleu ; il pressait alors sa poitrine contre des cœurs vivants, et du bout de ses doigts scandait les hexamètres et les pentamètres des élégies romaines sur une belle épaule nue, dans le silence des nuits de volupté. Il ne trouvait pas que la pourpre de la vie fit tache aux joues et aux lèvres, et, au risque de déranger la ligne pure, il laissait la joie, la tristesse, l'amour, la haine, animer ses créations.

Personne mieux que nous ne conçoit cette altière sérénité que rien ne peut émouvoir en dehors de la sphère de l'intelligence, et qui plane sans mouvement apparent comme l'aigle de Jupiter, au-dessus de l'air respirable, dans l'éther lumineux. — Pour nous, ce détachement superbe qui fait du monde seulement une forme de l'art, est une des plus hautes qualités de Goëthe ; mais il devait peu à peu éloigner du théâtre un sculpteur qui, loin de vouloir faire d'une statue une femme, aurait imploré volontiers la déesse pour faire d'une femme une statue. La scène, pratiquée même par les plus grands esprits, a ses grossièretés comme la vie réelle, et le génie de Goëthe, ouvrant son aile argentée, allait se plonger sous les lauriers-roses, dans les eaux de l'Eurotas, avec les cygnes de Léda.

La pièce la plus vraie de Goëthe est *Egmont*, non pas que l'histoire y soit très-scrupuleusement respectée, mais tous les caractères mis en jeu par l'intrigue sont réels dans l'acception humaine du mot. Egmont Lamoral, marié, bourgeoisement père de onze enfants, au fond assez partisan du roi d'Espagne, ne ressemble guère au brillant Egmont idolâtré par Claire, et le poëte ici a fait un type et non un portrait ; mais sa figure, quoiqu'elle ressemble peu au modèle, est vivante ; elle marche, elle respire, son œil brille, un sang rouge coule dans ses veines, et c'est sur une poitrine émue que scintillent ces ordres d'or et de pierreries qu'Amy Robsart admirera une autre fois au col de Leicester, tant Walter Scott a trouvé la scène bien faite.

Suivant le procédé shakespearien, qu'on peut employer sans être imitateur, puisque c'est celui de la nature même, Goëthe a jeté autour de ses principaux acteurs un grand nombre de figures épisodiques touchées avec une singulière force de relief; ces figures animent et comblent les interstices de l'action, comme, dans les tableaux, ces personnages dont on n'aperçoit que la tête de trois quarts ou de profil dans le vide des groupes, et qui pourtant ont une physionomie caractérisque comme s'ils étaient peints en pied. Le procédé classique élague cette foule remuante et fourmillante, et laisse ses héros se démener au milieu du vide et de la solitude. Rien n'est plus faux. Toute action heurte, dérange ou touche nécessairement un certain nombre de personnes qui disent chacune son mot et disparaissent, et, philosophiquement, il est curieux de voir une même idée discutée dans le palais ou dans la rue, au salon ou à la cuisine.

Roméo et Juliette commence par une querelle de laquais qui vous met tout de suite au fait de l'animosité des Capulets et des Montaigus, mieux que ne saurait le faire l'exposition la plus savamment détaillée. Goëthe a fait jaser l'échoppe au coin du carrefour et rendu en quelques bavardages de compère les effets de l'oppression espagnole. Cette loquacité fanfaronne et poltronne s'enfuyant au pas cadencé de la patrouille, en dit plus que tous les récits de Théramène. Personne ne s'entend mieux que Goëthe lorsqu'il se met à faire clapoter au pied des grands événements les mille rumeurs populaires. Il sait donner une voix à la foule et dessiner un caractère d'un trait.

Le principal attrait d'*Egmont,* c'est Claire, une de ces charmantes figures qui restent au fond de toutes les mémoires sous 'des traits impérissables, et qu'il vous semble avoir aimées dans une existence antérieure; aucun poëte n'a peint les femmes comme l'auteur de *Faust,* de *Wilhem Meister* et de *Werther.* A la fin du second *Faust,* dans la gloire du Paradis, le père Séraphique parle de l'*éternel féminin* comme d'un mystérieux élément; cet élément, si jamais personne l'a possédé, c'est assurément Goëthe. A peine a-t-il donné deux ou trois coups de pouce sur la figurine d'argile, qu'elle palpite, sourit, aime et pleure : voilà Marguerite, Claire, Marianne, Mignon, Philine, Charlotte, Ottilie, qui vivent à jamais! A-t-il fait de grands efforts pour cela ? Les a-t-il comblées de perfections idéales, douées d'une beauté surhumaine, d'un esprit étincelant? En aucune façon. Rien ne ressemble moins à ces héroïnes de drames ou de romans que ces adorables filles si bonnes, si tendres, si sympathiques, et pourtant, il faut le dire, si délicieusement nulles, si ravissamment stupides, qui ont de l'esprit comme une rose et du goût comme une pêche. Mais quels bons petits cœurs sous ces têtes légères; quelle vérité d'élan, quelle sincérité d'affection! comme cela est observé, senti, exprimé d'une touche négligente, d'un mot qui traîne sur l'idée comme une robe sur le pied d'un lit!
— Don Juan, s'il entrait avec Léporello dans une pièce ou dans un livre de Goëthe, pourrait lever le nez à l'*odor di femina* qui s'en exhale comme le parfum d'un sachet. Jouffroy a fait une statuette d'une jeune fille confiant son secret à Vénus représentée sous la forme d'un Hermès;

l'enfant se hausse sur la pointe de ses petits pieds pour atteindre l'oreille de marbre. Notre imagination substituerait volontiers au visage narquois de la déesse le masque indulgemment ironique de Goëthe écoutant les confessions de la puberté et du premier amour.

Claire n'est qu'une grisette de la rue Saint-Denis, argentée par un clair de lune allemand ; mais comme on l'aime dès qu'elle paraît, et avec quel plaisir l'action retourne dans sa petite chambrette, et s'y repose et s'y oublie ! Comme on s'étend sur le grand fauteuil qui, avant de recevoir Egmont, endormait la vieille aïeule, et comme on attend que la mère complaisante et le piteux Brackenbourg soient sortis pour voir le vrai drame commencer ! Il s'agit bien, en effet, du mécontentement des Gantois et de la fermentation populaire, et des inquiétudes de Marguerite de Parme, la gouvernante des Pays-Bas, et même des noirs projets du duc d'Albe, cet inquisiteur en cuirasse, immuable comme un dogme, dur, tranchant et froid comme un glaive, tranquillement cruel comme un homme chez qui la croyance tue le remords ; en somme, haute et fière figure, portrait de Titien, marchant sans cadre.

Si le personnage de Claire a été modelé par Goëthe avec toute la souplesse de la vie, il faut dire que mademoiselle Seebach le joue d'une façon si naturelle que le mot jouer n'est pas juste pour exprimer une pareille identification. Mademoiselle Seebach est Claire elle-même et nous fait oublier qu'hier elle était Marguerite. Elle vit véritablement ce rôle, si l'on nous pardonne d'employer un latinisme qui seul peut rendre notre sensation devant un jeu si vrai, si franc, si débarrassé de toute préoccupation du public. Figurez-vous que la paroi de la chambre, abattue pour laisser l'œil du spectateur pénétrer dans l'action, est relevée, et que vous assistez, caché derrière un rideau, à une scène réelle.

Quelles chastes et tendres effusions, quels baisers cordialement hospitaliers offerts comme une coupe de vin généreux au voyageur lassé, quelle ardente et suave atmosphère de caresses, et comme on sent qu'Egmont doit incliner, avec un délicieux sentiment de repos, sa tête brûlée de soucis politiques sur ce sein frais, blanc et doux, qui ne bat que pour lui.

Goëthe n'a pas donné de remords à Claire comme un esprit médiocre n'y eût pas manqué, croyant la rendre plus intéressante : elle s'est jetée sans arrière-pensée, comme une alouette contre un miroir, contre le cœur de ce bel Egmont, de ce célèbre Egmont qui fait sauter en l'air tous les chapeaux à son passage, et dont il est tant parlé dans les gazettes! Le héros a recueilli le petit oiseau fasciné qui palpitait tout ému sur son sein, et il l'a aimé. Si vous objectiez à Claire sa pudeur sacrifiée, son honnête avenir perdu, elle ne vous écouterait pas. Sa faute est sa gloire, elle n'en rougit pas, elle s'en énorgueillit; être la petite amie du grand Egmont, est-il un sort plus beau, plus enviable?

Quelle charmante scène que celle où Egmont, pour satisfaire le caprice de Claire, vient la voir en costume de gala, avec toutes ses dorures et tous ses ordres, et comme mademoiselle Seebach la joue! Comme elle recule éblouie lorsque Egmont ouvre les pans de son manteau comme les volets d'un dyptique, pour lui découvrir les magnificences souhaitées, et comme elle se rapproche mue d'une curiosité enfantine, tâtant les étoffes raides de broderies, soulevant le mouton de la Toison-d'Or, jouant avec les croix et les plaques, et trouvant, après tout, que ces pierreries sont dures entre son cœur et celui de son ami. Et lorsque Egmont, pris au piège du duc d'Albe, est emprisonné et condamné, quelle activité fébrile pour soulever le peuple, quelle volubilité de raisons folles, quels énergiques élans d'indignation contre ces lâches qui ne veulent pas sauver le grand homme ! Puis, quand tout espoir est perdu, comme elle se couche dans la mort auprès d'Egmont, tranquille et résignée, comme dans un lit où personne ne troublera plus désormais leur amour. Il est fâcheux que Goëthe la réveille de cette couche où elle s'est étendue avec une si douce opiniâtreté, ses lèvres roses déjà bleuies par le poison, pour la faire apparaître, coiffée d'un bonnet phrygien, comme la liberté de 93, derrière une gaze illuminée de feux du Bengale, à Egmont endormi dans son cachot. O grand Wolfgang, y pensiez-vous ! mettre le bonnet rouge sur cette tête charmante à qui va si bien le petit bonnet à ruche chiffonnée des fillettes de Greuze. De par tous les diables, Claire n'est pas une femme politique ; lorsqu'elle penche son front sur votre épaule et fait chuchoter son baiser à votre oreille, ce n'est pas pour vous parler de la proclamation des Droits de l'Homme, ni de l'avenir des peuples!

Doëring, l'acteur éminent qui remplissait dans *Faust* le rôle de Méphistophélès, et à qui nous avons payé déjà un légitime tribut d'éloges, a composé en artiste consommé la physionomie de Vansen, l'écrivain public, espèce de roquet hargneux et poltron qui sort de son échoppe en aboyant contre tout, et y rentre au moindre bruit, ayant, comme Panurge, naturellement peur des coups : ce n'est pas une charge comme pourraient la croquer nos acteurs de vaudeville, mais une sorte de grotesque cynique et puissant qui rappelle certaines figures d'Ostade et de Brawer. Toutes ces scènes épisodiques sont d'ailleurs rendues avec un mouvement, une vie et une précision rares par les figurants allemands.

M. Kayser a peint de main de maître l'imposante figure du duc d'Albe, et M. Devrient a rendu avec un profond pittoresque et historique la soucieuse physionomie du prince d'Orange.

V

Sophocle, Goëthe, Schiller et Lessing ont, jusqu'à présent rempli nos colonnes; et, tout occupé des chefs-d'œuvre de l'art dramatique, nous ne vous avons rien dit de Munich, qui est une curieuse ville, unique dans son genre ; car elle n'est pas née de cette lente agrégation d'êtres humains autour d'un point central : citadelle, cathédrale, marché ou port, genèse ordinaire des villes. Elle ne s'est pas accrue de siècle en siècle, rue par rue, édifice par édifice, maison par maison; elle a poussé en une nuit, comme un monstrueux champignon de pierre au milieu d'une plaine zébrée et rayée des noires cicatrices de la tourbe. Élargissant aux dimensions d'une capitale de grand royaume l'ancien et chétif Munich, le roi Louis a créé de toutes pièces une nouvelle cité : églises, musées, palais, théâtres, académies, portiques, statues, monuments de tous les styles et de tous les âges se sont élevés comme par enchantement. Et, quoique tout soit en bonne pierre, en bonnes briques et en bon granit, il y a quelque chose de si soudain, de si éclos d'hier, de si uniformément frais dans ces constructions, qu'elles semblent plutôt plantées comme des décors, que bâties réellement, à l'instar de ces villages peints que Potemkin faisait transporter sur le chemin de la grande Catherine voyageant en Crimée; d'immenses rues, bordées de palais, rayonnent du centre à la circonférence, aboutissant à des arcs-de-triomphe ou à des portes monumentales; de larges squares s'arrondissent ombragés d'arbres, peuplés de statues, hérissés d'obélisques; de grandes places s'encadrent de hautes et belles maisons; mais aucun front ne s'appuie aux vitres des fenêtres; à peine un rare passant fait-il sonner la dalle des trottoirs, et roule-t-il une voiture sur la chaussée. Le roi Louis a bien pu créer une ville par sa volonté, mais il n'a pu improviser des habitants; il faudrait, par une magie quelconque, animer les innombrables figures des fresques, des bas-reliefs, des musées, les statues de la glyptothèque et de la résidence pour suppléer à l'absence de population; ces habitants peints et sculptés seraient d'ailleurs d'excellents citoyens pour une ville si artistique.

Cela serait amusant de voir les dieux et les héros de Cornelius monter et descendre les blancs escaliers de Bavaria avec leur costume mythologique ou leur nudité primitive; Otto de Wittelsbach, entouré de ses paladins, se promener en cotte de maille, et coiffé du morion germanique, sous les arcades que la représentation de ses exploits décore; et Siegfrid, à la peau cornée, suivi des personnages de Niebelungen, parcourir les allées sinueuses du parc anglais ou s'attabler à quelque *braueri* pour boire de la bière avec les figures grecques des salles d'Anacréon.

Faute de ce renfort, Munich paraît presque désert, surtout si l'on s'éloigne de la place de la Résidence, où se concentre le mouvement; mais cette solitude n'est pas celle des villes mortes, comme Ferrare, Valladolid ou Worms, où l'herbe envahit les rues, où les portes se ferment pour ne plus se rouvrir; c'est celle d'une jeune ville qui a eu une fièvre de croissance et à qui la vie viendra plus tard.

Les étudiants de l'université voudraient bien faire un peu de tapage, intention louable, mais ils sont découragés par ce calme profond où s'éteignent toutes les rumeurs; les échos n'ayant rien à répéter, s'endorment ou deviennent sourds, et le soir c'est à peine s'il filtre avec un rayon de lumière à travers les volets d'une taverne un *pereat* ou un *gaudeamus* murmuré à mi-voix.

Dans l'intervalle des cours, ces bons jeunes gens se promènent les yeux chaussés de lunettes, la casquette distinctive de leur confrérie posée sur la tête comme un couvercle de plomb sur une choppe, d'un air pacifique que démentent les nombreuses estafilades dont sont balafrées leurs joues. Ils n'ont nullement le costume dont on continue à les affubler dans les drames et les vaudevilles. Nous avons cherché en vain la redingote de velours noir à brandebourgs, le pantalon de tricot gris collant, la botte en cœur et la blague à tabac pendue au col. Les étudiants allemands sont mis moins pittoresquement que les nôtres, si c'est possible. Toute leur fantaisie s'est réfugiée dans leur coiffure. — Un galon, une fleur, un ruban, une branche de houx, une plume de hibou ou d'autre oiseau leur servent de signe de ralliement. Quant à la pipe de porcelaine ou d'écume de mer (de Kummer, selon Alphonse Karr), vous la chercheriez en vain à leurs lèvres.

Il n'y a guère plus en Allemagne que les paysans qui fument la pipe; le cigare l'a partout remplacée. Il est vrai que ce cigare est emmanché dans un bouquin d'ambre, d'ivoire, de corne ou de toute autre matière avec lequel il forme un angle droit; de sorte qu'on a l'air de fumer une figure de géométrie; ce n'est plus qu'aux devantures des marchands de tabac qu'on voit encore ces fourneaux de pipe qu'on prendrait pour des tasses de porcelaine et qui sont ordinairement ornés de sujets anacréontiques, tels que Souvenirs et Regrets, la Jolie Parisienne, la Piquante Espagnole, Léda, Hébé, Vénus et autres mythologies analogues.

On rencontre quelquefois des paysannes que fait remarquer leur coiffure étrange. Un ourson de poil noir leur descend jusqu'au sourcil, et leur donne un air bonnassement rébarbatif, comme aux geôliers sensibles des mélodrames de Caignez et de Guilbert de Pixérécourt. Les Bulgares que nous avons vus à Constantinople avaient un bonnet semblable ; mais, posé sur un corps de femme, il produit le plus bizarre effet. On dirait que Mummia, l'épouse velue d'Alta-Troll, s'est déguisée en paysanne bavaroise.

Pour compensation, les jeunes filles de la classe moyenne, les ouvrières et les servantes, quand elles sont en toilette, posent sur la torsade de leurs cheveux une pointe d'étoffe blanche, bleue ou rose, brodée d'or ou d'argent selon la couleur. Cela vaut mille fois mieux que le chapeau et rappelle un peu la grace du taktikos de Smyrne et des îles grecques. A travers le marché passe un montagnard tyrolien avec son feutre pointu, ses bretelles vertes, sa culotte courte de velours noir, sa veste jetée sur l'épaule, suivi d'un gamin qui porte sa carabine, tout ravi d'un tel honneur.

Plus loin, s'avance une paysanne aux manches à gigot ouatées et piquées comme une courte-pointe, à la taille coupée sous les bras, aux jupons épais et pressés à petits plis, qui n'a pas l'air de se douter qu'elle commet une prodigalité et perd un moyen de faire fortune en se montrant ainsi gratis dans les rues, car sa stature énorme lui aurait procuré, sous le grand Frédéric, la main d'un grenadier, et maintenant, dans les foires, un lucratif emploi de géante. Voilà le peu de couleur locale que nous avons pu ramasser en flânant à travers Munich.

L'on éprouve des mirages singuliers en parcourant cette ville où tous les styles se confondent dans un pastiche général : tantôt vous croyez être à Florence, le palais Pitti et la loge des Lanzi vous font naître un instant cette illusion ; tantôt vous éprouvez la sensation de longer en gondole un palazzino vénitien : c'est une maison aux fenêtres en trèfle, au balcon saillant, aux murs de briques contrariées, qui trompe vos souvenirs; un pas de plus, et vous voilà en plein moyen-âge.

Vous pensez entrer à la résidence; sous un portique rococo, une porte s'ouvre, et devant vos yeux surpris scintillent les mosaïques d'or de Saint-Marc; plus loin, c'est Saint-Paul hors des murs, et ainsi de suite. Les fantômes de tous les édifices célèbres vous apparaissent tour à tour dans une réalité chimérique, dissemblables et pareils, et vous vous étonnez de rencontrer au même lieu des monuments disséminés dans tant de villes et qui vous ont coûté de si longs voyages.

Comme l'empereur Hadrien, dans sa ville Hadriana, le

roi Louis a fait construire à Munich des copies ou des spécimens des monuments qui l'avaient frappé dans ses pérégrinations d'artiste et de poëte : noble fantaisie royale et qu'on ne saurait trop louer. Ces pastiches sont faits avec beaucoup de goût, d'érudition et d'intelligence. Paris, en églises modernes, n'a rien à opposer à la basilique de Saint-Boniface, à la chapelle du Palais, à Saint-Louis et à Notre-Dame du faubourg d'Au. D'excellentes imitations de chefs-d'œuvre valent mieux que des imaginations saugrenues ou mesquines.

Non content d'avoir chez lui Venise, Florence, Rome, le roi Louis a voulu encore posséder Athènes, et, à son usage, M. de Klenze a fondu les Propylées et le Parthénon dans un délicieux monument intitulé Bavaria, nom bien allemand pour une fantaisie si grecque.

Nous avons fait il y a deux ans à peine notre pèlerinage à l'Acropole, cet autel sacré de l'art, ce trépied de marbre qui offre au plus beau ciel du monde les chefs-d'œuvre du génie humain ; notre œil en garde encore l'éblouissement. Nous avons vu le vrai beau, l'idéal réalisé, et plus que tout autre nous devons être difficile; eh bien, le monument de M. Klenze nous a causé une vive impression d'harmonie, de pureté et de grâce. Ce n'est pas un pastiche, mais une incarnation complète.

Sur le revers d'une colline, au pied de laquelle vient doucement mourir une vaste plaine toute préparée pour les jeux olympiques, s'élève un portique de colonnes doriennes précédé de deux avant-corps avec fronton sculpté. — A la crête du toit se découpe sur le clair du ciel un délicat acrotère, légère dentelle qui adoucit la netteté de la ligne.

Un large escalier, rappelant celui des Propylées, conduit de la plaine à la plate-forme sur laquelle repose le charmant édifice, et se dresse comme autrefois la Minerve Poliade de l'Acropole dont on apercevait l'aigrette du cap Sunium, la colossale statue en bronze de la Bavière de Schwantaler, haute de cent trente-quatre pieds, dépassant de tout le buste le monument qui l'entoure à demi.

Ces colonnes doriques cannelées, en beau calcaire, se détachent si blanches, si nettes, si purement profilées sur le fond de rouge antique dont le mur est revêtu, leur proportion est si parfaite, elles s'amincissent de la base au sommet dans une proportion si bien ménagée, elles ont l'air si sincèrement grecques, qu'on est surpris de ne pas voir se dérouler sous les portiques qu'elles soutiennent les belles canéphores des Panathénées.

Le ciel lui-même semble se prêter à l'illusion; il a toujours un coin d'azur à déployer derrière le gracieux monument, et répand sur lui un jour onctueux et doré comme un flot de parfum sur l'épaule d'une jeune Athénienne.

PIERRE DE CORNÉLIUS

I

La renommée de Cornélius est européenne. Son nom intervient dans toutes les discussions d'art, et il occupe une place élevée que personne ne lui conteste parmi les maîtres les plus sérieux. Cependant, quoique illustre, on peut dire qu'il est peu connu en France. Quelques-unes de ces belles gravures sobres et simples que les Allemands savent si bien buriner, exposées au vitrage de Hauser, ont donné de lui une haute idée; mais jamais il n'a paru à nos expositions, et les artistes ou les critiques qui ont vu des originaux de Cornélius se comptent. Ce maître n'a guère peint qu'à fresque, et, si les tableaux voyagent, les peintures murales restent liées aux édifices qu'elles décorent. Il faut se conduire avec elles comme le prophète avec la montagne, et aller vers elles, puisqu'elles ne viennent pas vers vous; c'est ce que nous avons fait, et c'est de Munich même, où se trouvent les principaux ouvrages de Cornélius, que nous datons cette étude sur son talent.

L'école moderne allemande, dont nous apprécierons la doctrine et les œuvres, a des prétentions justifiées de philosophie, d'esthétique et de science; elle compose bien, surtout au point de vue littéraire; l'historien, l'antiquaire et le mystagogue n'auraient rien à reprendre à ces grandes machines, savamment conçues, qui se déroulent sous les voûtes des églises et des palais improvisés à Munich par le dilettantisme du roi Louis. On voit qu'Hésiode, Homère, la Bible, les Pères de l'Église, le moine byzantin du couvent d'Agrapha, Winkelmann, Ottfried Muller, Creuzer et sa symbolique, sans compter Herder, Fichte et Hegel, sont parfaitement familiers à ces peintres érudits pour qui l'art n'est presque qu'une écriture dont ils se servent pour traduire l'idée, écriture plutôt hiératique que démotique, et qu'il faut savoir déchiffrer; Orcagna, Simone Memmi, Benozzo Gozzoli, l'ange de Fiesole, le Pérugin, ne leur sont pas moins connus qu'Hemling, Van-Eyck, Lucas de Leyde, Cranach, Wolgemuth, Albert Durer et Holbein; ils ne dédaignent même ni Raphaël ni Michel-Ange, et la seule chose dont ils ne se soient pas avisés, c'est d'ouvrir les yeux à la nature vivante, de regarder l'homme, la femme et l'enfant, le ciel, la verdure et les eaux.

On dirait qu'ils n'ont pas la puissance de percevoir un objet directement, et qu'il ne leur arrive que déjà reflété par un tableau. Une éducation artistique trop parfaite les rend insensibles au spectacle des choses; ils sont comme ces gens qui pleurent à une tragédie et que ne toucherait pas un malheur réel. Aussi voit-on que l'exécution les ennuie, que la palette pèse à leur pouce, et qu'ils ont hâte de jeter le pinceau pour reprendre le crayon; le côté plastique de l'art leur semble trop matériel, et, leur pensée une fois exprimée, ils laissent volontiers à des élèves ou à des manœuvres le soin de la revêtir de couleurs. — Une toile de Decamps, représentant un pan de mur grenu, égratigné, truellé d'empâtements, cuit de soleil, incandescent de lumière, sur lequel se profile l'ombre bleuâtre d'un petit âne au repos, doit être pour eux de la plus méprisable insignifiance, et cependant il y a là plus de véritable peinture que dans les immenses compositions irréprochablement raisonnées de la Glyptothèque et de la Pinacothèque, qui satisfont autant l'esprit qu'elles mécontentent l'œil. Nous ne demandons cependant pas à la fresque les teintes fraîches, vraies et variées de l'huile; nous savons qu'elle doit se borner à des tons locaux, d'une neutralité harmonieuse et d'une gamme tranquille, faisant corps avec l'architecture, quoique Masaccio et André del Sarte à Florence, Lippi à Orvieto, et d'autres maîtres italiens, aient su, même *a tempera*, flatter le regard par un coloris blond et d'une sérénité lumineuse. Dans la peinture murale, la composition et le style sont l'importante affaire; mais il ne faut pas qu'une exécution désagréable vienne annihiler des qualités réelles. Quand une fresque ou un tableau ne vous fait pas plaisir, indépendamment de l'idée et du sujet qu'ils représentent, l'artiste a manqué son but, comme un compositeur dont les airs auraient besoin pour être appréciés qu'on en connût les paroles. L'art doit exister par lui-même en dehors de la philosophie, de la poésie et de l'histoire, et c'est pour cela qu'un torse grec, sans tête ni bras, ni jambes, fragment anonyme d'une statue détruite, peut jeter dans une pure extase toute âme sensible à la beauté plastique; les artistes de l'école allemande ont trop souvent oublié cette vérité fondamentale, et, par là, singulièrement diminué l'effet et la valeur de leurs œuvres. Les hommes du nord, moins favorisés du ciel, n'ayant pas, comme les peuples du midi, perpétuellement sous les yeux de nobles types éclairés par un pur soleil, se replient dans l'abstraction, et conçoivent l'art plutôt qu'ils ne le sentent : aussi la volonté brille chez eux plus que le don. Sans connaître l'objectif ni le subjectif, le moindre élève de Pinturicchio ou de Signorelli était plus naturellement peintre que telle célébrité de Munich qui fournirait à la critique le sujet de plusieurs dissertations pleines de profondeur. Ce n'est ni l'esprit, ni la science, ni le talent, ni même le génie qui fait défaut à ces artistes; c'est le tempérament du peintre, qualité que rien ne remplace, à notre avis, et qu'on sent dans le plus vague coup de pinceau.

Nous avions besoin d'établir ces généralités, qu'on retrouvera reproduites avec les pièces justificatives à mesure que nous décrirons les importants ouvrages dont sont ornés les églises, les musées et les palais de l'Athènes bavaroise. Si l'on nous accorde qu'en matière plastique l'exécution ne doit pas être sacrifiée à l'idée, et que la beauté est le but de l'art, on ne s'étonnera pas de la sévérité de nos jugements sur quelques peintures célèbres et trop vantées.

Pierre de Cornélius peut être considéré comme le chef de l'école allemande, ou, pour parler d'une manière plus exacte, du cycle des peintres attirés et fixés à Munich par la munificence éclairée du roi Louis. Quelques-uns ne sont pas ses élèves, mais tous ont plus ou moins subi son influence et marché dans la voie qu'il avait ouverte. Il a exercé sur cette génération d'artistes une autorité pareille à celle de M. Ingres sur ses nombreux disciples : c'est un génie absolu, dominateur, et par cela même très-propre à faire une révolution en peinture; il a, sur les différentes directions de l'art, des systèmes arrêtés, des principes inflexibles contre lesquels il n'admet pas de discussion, et s'il se trompe, c'est savamment, et d'après une esthétique particulière. Ses qualités comme ses défauts sont voulus.

Fils d'un inspecteur de la galerie de Dusseldorf, Cornélius montra de précoces dispositions, et tout jeune il copiait déjà des gravures de Marc-Antoine et de Volpato. Il commença par peindre des gonfanons, des bannières et autres petits ouvrages de ce genre, qui lui procuraient un peu d'argent et l'empêchaient d'être à charge à sa famille; puis il exécuta des peintures murales à l'église de Neuss, dans un style raphaélesque, et à vingt-six ans dessina les célèbres illustrations de *Faust*, qu'il envoya à Goëthe. Il put alors réaliser le voyage de Rome, objet de tous ses désirs. Là, il se lia d'amitié avec Overbeck, qui l'avait précédé dans la ville éternelle, et tous deux, établis au fond d'un couvent en ruine, étudiaient et travaillaient avec une ardeur infatigable, se montrant leurs compositions et leurs ébauches à la fin de la semaine, et ne s'épargnant ni les conseils ni les critiques. Overbeck et Cornélius furent, à Rome, le centre d'une petite colonie artistique allemande, composée de Schadow, de Veit, de Schnorr, du graveur Amsler et de quelques autres. Dans ce cénacle s'agitaient les plus hautes questions d'art et se déduisaient des théories qui ne restèrent pas à l'état de rêve, grâce à l'enthousiasme de Louis, alors simplement prince royal.

Les fresques de la Glyptothèque et de l'église de Saint-Louis furent commandées à Cornélius, qui en fit les cartons à Rome et vint les exécuter à Munich, après s'être démis de sa place de directeur de l'académie de Dusseldorf, incompatible avec des travaux si importants. Plusieurs de ses élèves le suivirent et trouvèrent amplement de quoi s'occuper, soit en peignant d'après les dessins de leur maître, soit à des ouvrages originaux; car ce qui s'est fait de peinture à Munich dans une période d'une quinzaine d'années passe vraiment l'imagination et montre quelle activité peut imprimer à son époque une volonté puissante. Ici le roi n'a jamais fait défaut aux artistes, si trop souvent les artistes ont fait défaut au roi. Il leur a livré des monuments superbes, construits exprès, des voûtes et des pans de muraille éclairés par le jour le plus favorable, dans des styles d'architecture variés, et rarement le génie eut pour se déployer la place plus belle. De nobles essais ont été tentés, et plusieurs auraient réussi sans ce mépris de l'habileté pratique qui est comme un des dogmes de l'école.

Nous allons nous occuper aujourd'hui des peintures de Cornélius à l'église de Saint-Louis; ce sont les plus belles du maître et celles où il a le plus travaillé. Nous avouons que rien ne nous charme comme le *propria manu pingebat* écrit au bas d'une œuvre, la forme étant pour nous inséparable de la pensée, et c'est un plaisir que Cornélius ne vous donne pas souvent.

L'église de Saint-Louis est dans le style gothique italien : ses deux clochers en forme de pyramidion et sa façade blanche s'aperçoivent d'un bout à l'autre de la Ludwig-Strasse, surtout lorsque le soleil brille sur les tuiles coloriées et disposées en mosaïque de son toit; des statues de L. Schwanthaler ornent les niches du fronton : elles représentent Jésus-Christ et les quatre évangélistes, saint Pierre et saint Paul, et sont, comme toute l'église, en calcaire blanc. Saint-Louis a été bâtie par l'architecte Gartner, de 1829 à 1843, avec cette rapidité qui caractérise toutes les constructions entreprises sous ce règne, et dont aucune n'est restée inachevée. Ce n'est pas sur un bâtiment fondé par le roi Louis de Bavière qu'on verra se profiler cette grue qui semble attendre les pierres à la dernière assise de tant de cathédrales et de tours interrompues. — S'il a tout commencé, il a tout fini.

Quand on met le pied dans l'église, ce qui attire invinciblement les yeux, sans vous donner le temps de regarder les longs et sveltes piliers, les voûtes peintes en bleu et constellées d'étoiles d'or, c'est une immense fresque de vingt-et-un mètres de haut sur treize de large, qui occupe tout le fond de la nef principale : un *Jugement dernier*, se déroulant avec son Christ central et ses guirlandes d'esprits bienheureux et de damnés.

L'aspect général de cette grande page est assez harmonieux ; les groupes de figures se détachent sans trop d'aridité d'un fond bleuâtre, avec cette pâleur mate et sobre qui sied à la peinture murale. La fresque s'applique bien à la surface qu'elle recouvre, sans y faire ni trou ni saillie ; lorsqu'on s'approche, si quelques contours s'inscrivent durement, si quelques détails prennent de la sécheresse, si queiques tons papillotent, du moins rien n'est résolûment hostile à l'œil, et vous n'êtes pas détourné du sujet par la brutalité ou la maladresse de l'exécution. Cornélius, en peignant ce mur, avait encore dans la prunelle un rayon de la lumière italienne, et son sauvage coloris allemand s'était adouci sous les voûtes de la Sixtine. Les peintures de l'église Saint-Louis sont les plus satisfaisantes, comme couleur, que nous ayons vues de ce maître.

Il ne serait pas difficile de signaler dans cette vaste composition bien des réminiscences : Orcagna, Signorelli, Michel-Ange, Rubens, Michel Coxcie pourraient y revendiquer, qui un ange, qui un démon, qui un élu, qui un damné; mais ces plagiats sont sans doute volontaires et faits avec un but syncrétique.

Au centre de la région supérieure, le Christ, assis sur les nuées, tient les assises suprêmes. Au-dessus de lui, des anges portent les instruments de la Passion. Au-dessous, un ange apocalyptique ouvre, en manière de cartouche, le livre de la vie et de la mort éternelles, et les clairons célestes sonnent la fanfare du jugement. — A sa droite et à sa gauche, le Vieux et le Nouveau Testament sont symbolisés par des patriarches et des prophètes, des évangélistes et des apôtres. La région intermédiaire est peuplée d'essaims d'âmes qui se rendent aux pieds du juge et sont admises aux félicités du Paradis ou précipitées dans les supplices de l'Enfer. Chaque catégorie forme une spirale ascendante et descendante, entremêlée d'anges et de diables, et dont les groupes se relient les uns aux autres par des inventions plus ou moins ingénieuses : du côté des bienheureux, l'on distingue Fra Beato Angelico dans son froc de moine, et Dante avec son costume traditionnel, camail rouge et couronne de laurier, que des anges aux ailes palpitantes tiennent par la main et font voler à travers l'air limpide. Ces figures sont heureusement enchaînées, et leur mouvement ascensionnel se comprend bien. Du côté des réprouvés, deux moines hideux, livides, la tête à demi engloutie sous la cagoule, s'approchent du trône de Satan, plus bouleversés par la peur que par le remords. Ce groupe est vraiment d'une énergie terrible et monstrueuse. Sous les pieds-griffes de Satan se tordent les deux plus grands coupables du monde, les deux scélérats en horreur à l'Enfer même : Judas, qui vendit son Dieu ; Ségeste, qui vendit sa patrie.

Au milieu de la composition, dans la partie inférieure, se tient debout, le bouclier au bras et l'épée à la main, l'archange Michel, dont la haute figure sépare la zone du Paradis de la zone de la Résurrection. Un ange dispute et enlève au démon une âme sauvée par les prières de la sainte Vierge, agenouillée avec saint Jean aux pieds du Christ. Des morts sortent de leur tombe, secouant la poussière des siècles et frissonnant aux éclats de la trompette, et divers groupes représentent les épisodes traditionnels des jugements derniers, un de ces sujets inépuisablement usés qui exercent depuis tant de temps la brosse des peintres et le ciseau des sculpteurs. Dans un coin du tableau apparaît modestement, entre les épaules de deux esprits bienheureux, une tête couronnée de lauriers, dont les traits rappellent ceux du roi Louis de Bavière, fondateur de l'église. Dans les naïves sculptures du moyen âge, il n'est pas rare de voir un roi, un prince, ou tout autre personnage pieux, se présentant à la porte du ciel, tenant en main un petit modèle de cathédrale ; le roi Louis pourrait en offrir quatre au gardien du Paradis, et cependant il ne se montre que de trois quarts et sur le terrain neutre de la Résurrection, par une réserve de bon goût, et l'innocente flatterie du peintre ne dépasse pas les limites de la plus stricte orthodoxie.

Cornélius cherche la grandeur et le style, et il les atteint quelquefois; il aime les musculatures détaillées et saillantes, les exagérations anatomiques, les contours ronflants, les raccourcis outrés, les postures strapassées, les renversements impossibles, les violences herculéennes et titaniques de Michel-Ange. Mais là où le terrible Florentin trouvait en lui-même l'expression de ses pensées surhumaines, l'érudit imite des poses, des tournures, des groupes connus de quiconque a fait le voyage d'Italie et s'est arrêté quelques heures dans la chapelle Sixtine.

Sans doute il a fallu beaucoup d'art et de science pour arranger et combiner cette immense machine, cette vaste mosaïque de motifs pris à droite et à gauche; mais nous n'y saurions voir un génie original et prime-sautier; la nature de l'homme ne s'y trahit pas par un trait inattendu, ou du moins nous ne l'avons pas découvert, à moins qu'on ne le trouve dans un certain germanisme de types qui perce à travers l'imitation de Michel-Ange, et dont l'artiste n'a pu se défaire. Partout l'érudition arrête le libre élan du génie. L'omniscience du peintre a toujours pour son idée une forme toute prête tirée d'un chef-d'œuvre analysé, discuté et compris comme savent le faire les Allemands.

La voûte au-dessus du Jugement dernier représente Dieu créant l'univers; saint Michel et les anges combattant les esprits révoltés; Gabriel conduisant le chœur des anges gardiens. A la clef de voûte du transept plane le Saint-Esprit; ensuite viennent dans des compartiments séparés la Communion des saints, les patriarches et les prophètes, les apôtres et martyrs, les docteurs et fondateurs d'ordres, les rois et les vierges. Ces figures, dessinées par Cornélius et peintes par Kransberger, Hermann, Moralt, Heilerd, Sturmer, Lang, et d'autres artistes, ont de la grandeur et de la majesté. On y sent surtout cette âpre volonté du beau, ce noble dédain de la vulgarité, cette recherche violente du style qui caractérisent Cornélius et lui ont valu tant d'admirateurs, malgré la rebutante sécheresse de son exécution et l'étrangeté d'un coloris dont les nuances naturelles semblent systématiquement exclues. Ces compositions gravées formeraient d'excellentes estampes.

L'Adoration des Mages et *la Crucifixion,* placées aux deux bouts de la nef transversale, ne rajeunissent pas un thème que les grands maîtres ont tant de fois admirablement traité; cette Vierge au geste symétrique, assise dans une crèche arrangée en trône, n'a pas cette grâce humble et souriante qui doit illuminer la jeune mère de Dieu, et qu'ont su lui donner les plus maladroits peintres gothiques. Les Mages sont bien peu fervents dans leur adoration, et ressemblent à des conseillers auliques s'acquittant distraitement d'un baise-main officiel.

Le *Jésus sur la croix,* malgré la gravité habituelle à Cornélius, n'a pas tout le sérieux qu'une pareille scène comporte. Le diable, accroupi sur la branche de la croix au-dessus du mauvais larron, est presque comique comme un démon de Callot; et le gros homme planté sur le devant, les deux mains derrière le dos, rappelle le bourgmestre de la *Descente de croix* de Rembrandt, espèce d'anachronisme pardonnable à la naïveté ignorante, mais que le savant peintre de la Pinacothèque et de la Glyptothèque pouvait éviter mieux que personne.

En dépit de nos critiques, un pareil travail, accompli

en six ans, n'en est pas moins digne d'éloges et peut justifier jusqu'à un certain point la grande réputation dont Cornélius jouit en Allemagne. Les salles des héros et des dieux, que nous examinerons dans un prochain article, seront de moins facile défense.

II

La Glyptothèque est un beau bâtiment de style grec, avec un portique de douze colonnes ioniennes, élevé par M. de Klenze, et destiné à loger une collection de statues antiques, qui, sans pouvoir se comparer à celles de Rome, de Londres ou de Paris, n'en contient pas moins les marbres éginétiques dont les moulages sont au Louvre : l'Apollon Musagète, le faune Barberini et le torse Niobide, un des plus parfaits morceaux de sculpture que l'art grec ait légués à l'admiration moderne. Mais ce n'est pas pour contempler ces calmes et sereines effigies de marbre pâle, aux yeux divinement vides, aux lignes harmonieuses comme le rhythme d'une strophe, que nous sommes venu à la Glyptothèque. Nous leur rendrons une autre fois l'hommage qui leur est dû ; nous parlerons aujourd'hui des salles de fêtes et du vestibule décorés de fresques de Cornélius, qu'on a ménagés comme repos entre les salles contenant les monuments des différentes époques.

Ces fresques se composent du cycle des dieux et des héros représentés par des épisodes tirés d'Hésiode et d'Homère, formant deux pièces séparées, plus un porche ou vestibule où l'artiste a retracé la genèse mythologique. Toute liberté lui a été laissée, à partir de la corniche, de diviser l'architecture et de disposer les caissons comme il l'entendrait; aucun obstacle n'a donc pu contrarier son génie; les murailles ont été revêtues de stucs de tons riches et doux, propres à faire valoir la tranquillité mate et claire de la fresque : le jour arrive blanc, pur, sans reflets fâcheux. Jamais artiste n'a travaillé dans de meilleures conditions. — Et cependant, malgré la réputation européenne et l'autorité sans rivale, en Allemagne, de l'auteur du *Jugement dernier*, de l'*Histoire de la peinture*, des illustrations de Dante, de Faust et des Niebelungen, les résultats sont loin d'être satisfaisants, surtout pour des yeux français. Au premier abord, l'on est rebuté par un aspect si désagréable, qu'on reste quelque temps insensible au mérite réel de la composition et à la science de l'antiquité qui distinguent ces peintures, et qu'on se demande avec inquiétude si c'est bien là l'œuvre de ce Cornélius tant exalté, tant admiré sur parole, et dont on fait un épouvantail pour chaque réputation de l'école moderne. Que sont les salles des dieux et des héros à côté du plafond d'Homère, de l'apothéose de Napoléon d'Ingres, des peintures de la Chambre des députés, de la Chambre des pairs, et de la galerie d'Apollon d'Eugène Delacroix? Nous ne croyons pas être ici aveuglé par un patriotisme exclusif. Les grands artistes ne sont ni Français, ni Allemands, ni Espagnols, ni Italiens; ils sont humains avant tout. Chaque peuple a le droit d'en être fier, et nous eussions été heureux de trouver en Cornélius un nouveau dieu de l'art; avec plaisir nous eussions dressé sa statue dans une des niches de ce Panthéon où nous avons fait fumer tant d'encens. — Mais, en toute conscience, à peine a-t-il droit à un buste sous le péristyle pour la grandeur et la noblesse de ses intentions. Personne, nous lui rendons cette justice, n'a voulu plus fermement être un grand maître ; il a porté dans l'art la hauteur, la rudesse et le parti pris inflexible qu'y mettait Michel-Ange ; il a rejeté sans pitié le charme, la grâce, la couleur, tout ce qui pouvait amollir, pour arriver au surhumain, au titanique, à l'épique. Comme le dieu Thor, avec son marteau, il a fait voler en éclats autour de lui la réalité effrayée, et il est resté seul au milieu de spectres gigantesques, d'abstractions bizarres qui font dans le vide la grimace de la force.

Sa conception est toujours belle, grande, savante, ingénieuse ; mais entre son cerveau et sa main ne circule pas ce messager invisible qui transmet la pensée aux doigts. Une peinture de Cornélius racontée vous séduit, et, en effet, il n'est guère possible de rien imaginer de mieux ; voyez-la, vous serez étonné de la faiblesse ou de la sauvagerie de l'exécution ; l'idée est restée une idée, et n'a pas revêtu de formes. Esthétiquement, c'est admirable ; plastiquement, c'est très-mauvais, nous n'osons dire détestable par respect pour une réputation consacrée. — Les compositions que nous allons décrire en fourniront plus d'une preuve.

Le Titan Prométhée vient de modeler l'homme ; la statue d'argile est là, immobile, inerte, attendant l'étincelle de vie ; Minerve agite la torche allumée au feu céleste. — Ce sujet occupe le tableau central. Dans la lunette, à droite, Prométhée, attaché à la croix du Caucase, est délivré par Hercule ; le vautour, traversé des flèches du héros, retombe sur le sein du Titan dont il rongeait le foie; dans la lunette, à gauche, Pandore, assise près d'Épiméthée, ouvre la boîte, fatal présent de Jupiter. Tous les maux du genre humain en sortent sous la forme d'une vapeur noire. — Le créateur est puni comme la créature par une sorte de parallélisme effrayant et mystérieux, l'un de son vol, l'autre de sa curiosité; et la cassette de Pandore, qui se referme sur l'Espérance, est comme un souvenir de l'arbre défendu dont le fruit apprenait la science du bien et du mal.

Parmi les arabesques, on remarque Psyché, symbole de l'âme, des amours assis sur des griffons, des animaux marins, des masques, des flambeaux se reliant par des sens allégoriques aux sujets principaux.

La première de ces compositions est peinte par Cornélius lui-même; les autres par Schlotthauer et Zimmermann, car le maître emploie souvent des mains étrangères et se contente de dessiner les cartons de ses ouvrages, en sorte que le cachet de l'individualité y manque presque toujours. Le Prométhée est d'une anatomie dure et sèche, cerclée de contours noirs, d'un ton triste et sale, et ne rappelle la grandeur du Titan que par des muscles d'athlète. La Minerve, malgré de visibles efforts d'archaïsme, n'a nullement le type grec. Dans le tableau du Prométhée délivré, il y a dans le groupe des Océanides une figure d'un joli mouvement et d'une expression bien sentie; le coloris est aussi moins rude et mieux fondu. La Pandore n'est pas heureuse et ne réalise pas les promesses de son nom.

Le centre du plafond de la salle des dieux présente, comme point de départ de la composition, Eros, non pas le frivole enfant de Vénus, mais Eros le plus ancien des dieux, l'Eros cosmogonique, emblème de la vie s'éveillant au milieu du chaos et régulateur des éléments. Il est peint sous quatre formes signifiant l'eau, le feu, l'air et la terre, et domine ainsi quatre séries correspondantes de sujets analogues. Il a successivement pour monture le dauphin, symbole de l'eau, l'aigle, symbole du feu, le paon, symbole de l'air, le chien à triple tête, symbole de la terre. Cette figure une et multiple de l'amour, avec ses divers attributs, s'enlève sur un fond rouge, comme les danseuses des fresques de Pompeï. Cornélius a donné à son Eros des formes robustes et trapues qui conviendraient mieux à l'Hercule enfant qu'au dieu de l'harmonie universelle. Il a voulu éviter, nous le comprenons, la gentillesse efféminée des cupidons vulgaires; au lieu de ces contours heurtés, de ces muscles saillants, des lignes d'une grâce noble et d'une douceur sévère eussent rendu l'idée du peintre d'une façon aussi élevée et plus sympathique. Le coloris *sfumato*, comme disent les Italiens, ne dissimule nullement l'âpreté du dessin et la rudesse du type; il les accentue, au contraire. Le premier de ces Eros est de la main même de Cornélius, et nous devons avouer qu'il ne nous a pas paru supérieur aux autres confiés à la brosse des disciples ou des collaborateurs. Les quatre parois de la salle, en faisant aboutir à ce centre la quadruple arête des voûtes, représentent à la fois les quatre éléments, les quatre saisons, les quatre heures du jour et les quatre règnes cosmogoniques.

Ainsi, à l'Eros chevauchant sur un dauphin se rattachent la Saison printanière coiffée d'une couronne fleurie et laissant échapper de sa corne d'abondance tous les trésors parfumés d'avril, près de l'Amour qui joue de la lyre et de Psyché qui cueille des fleurs ; le Matin, symbolisé par l'Aurore montée sur son char vermeil, entourée des Heures à peine éveillées et précédée de Lucifer qui fuit devant les chevaux en éteignant sa torche ; Tithon et l'Aurore demandant à Jupiter d'accorder l'immortalité à son amant ; l'Aurore se levant au premier cri du coq et quittant son vieux mari et son jeune fils endormis ; Céphale et Procris, l'Aurore et Céphale sur fond noir ; des syrènes ailées, des monstres marins et de petits génies jouant de divers instruments ; puis dans le grand tympan, le règne de Neptune ou le monde aquatique ; et, sur la muraille, la naissance de Vénus, agréable bas-relief de L. Schwanthaler.

A l'Eros sur l'aigle de Jupiter se relient, par la même déduction logique, l'Été, sous la figure de Cérès, couchée près de l'hermès de Pan, symbole de fécondité, et du Zéphyre qui tient une flûte de roseaux et une couronne de fleurs ; le Midi, représenté par Apollon sur un char d'or à quatre chevaux, soutenant de ses mains le zodiaque arrondi en auréole autour de sa tête, et accompagné des Heures brûlantes, qui répandent sur la terre des roses enflammées ; Apollon et Daphné, Leucothoé, Clytie, Cyparisse et Hyacinthe, tous favorisés de l'amour fatal du dieu ; Apollon chez les bergers, Apollon jugeant Marsyas, le Génie de la poésie ; des Ménades assises sur des griffons ; des Amours portés par des tigres et traînant des chèvre-pieds enchaînés ; le règne de Jupiter ou le monde de la lumière ignée ; et en bas-relief, le combat de Jupiter contre les géants, modelé par Haller. Sur le fronton de la porte s'embrassent l'Amour et Psyché, haut-relief de Schwanthaler.

A l'Éros avec le paon se rapportent l'Automne, le Soir et différents épisodes de la vie de Diane; l'Automne, c'est Bacchus appuyé sur son tigre entouré d'amours traînant des outres de vin et jouant des crotales ou du tambour de basque. Le Soir, c'est la déesse Luna ou Phœbé avec le croissant, sur un char argenté attelé de chevreuils que guide un amour aux ailes de phalène. Au devant vole Hespérus, reconnaissable à l'étoile qui scintille au-dessus de sa tête; il tient dans ses bras une jeune fille, sa fiancée, symbole du crépuscule nocturne, où la lumière se marie à l'ombre; les Heures du soir suivent le char en jetant des belles-de-nuit; deux jeunes filles causent et s'embrassent comme pour marquer le loisir que laisse la fin du jour. Diane punissant Actéon pour avoir profané ses charmes divins d'un regard mortel, Diane tenant sur ses genoux la tête d'Endymion endormi pendant que l'Amour caresse les chiens de la déesse; de petits tableaux représentant la chasse de Diane, le sacrifice d'Iphigénie; des arabesques où circulent autour de la Diane d'Éphèse des hommes luttant avec des animaux couvrent la voûte jusqu'à la baie de la fenêtre, qui tient la place du tableau principal devant représenter le règne de l'air; les êtres les plus symboliques, les plus mythiques et les plus ésotériques ont parfois leurs moments de gaieté, et nous trouvons assez ingénieusement jovial cette facétie déclinatoire. Nous n'aurions jamais soupçonné la fresque allemande, si maussade et si rechignée, d'un pareil trait de vaudeville.

A l'Éros, monté sur Cerbère, se suspendent des sujets nocturnes ou souterrains. C'est d'abord l'Hiver, non pas se chauffant la main à un feu de marbre, mais se parant pour la fête des Saturnales; l'Amour allume la torche de l'orgie et prend le masque que Momus lui présente. M. Cabanel, un de nos jeunes artistes, en peignant le mois de Février dans une des salles de l'Hôtel de Ville, a eu une idée analogue; mais avec quelle grâce légère et quel esprit il l'a rendue! Puis vient la Nuit sur un char traîné par des chouettes; la noire déesse tient dans ses bras deux jeunes garçons symbolisant le Sommeil et la Mort, ses frères jumeaux; l'essaim des Songes, découpant ses formes fantasques sur le fond sombre du ciel, fuit devant le char comme un vol de hiboux effrayés; le trio des mornes Filandières vaquant à leur triste besogne, Hécate, Némésis, Harpocrate, divinités silencieuses, fatales et nocturnes, l'une avec son sceptre magique, l'autre balançant la fronde dont elle atteint le crime, le troisième apposant son doigt sur ses lèvres comme un cachet de mystère et tenant près de lui la corne d'abondance, emblème des puissances secrètes de la nature, remplissent les compartiments qui accompagnent le char de la Nuit; Jupiter prolongeant sa nuit avec Alcmène; Psyché regardant à la lueur de la lampe l'Amour endormi, se dessinent dans des cadres à fonds noirs. Les figurines des arabesques représentent la lutte des puissances mystérieuses de la nature préparant la vie organique; de jeunes hommes défendent des femmes contre les attaques de chimères, de griffons et autres monstres représentant les terreurs fantastiques.

Les sculptures de cette paroi sont : Pluton enlevant Proserpine, emblème de la puissance de la mort, de Stielgmaier; et Proserpine revenant des enfers et retrouvant sa mère Cérès, emblème de la vie nouvelle qui naît de la mort, de Schwanthaler.

Certes, il est difficile de trouver, le sujet donné, une composition plus ingénieuse, plus fine, plus philosophique, se déduisant mieux du thème principal et se correspondant plus exactement dans toutes ses parties ; et, comme invention, on n'a que des louanges à donner au penseur. L'artiste seul offre large prise à la critique.

Le tableau du Triomphe de Neptune rappelle, moins la grâce, certaines vieilles tapisseries d'après Natoire ou Coypel. Neptune manque totalement de noblesse et il est d'un rouge brique plus convenable à un Caraïbe qu'au dieu de la mer. L'Amour conduisant le char a une pose d'écuyer du cirque travaillant sur un cheval nu. Les Néréides, dont la nudité mythologique prête si bien au dessin et à la couleur, et dont Raphaël et Rubens, à des points de vue différents, ont tiré un si excellent parti, ont des types trop sensiblement germaniques et semblent plutôt faites pour nager dans les vagues grises de la mer du Nord que pour plonger dans l'azur des flots ioniens. L'Amphion sur son dauphin mélomane n'est pas non plus très-heureux.

L'Olympe est le moins réussi des trois grands sujets. C'est une rude entreprise, nous le savons, que de représenter ces douze olympiens, d'une beauté complète et diverse, aux corps de marbre et de lumière, aux chevelures ambroisiennes, aux lèvres pourprées de nectar, savourant dans toute sa plénitude leur immortalité. Seul, le peintre de la Farnésine a pu risquer d'évoquer ces grands souvenirs du paganisme par sa fresque sublime; mais comment Cornélius, ce maître si sérieux et si austère, a-t-il pu introduire dans le ciel grec un sabbat allemand, et changer l'Olympe en Brocken en y faisant monter à la suite de Bacchus ces monstrueuses et caricaturales figures de Faunes, d'Ægipans, de Silènes, de Mimallons et de Corybantes qui grimacent si étrangement dans le coin du tableau? L'antiquité même, en soudant le dieu à la brute, le chimérique au réel, n'oubliait jamais la beauté plastique. Que dirait le Faune de Barberini, qui dort si noblement au milieu de la salle voisine sur son rocher de marbre, s'il se voyait ainsi travesti en kobold ou en mineur du Hartz?

Le Tartare offre, nous sommes heureux de le dire, de très-belles parties; ce sujet sombre et rude allait mieux à l'âpre génie de Cornélius. Les trois juges infernaux siégent avec une tranquillité implacable et morne du plus grand effet. La Proserpine, rêvant sur son trône de fer à côté de son noir époux, à la blonde lumière du soleil et aux fleurs des prairies de Sicile, a un air de langueur nostalgique que distrait à peine le chant d'Orphée. La figure d'Eurydice attendant l'effet des prières du poëte sur l'inflexible roi des enfers est véritablement charmante; sa tête, doucement craintive, exprime bien les anxiétés de l'incertitude et le désir de renaître à la vie et à l'amour; il y a aussi de beaux morceaux dans les groupes des Érinnyes et des Danaïdes, sauf quelques exagérations de musculatures qui enlèvent le caractère féminin aux bras et aux torses; mais l'Orphée est lourd et commun, et le Cerbère semble copié sur une chimère japonaise.

La salle troyenne ou des Héros reproduit l'âge héroïque de la Grèce : au centre de la voûte, dans un cercle modelé par Schwanthaler et représentant les douze dieux de l'Olympe, on voit les noces de Pélée et de Thétis, cause première de la guerre de Troie. Différents sujets relatifs à cette histoire, tels que le Jugement de Pâris, les Noces d'Hélène et de Ménélas, l'Enlèvement d'Hélène, Achille à Scyros, le Sacrifice d'Iphigénie, Jupiter envoyant un songe vers Agamemnon endormi, Mars et Vénus blessés par Diomède, remplissent les compartiments tracés par les arêtes de l'architecture ; nous n'en parlerons pas avec détail, pour nous occuper tout de suite des trois grandes compositions qui occupent les tympans.

La première nous montre la colère d'Achille. C'est le début de l'Iliade mis en action avec une science familière de l'antiquité qui fait honneur à l'érudition hellénique de l'artiste. Le prêtre Chrysès, portant le sceptre et les bandelettes du dieu, vient redemander sa fille Chryséis déjà coiffée du pétase et montée sur le mulet qui doit l'emmener ; Agamemnon, le chef des hommes, et Achille aux blonds cheveux se disputent, avec l'aménité de héros homériques, en s'appelant yeux de chien et cœurs de cerf. Le Péliade a déjà tiré à demi sa grande épée et tomberait sur l'Atride, si Minerve, aux yeux d'azur, ne descendait du ciel pour l'arrêter. Derrière Achille se tiennent Briséis aux belles joues et le valeureux Patrocle ; on reconnaît aussi groupés selon la part qu'ils prennent à la dispute : Ménélas, Antiloque, Ajax, Idoménée, Nestor, Ulysse et Thersite, le grotesque de l'Iliade ; au-dessus, Phébus Apollon, irrité, perce de ses flèches les hommes, les chiens et les mulets ; les bûchers envoient au ciel de longs tourbillons de fumée, et les proues des navires creux tirés sur le sable se recourbent avec la plus scrupuleuse exactitude archaïque. Nous rappellerons seulement à l'artiste que l'arc d'Apollon n'est pas d'or, mais bien d'argent, comme l'atteste l'épithète homérique imitée par André

Chénier. Cette peinture est la meilleure de la salle : la simplicité grecque a ici contenu le maniérisme allemand, et le coloris, sans être bon, inquiète moins les yeux que celui des deux autres tableaux.

Que dire du combat autour du corps de Patrocle? Cela nous reporte aux pires productions des élèves inférieurs de David, dont on s'est tant moqué il y a une vingtaine d'années, et, pour rendre l'idée d'un style pareil, il faudrait aller au Luxembourg et s'arrêter devant certaines toiles de...

Le corps de Patrocle, qu'Achéens et Troyens se disputent, a au moins dix têtes de longueur et produit l'effet le plus disgracieux; l'Ajax se distingue par une pose ridiculement violente et une physionomie dont le terrible touche au grotesque; les autres groupes déploient, dans des attitudes forcées, des anatomies exagérées, et que la science n'excuse pas toujours : certains bras ont l'air de noueuses branches de chêne, certains torses font songer à des sacs de noix dressés contre des murs. L'Achille et la Minerve agitant la foudre du haut du retranchement sont courts, strapassés et sans majesté aucune; le coloris est d'une crudité et d'une impropriété extrêmes. Les tons les plus invraisemblables et les plus discordants y sont rassemblés comme par gageure.

La Prise de Troie est tout à fait mélodramatique; les personnages y posent comme dans un tableau final, avec des attitudes composées et théâtrales. Hécube, la vieille reine, rassemblant autour d'elle ses filles effarées, occupe le milieu de la composition; Priam, le roi patriarcal, est déjà tombé mort, et Néoptolème balance par le pied le petit Astyanax, qu'il s'apprête à lancer par-dessus la muraille. Andromaque, évanouie, s'est affaissée sur les genoux d'Hécube, à laquelle s'attache Polyxène, craignant d'être emmenée par Ménélas. Hélène, cause de tant de désastres, s'appuie, honteuse et craintive, contre une colonne, redoutant les regards de son époux, tandis que Cassandre, qu'Agamemnon essaye de faire taire, prophétise les malheurs de la maison des Atrides. La silhouette du cheval de bois se dessine sur l'embrasement de la ville, au-dessus du groupe des guerriers grecs tirant le butin au sort. Dans l'angle du tableau l'on voit Énée, emportant son père Anchise et les dieux d'Ilion.

Les observations que nous avons adressées aux peintures précédentes s'appliquent encore à celle-ci : les idées en sont poétiquement et littérairement bonnes, mais l'exécution les voile au lieu de les éclairer.

L'histoire de la peinture déroulée sous la voûte d'une longue galerie dans la Pinacothèque, à l'imitation des loges de Raphaël au Vatican, est très-ingénieusement composée; et, en décrivant avec détail les tableaux, cartouches, caissons, pendentifs qui se succèdent d'arcade en arcade, on ferait une charmante légende chronologique et humanitaire de l'art, depuis ses origines jusqu'à nos jours. Mais quelle couleur fausse, criarde et louche! quel dessin négligé! quel manque d'esprit dans les arabesques! quel aspect de papier peint et d'ornements de café!

Ce n'est qu'après un mûr examen que nous hasardons sur Cornélius un avis tellement contraire à l'opinion reçue. Vingt ans d'étude sur la peinture ancienne et moderne, la connaissance des procédés de l'art, l'examen attentif de toutes les galeries du monde, des voyages en Espagne, en Italie, en Grèce, aux sources du vrai beau, nous donnent ce courage et la certitude que nous ne nous trompons pas, à notre grand regret ; car c'est une si douce chose d'admirer.

LA NOUVELLE PINACOTHÈQUE

I

A l'extrémité d'un faubourg fashionable et meublé de jolies maisons qui tiennent à la fois de la villa italienne et du cottage anglais, s'élèvent deux bâtiments parallèles et de style différent. Ce sont les deux Pinacothèques, l'ancienne et la moderne. Peut-être un jour introduirons-nous nos lecteurs dans l'ancienne, qui est simplement un des plus riches musées de l'Europe. Mais avant de nous occuper de l'art immortel, qui a le temps d'attendre, mettons-nous en règle avec l'art vivant, beaucoup moins sûr de l'éternité, et bornons-nous à entrer aujourd'hui dans la nouvelle Pinacothèque, consacrée aux peintres contemporains, à peu près comme notre Luxembourg.

L'extérieur de cet édifice, construit sur les plans de M. Voit, est d'un aspect un peu lourd, mais ne manque pas de noblesse. La façade méridionale présente un grand mur plat. A la hauteur du premier étage se profile un bandeau au-dessus duquel s'étalent sept grandes fresques d'après Kaulbach, et dont nous aurons l'occasion de parler plus loin. Cette architecture polychrome et ces peintures en plein air surprennent les yeux habitués aux parois blanches ou grises des maisons et des monuments de Paris, et M. Hittorf serait ici le plus heureux du monde, car son système de coloration des édifices est adopté partout.

Un perron d'une belle ordonnance conduit à un vestibule magnifiquement décoré, orné de dorures, de marbres et de stucs, et dans lequel un escalier à double révolution se présente aux pieds essuyés des visiteurs pour les mener aux salons d'en haut. Entre les deux rampes de cet escalier s'ouvre, comme une caverne, une niche où apparaît, dans un demi-jour favorable, le modèle colossal en plâtre de la Bavière, debout sur un char triomphal, traîné par un formidable quadrige léonin, dont la reproduction en bronze orne l'arc de triomphe qui fait face à Ludwig-Strasse, la plus belle rue de Munich.

Ce groupe savamment conçu, largement exécuté, couronne bien le monument auquel il est destiné, et découpe une assez fière silhouette dans les rougeurs du soir. Mais ici ces quatre lions colossaux, dont l'énormité se démontre par le rapprochement, entrevus à travers cette ombre comme au fond d'un belluarium, ont l'air de monstres antédiluviens gardés pour les combats d'une immense arène bordée d'un public de géants, et ils vous causent involontairement une sorte de terreur par leur majesté fauve et farouche. L'auteur de ce beau quadrige est M. Wagner.

La Pinacothèque moderne se compose de onze salles

grandes et moyennes, recevant le jour d'en haut, et d'une série de cabinets éclairés latéralement et destinés aux petits tableaux. Cette disposition n'a pas l'aspect majestueux de nos longues galeries, mais elle dispense le jour d'une manière plus équitable et mieux proportionnée à la dimension des cadres. En somme, l'édifice offre une magnifique et cordiale hospitalité aux tableaux qu'il accueille; nous allons voir jusqu'à quel point les hôtes sont dignes du palais.

A côté de Cornélius et en tête de la liste des peintres allemands contemporains se place tout naturellement Overbeck. Celui-ci est le Raphaël de son pays comme Cornélius en est le Michel-Ange; il est bien entendu que nous ne voulons rien dire autre chose par là, sinon que chacun de ces éminents artistes a choisi pour patron le maître qui lui a semblé le plus conforme à ses tendances et à son tempérament. Cornélius, que nous avons déjà apprécié, semble avoir toujours professé, à l'endroit de la peinture à l'huile, un dédain michelangelesque; nous ne le retrouverons donc pas ici. Overbeck, nature calme, esprit religieux, âme évangélique, a passé toute sa vie à Rome, où nous avons eu l'honneur de le voir, et a laissé à l'Italie la plupart de ses productions; il n'est donc pas étonnant qu'elles soient rares dans sa patrie. Les deux seuls échantillons de ce maître que possède la Pinacothèque sont: d'abord le portrait de Vittoria Caldoni, une de ces belles filles d'Albano dont les artistes aiment à faire des études, et qui n'a pas d'autre importance; puis un groupe de deux femmes, intitulé *Allemagne et Italie,* que l'on a pu voir souvent exposé en gravure aux vitres des marchands d'estampes de Paris. Si nous avons souvent éprouvé devant les originaux allemands une désillusion pénible des espérances inspirées par un burin trompeur, nous devons proclamer hautement qu'ici notre attente a été dépassée. L'œuvre d'Overbeck brille entre toutes les toiles de la Pinacothèque par un sentiment de grâce exquise et par une suavité toute raphaélesque. Au milieu d'un paysage lumineux qui reproduit, d'un côté, quelques fabriques italiennes s'enlevant sur des touffes d'arbres et sur l'outremer des montagnes lointaines, et, de l'autre, une ville allemande du moyen âge avec ses clochers aigus, ses tourelles en poivrière, ses pignons tailladés en scie, comme Albert Durer aime à en découper au fond de ses tableaux, deux jeunes filles, d'une beauté toute céleste, semblent échanger quelque confidence virginale : l'une d'elles, tendre et naïve blonde, au corsage de velours vert garni de martre, aux larges manches rattachées par des agrafes de pierreries, costume tout septentrional, interroge d'un regard affectueux sa compagne, qui se penche vers elle, les yeux baissés comme une madone, dans une pose attendrie et d'une grâce mélancolique : leurs belles mains entrelacées, qui font sur leurs genoux l'effet d'un bouquet de lis, sont étudiées et modelées avec une rare finesse. L'ardeur contenue du Midi et la rêverie candide du Nord différencient heureusement ces deux types. La blonde Allemagne paraît interroger sa brune sœur, avec une curiosité enfantine, sur les secrets de l'art et les mystères de la beauté ; l'Italie écoute indulgemment, sous sa couronne de lauriers, la naïve jeune fille, coiffée des humbles fleurs de la prairie. A en juger par le tableau, les conseils de l'Italie doivent être excellents ; car, placée dans une galerie ancienne, entre un Pérugin et un Raphaël, la toile d'Overbeck n'y ferait pas tache. Ce petit cadre, où l'artiste n'a eu aucune prétention à entrer en lice avec les grandes machines de ses confrères, satisfait également l'œil et l'esprit, et nous n'hésitons pas à le proclamer la meilleure peinture moderne de Munich.

M. Kaulbach est encore un nom connu en France : il y a quelque quinze ans il fit sa première apparition chez nous, au bas d'une gravure représentant une maison de fous. Cette estampe révélait un penseur, et la physionomie fortement accentuée du savant, de l'ambitieux, du dieu de sa propre religion, de la folle par amour, du mathématicien, prouvait une étude profonde de cette suprême misère de la nature humaine ; tout le monde se souvient de cette malheureuse insensée berçant avec frénésie entre ses bras une bûche, simulacre de l'enfant qu'elle a perdu : jamais plus navrante image ne fut tracée par le crayon. Néanmoins, à travers l'éminent mérite de cette œuvre, nous avions entrevu déjà une tendance fâcheuse à donner aux haillons modernes des plis sculpturaux, des cassures héroïques assez inutiles dans une cour de Charenton ou de Bedlam, et à souder à des têtes étudiées avec une finesse et une profondeur physiognomoniques dignes de Lavater des membres et des extrémités d'un dessin tout à fait conventionnel. Une biographie de l'artiste nous apprend qu'il fut chargé de peindre une église dans une maison d'aliénés près de Dusseldorf. Poursuivi pendant longtemps par le souvenir du hideux spectacle qu'il avait eu si longtemps sous les yeux, il ne put parvenir à se débarrasser de ce cauchemar, qui revenait s'accroupir sur sa poitrine comme le Smarra du conte de Nodier, qu'en le fixant sur la toile. Les fantômes de la démence emprisonnés sous une forme plastique cessèrent de le hanter, et il recouvra son repos. Ainsi Goëthe se délivrait de toute idée troublante en la coulant dans le moule du rhythme ; il est fâcheux que l'auteur de *la Maison de fous* ait reculé devant la *vérité vraie* et ne se soit pas défendu, cette fois du moins, de la manie qu'ont les Allemands de tout *styliser*, un verbe qu'on nous permettra de leur emprunter et qui nous manque.

Quelques années plus tard, Kaulbach nous envoyait une grande composition légendaire représentant les légions romaines et les hordes d'Attila ressuscitées après le combat, et continuant à l'état de spectres, dans le ciel nocturne, la lutte qu'elles avaient soutenue la veille, corps vivants, sur la terre et à la pure lueur du soleil. Un tourbillon de guerriers déroulait dans l'air sa spirale menaçante, et l'on croyait, à l'aspect de cette mêlée fantastiquement terrible, entendre des cliquetis d'épées et des chocs d'armures. Cette vaste composition n'a été exécutée qu'en grisaille, par suite de l'ardeur impatiente de la personne qui l'avait commandée, et révéla dans son auteur beaucoup de science et d'imagination. Nous trouvons à la Pinacothèque une autre grande page du même genre, ayant pour thème la destruction de Jérusalem : ce sujet magnifique a été conçu par l'artiste dans sa plus haute acception. Les quatre prophètes habitués à sonner les trompettes hideuses des malédictions, comme dit Shakespeare, Isaïe, Jérémie, Ézéchiel et Daniel, montrent sur leurs livres sacrés la malédiction divine ; devant eux planent les anges de l'Apocalypse faisant flamboyer leurs glaives de feu ; au fond paraît Titus à la tête de ses légions, marchant sur les débris fumants et accomplissant les menaces prophétiques. Plus en avant, les hordes ont déjà envahi l'autel délaissé, et soufflent à pleine bouche dans leurs clairons triomphants. Vers la gauche fume le temple incendié dont Jésus a prédit qu'il ne resterait pas pierre sur pierre; Ahasverus, chassé par trois démons armés de fouets à lanières de serpents, commence son infatigable pèlerinage, terrible allégorie de ce peuple indomptable et opiniâtre renaissant sous le châtiment éternel; enfin, au premier plan se groupent les martyrs et les croyants conduits par des anges élevant le calice eucharistique. Certes, il suffit de cette description très-sommaire pour faire comprendre tout le parti qu'un maître pouvait tirer d'une donnée semblable. Malheureusement ici, comme dans la plupart des œuvres de l'école allemande, l'exécution ne répond pas à l'idée. Quoique Kaulbach ne paraisse pas professer pour la couleur le dédain farouche et teutonique des autres peintres de ce cycle, la vérité nous force à dire que son grand tableau rappelle d'une manière fâcheuse, par le coloris et l'aspect, des petites toiles où M. O. Gué traite des sujets bibliques; quelques groupes çà et là décèlent de l'imagination, et le dessin ne manque ni de science ni de mouvement, mais l'aspect général ne saisit pas et ne s'empare pas invinciblement de l'œil et de l'esprit. La griffe du lion ne raye nulle part cette toile placide et convenable.

Sur les parois latérales de la grande pièce dont la destruction de Jérusalem occupe le fond, se voient deux portraits en pied, peints l'un et l'autre par Kaulbach, d'après deux artistes de Munich. Ils sont revêtus de costumes moyen âge, tels, dit la notice, qu'ils se sont montrés à la grande mascarade des artistes en 1840. Avec des costumes aussi bien reproduits que ceux-ci, le peintre n'avait qu'à copier juste pour faire un pseudo-Albert Durer assez ressemblant; ces deux figures font involontairement penser à des troubadours ou à des chevaliers de Fragonard.

La plaisanterie allemande, on le sait, n'est pas légère, mais elle prend une particulière lourdeur lorsqu'au lieu d'être écrite ou parlée elle est peinte, et surtout peinte à fresque sur un mur d'une centaine de mètres de longueur. La peinture peut à peine sourire du bout de ses belles lèvres rouges : comment admettre qu'elle rie aux éclats et consacre les moyens les plus durables de l'art à des charges qu'il suffirait de croquer au fusain ou à la craie sur la porte de l'atelier? Les dix fresques exécutées à l'extérieur de la Pinacothèque moderne, par Nilsen, d'après les petits tableaux de Kaulbach, que nous retrouvons ici, démontrent surabondamment que la gaieté grimace lorsqu'elle prend des proportions monumentales. Les parois du temple de l'art ne doivent recevoir que des héros et des dieux, et c'est une profanation que d'employer une aussi belle place que la façade d'un musée et un aussi noble moyen que la fresque à reproduire des Hogarth apocryphes, des Biard gigantesques, des Daumier et des Cruishanck colossaux : c'est ce que Kaulbach a osé faire, et il en est résulté une triste drôlerie, un mélange hybride de formes, de couleurs et de costumes, une espèce de carnaval au soleil, très-ridicule et très-désagréable à voir. Nous nous garderons de décrire chaque sujet l'un après l'autre, et nous nous bornerons à dire que l'idée mère de cette exhibition artistico-burlesque consiste dans la glorification de l'école allemande en général, et celle du roi

Louis Iᵉʳ en particulier. Assurément, si jamais souverain a prodigué aux arts des encouragements nobles, intelligents, magnifiques, c'est bien celui-ci, et l'immortalité des Médicis lui serait à bon droit dévolue. Pas un monument à Munich qui ne porte son nom, et, chose encore plus admirable que d'avoir tout entrepris, il a tout achevé. Ce n'est pas sa faute si les Michel-Ange, les Raphaël et les Léonard de Vinci lui ont manqué, et si son siècle n'a pas été un siècle de Léon X, et il est fâcheux que ce roi artiste par excellence ait obtenu une si médiocre apothéose.

Malgré le fil d'Ariane du livret, nous n'avons pas l'amour-propre de nous être retrouvé à travers le dédale des allégories et des allusions de cette composition, naturellement obscure pour un étranger; cependant nous essayerons de donner l'idée de deux ou trois de ces pages bizarres. L'une représente « l'activité des artistes qui ont exécuté pour le roi d'*œuvres éminentes* (sic). » Nous ne chercherons pas chicane à cette phrase; un livret allemand n'est pas obligé de parler français, et nous allons tâcher d'expliquer la chose. Un artiste, dans lequel nous avons cru reconnaître Cornélius, peint à son chevalet, tandis qu'au second plan des élèves travaillent à une fresque sur un échafaudage. A ses pieds est accroupi, dans une pose simiesque, un modèle de femme qu'il ne regarde pas, sans doute pour indiquer, par un mythe ingénieux, le dédain abstrait de l'école allemande pour la nature. Sur la gauche, un peintre de paysage montre sa toile à un confrère qui, les bras étendus avec un geste épiscopal, semble la bénir; à droite, la porte s'ouvre bruyamment pour livrer passage à l'abdomen aulique et proéminent d'un conseiller en costume de bailli de l'Opéra-Comique, qui, le jarret tendu, la tête en arrière et la bouche dilatée par un sourire important et diplomatique, apporte sur un coussin des rubans et des croix; il est flanqué d'un héraut brandissant au-dessus de sa tête une sorte de thyrse empanaché de rubans aux couleurs de Bavière. S'il pouvait y avoir quelque chose de ridicule dans les récompenses accordées au mérite par un pouvoir intelligent, ce personnage officiel serait vraiment risible.

Prenons encore au hasard. Nous voyons ici l'inauguration de la statue du roi Louis de Bavière. C'est le fait intelligible de la composition, dont le reste est un mystère pour nous. Sur le devant a lieu un combat équestre d'enfants armés de lances de bois, caparaçonnés de panoplies de carton décrochées de la boutique de quelque marchand de jouets du Nuremberg, et enfourchant des bâtons à tête de cheval. Que peut signifier cet étrange et burlesque épisode ? la lutte d'écoles bâtardes remplacées par l'école nouvelle ? Nous l'ignorons, et nous hasardons cette conjecture pour justifier la présence de cette facétie caricaturale au milieu d'un sujet grave. Au-dessus de la statue placée, comme il convient, au milieu du tableau, se balance une guirlande de truelles, de ciseaux, de palettes, d'ébauchoirs, de pinceaux, de crayons, de violons et autres instruments d'art ou de travail. Derrière l'effigie royale, des artistes groupés chantent les louanges du monarque. Nous avons pu nous convaincre à l'Opéra de Munich de l'excellence des chœurs allemands; mais ici l'on dirait que le peintre a voulu reproduire un de ces grotesques concertos d'amateurs ou de musiciens de villages qui plaisent à la verve bouffonne des caricaturistes : jamais musique n'a fait décrire aux bouches d'où elle s'exhale de plus étranges ellipses, de plus singuliers rictus et plissé des visages humains en mascarons plus laids. Kaulbach a, quand il le veut, de la noblesse et du style; et ces figures fallottes sont *voulues* assurément, mais dans une intention qui nous échappe.

La plus drolatique de ces compositions est certainement celle que l'artiste intitule *Combat contre le mauvais goût*. Sur une espèce de tombeau ou de piédestal de style grec, percé d'une niche où sont blotties les Grâces dans une position fort gênée, apparait une chimère tricéphale multiplement coiffée de perruques à marteaux et à queue, poudrées d'une farine abondante. — C'est l'hydre du mauvais goût. Elle a des pattes de lion, des griffes d'aigle, et à peine ce qu'il faut du corps pour servir de point d'attache à ces membres disparates. Cornélius en paletot noisette, monté sur le bon cheval Pégasus, lui porte un terrible coup de lance auquel l'hydre riposte par un jet de salive venimeuse. Derrière lui chevauche en croupe un autre artiste, — serait-ce Kaulbach lui-même? — et un troisième, le pied appuyé sur le dos d'une tortue comme sur un montoir, cherche, lui aussi, à enfourcher le coursier du Parnasse. Sous ce groupe, et adossé au piédestal de l'hydre, un vieillard à perruque, en costume Louis XV, parait dormir d'un sommeil léthargique, et tient amoureusement serré entre ses bras un mannequin, moins mannequin que lui. De l'autre côté du tableau se déroule une théorie de savants, et quels savants! conduits par Minerve, la déesse au casque orné d'un hibou.

Nous avons été assez romantique pour comprendre une caricature lithographiée sur un sujet pareil; mais faire mettre une charge de rapin au carreau et l'élever à la dimension épique, quelle puérilité! Kaulbach a fait vraiment un emploi bien déplorable des trois cent soixante-huit pieds en longueur qu'il avait à couvrir de peintures murales. Nous avons été bien surpris de voir un penseur si intelligent méconnaître à ce point les convenances les plus élémentaires de l'art. Hogarth, le grand maître des caricaturistes, s'est toujours restreint à de petites proportions, et la prodigieuse quantité de détails ingénieux ou significatifs dont il complique la plupart de ses compositions lui est à bon droit reprochée. Le divin Léonard a dessiné à la plume, sur des bouts de papier que la postérité a recueillis, quelques charges contemporaines plus savantes que gaies; mais ni l'un ni l'autre de ces artistes n'auraient eu l'idée de travestir un monument sérieux et digne en un musée pour rire.

Si c'est de la sorte que Kaulbach entend le réalisme, nous aimons encore mieux les abstractions les plus nuageuses ou les imitations les plus archaïquement byzantines. — La peinture n'existe qu'en vertu de la beauté ou du caractère, et l'artiste que nous venons, bien à regret, de critiquer sévèrement est plus en état que personne de le comprendre, si un vain désir d'originalité à tout prix n'était venu troubler son inspiration ordinairement plus haute et plus pure.

II

M. Henri de Hess, moins connu en France que Cornélius, Overbeck et Kaulbach, possède un talent qui nous semble plus complet, plus raisonnable, et c'est sans doute à cause de cette nature éclectique et conciliante que son nom n'a pas excité le même retentissement. L'exagération des formes, la violence du style, l'âpre saveur des fresques de Cornélius, acides à l'œil comme des fruits verts au goût, sont les résultats voulus d'une immolation systématique de tout le côté plastique de l'art au côté purement idéal. Par dédain du vulgaire, Cornélius semble chercher le choquant; par cela même, il fait impression sur ceux même qu'il ne convainc pas. Overbeck se retranche dans la peinture religieuse et mystique des maîtres antérieurs à Raphaël; Kaulbach a tenté de mêler à ses compositions l'élément moderne, et il n'y a pas toujours réussi. M. de Hess, chargé de la décoration de trois des églises modernes de Munich, s'est acquitté de cette tâche immense avec un talent réel que nous apprécierons en temps et lieu, et qui aurait dû lui valoir une plus grande célébrité. Il n'a qu'un seul tableau à la nouvelle Pinacothèque; mais ce tableau, qui paraît travaillé avec un soin tout particulier, et qui se trouve mieux placé à la portée du regard que la plupart des œuvres de ce maître, offre un excellent spécimen de sa manière.

Dans cette composition, moitié allégorique, moitié mystique, M. de Hess a placé au milieu d'une gloire la sainte Vierge avec l'Enfant divin. A droite et à gauche de ce groupe central se tiennent, comme une garde d'honneur céleste, les quatre docteurs de l'Église : Grégoire, Jérôme, Ambroise et Augustin. Sur les marches du trône s'agenouillent, dans des attitudes d'adoration prosternée, les patrons des quatre églises catholiques que le roi Louis de Bavière a construites et dotées : saint Boniface avec le modèle de la basilique ; saint Louis et saint Étienne, l'un avec le modèle de l'église qui lui est consacrée; l'autre avec celui de la chapelle royale ; quant au modèle de l'église de Notre-Dame, bâtie au faubourg d'Au, c'est un ange qui le présente à la patronne divine.

La peinture de M. Henri de Hess n'a aucun des défauts caractéristiques, mais aussi aucune des qualités exorbitantes qui excitent les dénigrements et les enthousiasmes passionnés. Cet artiste s'adresse aux natures calmes, aux esprits délicats et modérés, et mérite en effet toutes leurs sympathies. Dans le tableau dont nous nous occupons, les types sont bien choisis ; le dessin est élégant, la couleur harmonieuse et douce. On ne saurait faire un compromis plus habile entre la naïveté du style religieux archaïque et la science moderne. Cela n'est ni trop gothique ni trop récent ; l'œil n'est choqué ni par des affectations de roideur à la manière des anciens maîtres, ni par des dissonances d'actualité. — Cette toile, contrairement aux œuvres de l'école allemande, qui pèchent toujours plus ou moins du côté de l'exécution, n'offre d'autre prise à la critique que sa perfection même; perfection si constante, si égale, si soutenue depuis la tête de la Vierge jusqu'à la chape de l'évêque, qu'on se prend à désirer quelque coin plus lâché, quelque coup de pinceau moins sûr, trahissant la fatigue, l'inquiétude ou la passion; mais la trame est si homogène qu'on n'y saurait trouver un fil cassé ou repris. N'allez pas croire pourtant que cet extrême fini tombe dans la minutie et la sécheresse, il est au contraire parfaitement conforme à la dignité du style et du sujet adoptés par l'artiste. La longue série des peintures de M. de Hess ne renferme ni une faute de dessin, ni une discordance de ton, ni un manque de goût; et il est vraiment singulier que, jusqu'à notre voyage d'Allemagne, nous ayons à peine soupçonné l'existence de ce peintre recommandable à tant d'égards et le plus capable assurément de soutenir à la prochaine exposition universelle l'honneur de la moderne école allemande. Les têtes de ce tableau sont belles, nobles, sympathiques, et les détails, comme nous l'avons dit, traités avec une habileté rare; les orfrois des brocarts et les pierreries qui dessinent des ramages sur ce fond splendide ont une puissance d'illusion singulière, mince mérite sans doute, mais qu'on doit apprécier lorsqu'il ne nuit en rien à l'élévation de la pensée et à la pureté du style.

Après une grande composition du *Déluge*, tentative plus ambitieuse que réussie d'un peintre de Dusseldorf, M. Schorn, et dont la mort de l'auteur a laissé plusieurs parties à l'état d'ébauche; après une déposition de croix de M. Fischer, qui présente plusieurs morceaux dignes d'éloges, quand nous aurons cité une *Sainte-Famille* de M. Schadow, nous serons en règle avec la peinture historique à la Pinacothèque nouvelle. M. Schadow est connu en Allemagne comme le chef de l'école de Dusseldorf. Sa Vierge est assez raphaélesque, et l'ensemble du tableau, qui reproduit d'ailleurs les types inévitables de ces sortes de compositions, serait assez satisfaisant, s'il n'était déparé par un saint Joseph rose et doucereux comme un vieillard des idylles de Gessner, beaucoup plus suisse qu'hébraïque et ne rappelant en rien l'austère charpentier de Nazareth.

Cette toile révèle dans M. Schadow un artiste qui connaît les bonnes sources et y puise à larges urnes : ce n'est jamais l'érudition qui manque aux Allemands ; ils savent de l'art tout ce qu'on en peut esthétiquement savoir ; ils ont analysé les maîtres avec une sagacité extrême ; mais ils oublient volontiers la nature devant les vieilles toiles, — la nature qui toujours fournit à l'idée des formes originales ; la nature, livre éternel où l'on trouve à chaque page des sens nouveaux, et que les artistes d'outre-Rhin feuillettent à peine d'un doigt dédaigneux ! — Aussi la *Sainte-Famille* de M. Schadow est-elle une œuvre pleine de science et de mérite, mais sans cachet spécial, sans virtualité propre. A travers le pastiche très-bien fait, nous l'avouons, des anciens peintres religieux, le caractère individuel ne se fait pas jour. Il serait du reste injuste de juger M. Schadow en dernier ressort sur cette production, qui n'est pas de ses plus importantes.

Maintenant descendons à la zone des peintres d'un style plus tempéré. Nous remarquons d'abord trois têtes italiennes de M. Riedel. L'une d'elles est historiée en Judith, mais n'est autre chose que le portrait exact d'une de ces superbes filles de la campagne de Rome, à la beauté robuste, aux cheveux crespelés, aux bras puissants, qui continuent la dynastie des Maria Gracia et des Teresina, les modèles aimés de Léopold Robert. Le peintre, moins courageux qu'Allori, n'a pas suspendu à la main de sa Judith la tête livide, exsangue et convulsée d'Holopherne, craignant sans doute d'atténuer l'effet de séduction qu'il semble avoir voulu plus particulièrement produire. Une mèche de cheveux noirs qui fait valoir la blancheur des doigts indique seule le chef coupé du général assyrien masqué par la bordure ; la lame sanglante du cimeterre est également dissimulée : en sorte que les cœurs sensibles n'ont pas à déplorer devant cette toile le sort d'Holopherne

Si méchamment mis à mort par Judith.

Les deux autres cadres sont tout bonnement des portraits de modèles bien connus de tous les peintres qui ont habité Rome ces dernières années, la Maruccia Ioli et la Felice Berardi, deux magnifiques créatures assurément, et dont un pinceau plus ferme aurait tiré grand parti ; mais M. Riedel a visé à la grâce et non au caractère ; il a plutôt atténué qu'agrandi les nobles types qui posaient devant lui par des effets de transparence, et des coquetteries mignardes rappelant les gravures prestigieuses des livres de Beautés anglais. Si les artistes reprochent à M. Riedel ces sacrifices à l'agrément, le public lui en sait gré et s'arrête volontiers à contempler ces têtes, qui, gravées à la manière noire, produiraient le même attroupement à la vitrine de Vibert et Goupil.

Dans une manière analogue, M. Navez, un peintre flamand, nous montre une fileuse de Fondi, entourée de trois de ses compagnes et d'un jeune garçon écoutant les récits d'un vieux pâtre. Fondi, qui nous apparaît si frais et si riant dans le tableau de M. Navez, s'est présenté à nous sous un tout autre jour : nous n'y avons vu aucune jeune fille aux yeux doux et fiers, à la bouche arquée, à l'ovale de madone, mais une collection de guenilles et de mines patibulaires à réjouir Salvator et Adrien Guignet. Avec un peu de bonne volonté on eût pu se croire au milieu d'un conciliabule de brigands. Ces pauvres diables étaient peut-être fort honnêtes, mais, coiffés de chapeaux effondrés, emmaillottés de manteaux d'amadou, guêtrés de chiffons retenus par des cordelettes, ils avaient de ces physionomies qu'on n'aime pas à rencontrer au coin des bois. La fièvre faisait claquer leurs dents, et leur teint jaune semblait se vertdegriser à la pluie qui, depuis le matin, tombait d'une façon diluvienne. Cette impression, tout accidentelle et toute personnelle qui nous revient à propos du nom de Fondi, n'infirme en rien la vérité locale du gracieux groupe de M. Navez.

L'Italie si aimée, si visité, si étudiée en tous sens par les artistes allemands, a encore inspiré d'assez jolis tableaux à M. Pierre de Hess, probablement le frère de Henri. La Pinacothèque possède de lui une douzaine de toiles, moyennes et petites, mais dont les personnages n'atteignent jamais que des proportions secondaires. — La plupart représentent des scènes ou des vues d'Italie dont les sujets sont analogues à ceux que Wouwermans aimait à traiter. — Elles sont touchées d'un pinceau souple, adroit et facile, et rappellent, par la limpidité de la couleur, ces paysages que Demarne raye invariablement d'une grande route ou d'un canal en perspective. M. Pierre de Hess a aussi à la Pinacothèque une assez grande composition représentant l'entrée du roi Othon à Nauplie : le talent de l'auteur ne s'est pas élargi avec le sujet. Il semble cependant qu'on eût pu tirer bon parti d'une semblable donnée. Les brillants costumes des Palikares avec leurs vestes roides d'or, leur fustanelle blanche, leurs knémides brodées, leurs calottes rouges, leurs pistolets à pommeaux d'argent, leurs manteaux de peau de mouton ou de chèvre, offraient au coloriste l'occasion de déployer les richesses de sa palette, et de faire oublier la tristesse des habits noirs modernes officiellement mêlés au cortège : les chevaux maigres et fougueux, sous leurs beaux harnachements turcs, présentaient aussi, par la variété de leurs robes et de leurs allures, mille ressources dont M. Pierre de Hess n'a pas profité. Sa touche est d'une sécheresse laborieuse et d'une exactitude pénible. Sa couleur, grise et froide dans l'ombre, luit dans la lumière comme du ferblanc; nous concevons que la nécessité de placer parmi ses groupes un certain nombre de portraits ressemblants ait refroidi la verve de l'artiste; mais pourtant nous attendrions mieux de lui.

Pour en finir avec les scènes d'Italie, nous citerons encore un petit Léopold Robert d'un ton argentin et blanc assez peu ordinaire au peintre. Nous en connaissons la lithographie, exécutée par Léopold lui-même et publiée, il y a quelques années, dans *l'Artiste;* elle représente une jeune mère tenant son enfant sur ses genoux. Ce pénible effort pour dégager l'idéal de la réalité, qui consuma la vie de Léopold Robert, se montre ici comme dans ses autres tableaux ; la main trahit la volonté, et le délicat sentiment intime de l'artiste perce difficilement à travers la lourdeur d'une exécution plombée et fatiguée. Cependant la recherche obstinée du beau, la fidélité opiniâtre au vrai, donnent à cette simple figure un caractère à part et ne permettent pas de la confondre avec des toiles plus brillantes et plus heureuses.

Munich possède aussi un des nombreux Savonaroles de Granet. C'est tout simplement un moine occupé, dans sa cellule, à écrire sur une espèce de pupitre ou secrétaire de forme ancienne. Presque rien; mais la lumière se distribue d'une manière si juste et si nette sur les parois de ce petit intérieur; la touche est si ferme, si large et si précise, qu'on voit bien tout de suite à qui l'on a affaire.

Rencontrer un tableau de Wilkie est une bonne fortune bien rare, et l'on est souvent réduit à l'admirer sur la foi des gravures anglaises. Qui n'a vu dans quelque honnête salon *la Lettre de présentation, le Colin-Maillard; le Payement des rentes*, quelques-unes de ces scènes d'exquise comédie dont ce charmant peintre égaye les intérieurs un peu mornes de son pays, et que le burin des graveurs d'outre-Manche excelle à rendre? — Quand une toile de Wilkie, dix fois couverte d'or, a été suspendue dans la galerie d'un de ces pairs d'Angleterre si jaloux de l'inviolabilité de leur *home*, elle devient plus invisible qu'un assaki au fond du harem.

L'énormité des fortunes rend impossibles ces besoins d'argent qui nécessitent les ventes, et ces précieuses toiles sont pour ainsi dire *vinculadas*, pour nous servir de l'expression espagnole. Nous ne connaissons qu'un seul Wilkie, celui de la Galerie nationale de Londres, représentant une fête de village, d'un sentiment tout différent des kermesses de Teniers ; car à la bonhomie champêtre s'alliait une certaine grâce anglaise, et du seuil de leurs cottages festonnés de houblon les blanches fermières du Lancashire regardaient, un baby au bras, les joyeux buveurs attablés ; et nous avons été agréablement surpris d'en trouver un autre à Munich, parmi les productions de l'école allemande.

Ce tableau, dont il existe une fort bonne estampe, a pour sujet la Lecture d'un testament : quelle bonne figure que celle de l'attorney lisant le testament ! quel air prépondérant et sûr de lui-même ! comme il est confit dans sa dignité ! comme on voit qu'il a l'habitude d'être écouté quand il parle !... Ouvre-t-il la bouche, tout le monde se tait, et les âmes avides se suspendent à ses lèvres. Jamais Garrick sur le théâtre, jamais Sheridan à la tribune n'obtinrent un tel silence. A la droite de l'attorney, un parent sourd ouvre tout grand son vaste cornet acoustique, où il espère engouffrer, comme dans une corne d'abondance, les paroles d'argent et les phrases d'or de cette littérature substantielle ; à côté de lui, la mère de la jeune veuve, berçant sur ses bras un poupon rose et blanc, sourit d'un air narquois et plein de sécurité sur l'avenir du marmot. A l'extrême gauche, la jeune Artémise, fraîche sous ses crêpes noirs, souriant et pleurant comme un rayon de soleil dans une ondée de mai, paraît écouter avec une complaisance un peu précoce les madrigaux qu'un bel officier lui chuchotte à l'oreille, et laisse voir des bras ronds et blancs qui pourront se nouer encore autour du cou d'un heureux mortel.

De l'autre côté de l'attorney, une vieille matrone, déçue

dans ses espérances cupides, se sauve avec explosion, entraînant à sa suite un grand laquais à livrée éclatante tout chargé de cartons et de paquets. Sans doute la bonne dame était venue s'installer au chevet de l'agonisant et attendait un autre salaire de ses soins intéressés. Çà et là traînent dans la chambre mille objets incohérents rassemblés par les funèbres hasards de la maladie, de la mort et de l'inventaire. Un large coffre entr'ouvrant sa mâchoire trahit un splendide entassement de vaisselle plate et de vases en vermeil, et sur la cheminée, dans l'eau transparente d'un bocal, se tortillent quelques noires sangsues, innocentes meurtrières qui ont tiré au pauvre trépassé sa dernière goutte de sang. Wilkie étudie ses petits drames bourgeois avec le même soin qu'Hogarth, mais son comique est moins féroce, quoique tout aussi profond que celui de son terrible devancier, et il ne descend jamais jusqu'à la laideur atroce et monstrueuse où semble se complaire l'apôtre de la célèbre *line of beauty*, qui, de même que la plupart des théoriciens, évite d'appliquer sa théorie. Quant à l'exécution, le Wilkie de Munich est traité avec cette adresse britannique qui joue admirablement la verve de l'esquisse et les heureux hasards de l'improvisation ; le seul défaut qu'on pourrait reprocher à cette charmante toile, c'est le trop de fluidité de la couleur. Même quand ils peignent à l'huile, les Anglais sont aquarellistes ; ils lavent plutôt qu'ils n'empâtent. Parmi ces tableaux allemands, d'une couleur si revêche et si aigre, le Wilkie brille comme un diamant de l'eau la plus pure mêlé à des cailloux du Rhin ; le coloris en est d'un charme exquis et nous a rappelé involontairement, par sa délicatesse, celui d'un jeune peintre français nommé Poterlet, mort il y a quelque vingt ans, et que tout le monde n'a peut-être pas oublié.

Nous avons considéré avec un vif intérêt un portrait de Goëthe d'une exécution assez vulgaire, mais qui ne manque ni de conscience ni de vigueur ; lorsque nous pensons au grand Volfgang, nous nous le représentons assis sur un trône d'ivoire et d'or, immobile et froid comme un marbre de Paros ; Bettina d'Arnim, agenouillé à ses pieds, lui touchant d'une main les genoux et de l'autre la barbe, comme la Thétis suppliant Jupiter dans le beau dessin d'Ingres. — C'est ainsi que ce Dieu nous apparaît dans la plénitude de sa force et de son génie, ayant l'âge immuable des immortels, et il nous faut un effort de raisonnement pour l'admettre sous sa forme terrestre ; car, en vérité, cet Olympien a habité Weimar, une petite ville où l'on arrive d'Iéna par une allée de pruniers dont les fruits ont fait dire à Heine, troublé et balbutiant devant le dieu qu'il voyait pour la première fois, à la place des harangues qu'il méditait, cette phrase superbe et triomphante : « Les prunes de la route sont excellentes pour la soif. » Et il est certain qu'il ne se promenait pas par les rues de la résidence en déshabillé grec ; il faut donc admettre comme historiquement réel le costume dont l'a revêtu M. Steiler, costume qui consiste en une redingote d'un gris très-tendre, fermée par un rang de boutons, à collet haut avec revers en satin de même couleur, à la mode de 1818 ou de 1820, bien qu'un manteau de pourpre orné d'une grecque d'or nous eût semblé beaucoup plus naturel. Ce portrait offre l'intérêt d'une épreuve de daguerréotype. M. Steiler n'a pas de style, et il est trop naïf pour mentir ; il a copié son modèle bourgeoisement et prosaïquement, mais avec une sincérité parfaite qui devient ici précieuse ; le front haut, l'œil vif, la bouche impérieuse, rappellent le type connu de Goëthe avec une individualité de ressemblance qu'une exécution plus savante leur eût peut-être ôtée.

La nouvelle Pinacothèque compte à peine six mois d'existence, et nécessairement l'on n'a pas dû être bien sévère sur le choix des œuvres qui tapissent ses murs. Une galerie ne se forme que par lentes alluvions, et il serait inutile d'analyser avec détail les trois cents tableaux, la plupart médiocres, qu'elle renferme. Nous allons terminer en disant quelques mots des paysagistes. En Allemagne, comme en France, l'école du paysage se divise en deux camps rivaux : le premier renferme ces artistes cherchant la nature héroïque ou *historique,* pour nous servir du terme consacré ; le second est composé de peintres se contentant de la nature telle qu'elle est. Les uns peignent les fleuves coiffés de roseaux, une urne de pierre sous le bras; les autres les représentent bordés de saules et d'oseraies, réfléchissant la rive fleurie dans leurs eaux limpides. Les deux manières ont du bon.

L'école du paysage vrai, qui depuis quelques années compte en France tant d'intelligents disciples, se traîne encore en Allemagne sur les traces de Watelet et autres artistes en vogue vers l'an 1822. La plupart des paysagistes allemands ont une grande habileté manuelle ; mais leur peinture manque le plus souvent d'atmosphère et de profondeur. Le plus habile de tous est sans contredit M. Charles Rottmann, qui a décoré de vingt-trois vues prises en Grèce une salle uniquement consacrée à ses œuvres.

Le milieu de cette salle est occupé par un vaste abat-jour supporté par des colonnes imitant le porphyre rouge antique. Une ornementation de même style règne sur ces murailles, où sont encastrées les peintures de M. Rottmann, qui reçoivent d'en haut un jour limpide et mystérieux, intercepté pour les visiteurs par le toit sous lequel ils se trouvent. Cette façon d'éclairer, empruntée aux dioramas, ajoute singulièrement à l'illusion ; il est donc bon, avant de juger définitivement M. Rottmann, de se prémunir un peu contre les effets de cette innocente magie.

En consultant les souvenirs personnels que nous avons rapportés de plusieurs des sites reproduits par M. Rottmann, il nous semble que les grandes lignes du paysage sont, en général, exactes, mais qu'il n'en est pas de même de certains détails et surtout de certains effets lumineux qui rappellent plutôt les ciels anglais de Turner, tout diaprés d'iris, tout opalisés de vapeurs, que la sérénité habituelle de l'atmosphère hellénique. Sur cette terre de marbre la lumière descend pure et tranquille, et le ciel offre aux silhouettes des statues un azur uni comme le fond bleu d'une métope. M. Rottmann a voulu varier par des mirages fantastiques cet horizon sévère; il en avait bien le droit; il n'est pas défendu au peintre de faire intervenir son imagination dans les scènes de la nature. — Il y a, dans la façon dont M. Rottmann interprète les beaux sites de la Grèce, quelque chose du sentiment et de la manière de Byron; Corinthe, Naxos, Délos, Égine, Épidaure, Marathon, Salamine, Athènes, sont pour lui des thèmes poétiques, et il fait voir chaque lieu célèbre à travers un effet pittoresquement bizarre, qui souvent prend trop d'importance, et ferait hésiter le souvenir si des lettres d'or ne retraçaient pas au-dessus de chaque tableau ces noms harmonieux dont la musique est toujours nouvelle.

Le procédé qu'a dû employer l'artiste pour ces peintures murales était l'encaustique. Nous ne savons si c'est le maniement difficile de ces couleurs revêches qui a gêné sa brosse et l'a obligée à des crudités de ton, à des violences de touche trop brutales pour des travaux destinés à être vus d'assez près; mais cela doit être, car il existe sous les arcades du jardin royal une série analogue de vues d'Italie également de M. Rottmann, mais à la détrempe : on dirait que ce procédé expéditif convient mieux à l'artiste : sa main s'y joue avec une facilité inconnue aux plus habiles décorateurs. Nous regrettons fort, pour notre part, que cette charmante illustration murale soit exposée au contact des passants et aux intempéries du climat bavarois, un peu bien variable pour la fresque en plein air. Jusqu'à présent les gamins de Munich, avec une sagesse qui leur fait honneur, les ont artistement respectées : mais l'humidité, la poussière, la pluie poussée par le vent à travers les arcades, les gelées d'hiver, les mille influences du ciel auront-elles la même courtoisie?

Les paysages historiques de la nouvelle Pinacothèque ressemblent, la plupart, à ces papiers de salle à manger d'auberges de provinces, représentant les Aventures de Télémaque ou tout autre sujet mythologique de ce genre. Nous en excepterons une *Vue d'Athènes,* restituée par M. de Klenza, le célèbre architecte allemand, l'auteur du monument de Bavaria. C'est à la fois l'œuvre d'un peintre et d'un savant. Cette restauration est très-curieuse à étudier, surtout pour ceux qui connaissent l'état présent de la ville; la couleur est d'une localité harmonieuse ; la touche timide trahit une main peu familiarisée avec la brosse; mais tout le côté archaïque est irréprochable, et nous rendons grâces à M. de Klenze d'avoir reconstruit d'une manière aussi heureuse que vraisemblable la cité de Minerve, de Phidias et de Périclès.

THEATRE
DU
PSI DE CASSIOPÉE

L'Opéra est encore fermé, le Théâtre-Français, rouvert, n'a rien joué de nouveau, et les directeurs attendent que les jours caniculaires soient passés pour entamer sérieusement la campagne. Mais quand on est à l'étranger, on ne peut pas se figurer que Paris, ce cerveau toujours fumant, se repose, et lui aussi prenne ses vacances ; on a peur qu'un chef-d'œuvre imprévu ne profite de votre absence pour s'élancer radieux de l'ombre dans la lumière ; on craint qu'il n'arrive de Séville ou de Grenade une autre Petra Camara plus passionnément morte, une Perea Nena d'une rapidité plus étincelante encore ; qu'il ne jaillisse de la coulisse, un soir de solitude, devant les banquettes émerveillées, une Rachel inédite qui soit pour Shakspeare ce que l'autre est pour Corneille, et l'on est tout étonné de retrouver les mêmes titres sur les affiches, les mêmes gravures aux vitres des marchands d'estampes, les mêmes flâneurs secouant la cendre de leur cigare sur le perron de Tortoni et vous saluant de la main comme s'ils vous avaient vu la veille. — Rien n'a eu lieu, et cependant vous avez traversé une douzaine de villes et parcouru des centaines de myriamètres !

Trois petits actes forment cette semaine le butin du feuilleton ; aussi ne trouverez-vous pas mauvais, puisque Paris est si stérile, que nous rendions compte des *Abandonnés de Lessur,* comédie en un acte de Nelech-Gamar de Lesmirée, traduite en vers imités du starien, de la *Celsinore,* drame starien, en un acte et en prose, et du début de Mlle Élia au grand théâtre de Tasbar. Ne cherchez pas dans le dictionnaire de Vosgien le mot Tasbar, vous ne le trouveriez pas ; mais levez la tête vers le ciel nocturne, et peut-être, à l'aide d'une bonne lunette, sur le bleu noir du firmament, au delà des orbites d'Uranus et de Neptune, plus haut que les espaces où brille Syrius menacé par l'épée d'Orion, sur la ligne qui va de l'étoile polaire vers Andromède, apercevrez-vous, dans les profondeurs de la constellation de Cassiopée, une faible scintillation, que les astronomes marquent sur la carte céleste de la lettre psi ; eh bien ! c'est là que se sont joués les *Abandonnés de Lessur* et *la Celsinore ;* c'est là que la demoiselle Élia s'est produite avec un si grand succès. Tasbar est la capitale de ce Psi lointain qui fait partie d'un univers ignoré et que les habitants appellent Star.

Avant d'en venir à l'analyse des pièces traduites du starien, superbe idiome parlé dans cette étoile, il ne serait pas hors de propos de donner une idée succincte de ce monde étrange. Star fait partie d'un système planétaire qui a pour centre un soleil nommé Ruliel. Cet astre, au disque énorme, rayonne d'une lumière blanche, si vive, si intense, si fulgurante, que la lumière électrique ferait ombre sur elle, et qu'aucun nuage ne peut la masquer. Autour de Ruliel, et à une assez faible distance, gravite Althéter, une joli soleil vert comme une émeraude, qui précède le lever de l'astre pivotal et demeure à l'horizon un peu après son coucher, colorant les crépuscules du matin et du soir de nuances charmantes; à l'extrémité du système, décrivant un orbe immense, circule Erragror, le soleil bleu, gigantesque saphir aux reflets doux et mélancoliques; entre Erragror et Althéter tourne Star, entraînant avec lui cinq satellites, quatre lunes et un soleil particulier teint de feux rouges. Ces cinq satellites sont, à commencer par le plus voisin de la planète, Tassul, Lessur, Rudar, Elier, et Urrias, le soleil aux teintes de pourpre.

Vous voyez que Star est un monde plus richement illuminé que le nôtre, qui n'a qu'un seul soleil jaunâtre et qu'une misérable lune couleur de plomb.

Quel spectacle magique doit présenter un crépuscule à Star, lorsque, malgré la présence sur le plan de l'horizon d'Urrias et d'Althéter, le disque de Tassul, éclairé en totalité par les rayons de Ruliel, se lève à l'orient, limpide et argenté; et plus haut Tassul se nuance de jaune pâle et d'azur aux reflets bleus d'Erragror, tandis que Rudar, noyé dans les feux rouges et verts d'Urrias et d'Althéter, revêt des couleurs caméléoniennes, et que Elier, globe de cristal entièrement translucide, chatoie comme une opale traversée d'iris changeants et d'anneaux prismatiques. N'est-ce pas qu'il faudrait, pour rendre un pareil couchant, un peintre de la force de dix-huit Claude Lorrain? La palette d'or du lumineux paysagiste paraîtrait chargée de tons boueux à côté de telles magnificences!

Star a des montagnes, des vallées, des plaines, des mers,

des fleuves d'un aspect tout nouveau, — une flore et une faune particulières. Les feuillages n'y sont pas astreints, comme chez nous, à ce vert monotone dit vert épinard qu'on reproche aux paysagistes qui font vrai. Des feuilles oranges accompagnent des fleurs noires : il y a des roses vertes avec des feuilles roses, et ainsi de suite ; car le Psi de Cassiopée est une planète éminemment coloriste. Notre pauvre petit globe terraqué, grain de senevé perdu dans l'espace, n'a pas l'avantage de posséder le lartimor, arbre mélodieux dont les fruits, creusés en coques sonores, résonnent en s'entre-choquant comme les clochettes au bord d'un toit de pagode chinoise, et remplissent les bois d'harmonies inattendues.

Le syphys, immense végétal aux rameaux jaune d'or, près de qui notre cèdre est plus petit que l'hysope, nous manque également. Nous ne possédons pas non plus le tarrios, gigantesque plante marine, dont une seule fait une forêt dans l'Océan, ni la celsinore, dont la fleur énorme et balsamique est si grande que son calice peut servir de couche aux nouveaux époux. — La regina victoria et la rose putride de Java ne dépassent pas, sur notre faible terre, la dimension d'un seau ; notre mobilier animal est aussi bien plus pauvre : nous n'avons ni le psargino, autour duquel flotte une membrane transparente qu'il remplit de gaz comme un ballon lorsqu'il veut s'enlever, ni le talersi, cétacé remorqueur, cheval de mer qu'on attelle aux vaisseaux, ni le citos au plumage d'or bleu, espèce d'ami de la maison, cigogne du foyer, chien ailé plein de sympathie et d'amour, ni surtout la repleuse, race intermédiaire entre l'homme et la bête, sorte de singe qui parle et qu'on applique aux fonctions serviles, et encore moins le cétracite, métis du starien et de la repleuse.

Nous pourrions, si nous voulions, vous raconter dans les plus grands détails les fables cosmiques et génésiques de Star, elles ont été conservées ; mais peut-être ne vous intéresseraient-elles pas, et nous arriverons tout de suite à la grande époque de la peste lente qui équivaut pour ce monde au cataclysme diluvial.

Les Savelces, les Tréliors et les Ponarbates, les trois races primitives stariennes, avaient disparu, et il ne restait plus sur le globe désert que quelques Nemsèdes ou Longevites, êtres créés en même temps que la planète, et une seule famille humaine. Ces Nemsèdes, pleins de jours et de science, trouvèrent le moyen d'émigrer de Star dans le satellite le plus voisin, c'est-à-dire Tassul, au moyen d'un abare, ou vaisseau éthéréen, garni d'une forte provision d'air respirable, et ils emmenèrent avec eux Ramzuel, le Noé starien; et sa famille.

Ramzuel et ses deux femmes devinrent dans Tassul la souche d'un nouveau peuple qui s'accrut rapidement et vécut en bonne intelligence avec les autochthones de Tassul. Grâce aux abares de plus en plus perfectionnés, des immigrations eurent lieu à Lessur, à Budar, à Elier, tous habités par des populations bizarres, analogues aux conditions climatériques de ces satellites. Mais les Stariens étaient travaillés par une nostalgie de la planète mère, et malgré les enchantements de leurs patries adoptives, ils regrettaient Star comme le genre humain regrette l'ancien paradis. — Des satellites où ils s'étaient réfugiés ils voyaient à l'horizon le disque colossal de Star, nuancé des teintes les plus riches par ses quatre grands soleils, et ils essayèrent sur leur globe une descente qui réussit. Pendant leur absence, prolongée huit cents ans, les Repleux avaient usurpé l'empire, et Star était le théâtre d'une immense orgie bestiale. Les Stariens n'eurent pas de peine à faire rentrer l'abjecte race dans l'esclavage, et une civilisation splendide fleurit dans Star renouvelé. — Quelques Stariens furent oubliés dans les astres voisins au jour du grand départ, et c'est à cette circonstance qu'est due la comédie des abandonnés de Lessur. — Cette comédie à trois personnages est en vers de quinze pieds à trois césures et à rime tierce, qui semblent d'abord horriblement baroques à l'oreille humaine, mais auxquels on finit par s'habituer, et qui ne manquent pas d'une certaine harmonie. — Les personnages sont Mirpas, jeune starien; Nifrasso, vieillard ridicule et libidineux; Ila, jeune fille starienne. — Mirpas a autrefois dédaigné Ila, à laquelle il trouve beaucoup de charmes maintenant qu'elle est seule de sa race à Lessur. — Nifrasso, géronte sidéral, veut à toute force conclure avec Ila un hymen aussi ridicule que celui d'Arnolphe avec Agnès, comptant sur le dépit de la jeune fille; mais Ila est touchée du repentir de Mirpas et repousse le vieux magot. Un navire aérien venant de Star, où l'on s'est aperçu de l'absence des abandonnés, aborde à Lessur et emmène les délaissés. — Nous voudrions pouvoir citer quelques-unes des tirades les plus remarquables; mais les colonnes de la *Presse* ne sont pas assez larges pour admettre ces iambes démesurés. — Nous le regrettons beaucoup.

La Celsinore est en prose. La scène se passe à Tasbar, sur les bords du Lampédonsiami, dans un pavillon soutenu par des colonnes torses, forme que les Stariens affectionnent, parce qu'elle symbolise, par sa spirale, l'aspiration au progrès, infini au milieu d'un bosquet d'arbres au feuillage orangé, parmi des celsinores fraîchement épanouies. — Goustof le Cétracite, c'est-à-dire né d'un starien et d'une repleuse, a l'audace d'aimer Naé, la fiancée de Fianor. L'abject métis, moitié homme, moitié animal, a l'audace de lever les yeux vers cet astre de beauté; il ose déclarer son amour à Naé, comme Ruy-Blas à la reine d'Espagne, en termes presque semblables, mais modifiés par la position astronomique; il ne lui dit pas :

Je souffre, ver de terre, amoureux d'une étoile,

mais bien comme un pauvre insecte amoureux du soleil bleu !

Naé repousse cette passion immonde, et Goustof, pour s'en venger, dépose deux scorpions dans le calice de la celsinore, où, suivant l'usage de Star, l'hymen des deux époux doit se consommer. Une repleuse nommée Touron, et suivante de Naé, a ouvert le pavillon au cétracite, dont elle ambitionne l'amour et qui la berce de promesses pompeuses.

Heureusement l'oiseau bleu aux ailes d'or, le citos de Naé, a tout compris avec son instinct sympathique; il s'abat dans la vaste fleur et combat les scorpions qu'il tue, non sans payer sa victoire de sa vie.

A présent, si vous nous demandez comment nous sommes si instruits des choses du Psi de Cassiopée, nous vous répondrons que nous avons trouvé tous ces détails dans un livre de M. Defontenay, traduit du starien, d'après un manuscrit tombé du ciel avec une bolite sur le plus haut sommet de l'Hymalaya.

L'APOTHÉOSE DE NAPOLÉON

PLAFOND PAR M. INGRES.

Le plafond d'Homère a son pendant, et l'Hôtel de Ville ne pourra désormais rien envier au Louvre. Homère, Napoléon, le plus grand poëte antique, le plus illustre guerrier moderne, transfigurés, divinisés, élevés au milieu des auréoles de l'apothéose, dans le ciel des immortalités! M. Ingres seul, peut-être, aux deux bouts de sa carrière, était capable d'accomplir ce prodige de génie, d'art et de science. Toute l'inspiration de la jeunesse bouillonne encore sous les cheveux noirs du peintre que l'âge n'a pas osé blanchir et qui promet la séculaire et féconde vieillesse du Titien. Jamais sa composition n'a été plus hardie, son style plus grand, son pinceau plus ferme. L'*Apothéose de Napoléon* est le chef-d'œuvre de l'artiste et fera dans la postérité honneur à notre siècle.

Nul, à notre époque si troublée de systèmes divers, n'a conservé au même degré la religion du beau que M. Ingres; sa foi est restée inaltérable; le flambeau que la Grèce avait passé à l'Italie et Phidias à Raphaël a toujours brillé entre ses mains d'un éclat égal sans vaciller à aucun souffle : il le transmettra aux générations de l'avenir aussi lumineux qu'il l'a reçu. Le pur et noble idéal de l'antiquité nous est parvenu tout entier par ce glorieux intermédiaire.

M. Ingres a conçu et exécuté, comme l'aurait fait un artiste du temps de Périclès ou d'Auguste, ce radieux et difficile sujet. — Le plafond destiné à l'Hôtel de Ville semble détaché de la pinacothèque des Propylées, où il eût pu figurer parmi les tableaux d'Apelles, de Polygnote, de Parrhasius et d'Euphranor.

Aussi est-ce un pèlerinage continuel à l'atelier du peintre, transformé en sanctuaire de l'art ; l'Empereur et l'Impératrice sont allés visiter cette *Apothéose de Napoléon*, et tout ce que Paris compte de grand, d'illustre, d'intelligent, s'est honoré comme d'une faveur d'être admis à contempler l'œuvre nouvelle.

Nous allons essayer, en regrettant l'impuissance de la parole, de donner à ceux qui ne l'ont pas vue une idée de cette composition magnifique.

La toile est de forme ronde, comme pour enfermer dans un cercle d'éternité l'apothéose qu'elle représente. Au sommet du tableau, au-dessus d'un segment de zodiaque où s'ébauchent vaporeusement les signes du Lion, du Taureau et des Gémeaux, scintille cette étoile qui est devenue un des soleils du ciel de la gloire. Dans le bleu vierge de l'éther roule un char triomphal traîné par un quadrige de chevaux dignes d'être attelés au char d'Apollon, aussi purs de forme, aussi ardents d'allure qu'Aéthon, Éoüs, Phlégon et Pyroïs, et qui semblent, tant ils ont l'air fier et intelligent, doués de la parole humaine comme les coursiers d'Achille. Si leur noble robe n'était dorée de cette historique teinte isabelle des chevaux du sacre, on croirait qu'ils se sont élancés des métopes du Parthénon au milieu de l'azur tout frémissant encore du ciseau de Phidias; leurs crinières, droites et comme taillées dans le marbre pentélique, leurs narines roses et fumantes, leurs yeux couleur de violette qu'illumine une lumière d'argent, leurs cols de cygne fins et nerveux où se tord un réseau de veines, leurs poitrails beaux comme des torses de jeunes dieux, leurs pieds aux sabots d'ivoire qui ne se sont jamais usés aux cailloux des sentiers terrestres et qui battent comme des ailes la fluide plaine de l'air, en font une race à part, destinée à transporter du tombeau à l'Olympe les héros divinisés. Le cheval que Neptune fit jaillir du sommet de l'Acropole avec un coup de trident ne pouvait, assurément, offrir un type d'une beauté plus accomplie : des têtières, des chanfreins et des jugulaires constellés de saphirs, d'émeraudes et de rubis qui ne le cèdent pas en élégance aux plus riches bijoux de femme, composent leur harnais ou plutôt leur ornement, car aucun lien ne les rattache au char entraîné par sa propre impulsion dans leur lumineux sillage. Dédaignant les artifices connus, M. Ingres n'a pas pavé la route de son quadrige aérien de ces lourds nuages blanchâtres, grand chemin des apothéoses vulgaires, il l'a hardiment lancé en plein éther, où le char étincelant et les blonds coursiers, soutenus par leur propre légèreté, planent aussi aisément que l'aigle qui précède leur vol l'envergure éployée, la foudre entre les serres.

L'Empereur, debout sur le char triomphal, comme un dieu sur un autel d'or, a, dans sa physionomie et dans sa pose, la majesté sereine et la joie tranquille du héros qui preud possession de son immortalité. Son torse nu semble fait de marbre et de lumière, et jamais le ciseau grec n'a sculpté de formes plus pures, plus nobles, plus éternellement jeunes, plus divinement belles. Les misères et les fatigues terrestres ont disparu dans cette radieuse transfiguration. Cette chair, pétrie de pensées et de rayons, ne porte plus aucun stigmate humain, pas même la trace des clous de diamant qui fixaient le Titan au rocher de Sainte-Hélène; quant à la tête, nous ne croyons pas que le pinceau en ait jamais tracé une semblable. C'est la beauté des médailles et des camées, jointe à une expression de génie suprême et de souveraineté irrésistible que l'antiquité ne connut pas. La ressemblance s'allie si intimement à l'idéal, dans cet incomparable morceau, que cette tête ceinte d'un laurier d'or, qui pourrait être celle de Mars, d'Alexandre ou de César, est le plus frappant et le plus réel portrait de Napoléon.

Le héros tient d'une main le sceptre surmonté d'un aigle, et de l'autre le globe du monde représenté par un saphir transparent comme la boule de la Fortune. Un mouvement aussi hardi que naturel fait chercher à ce bras un point d'appui sur la hanche, et presse contre le flanc la garde d'une épée à poignée romaine qui semble prête à défendre le globe. Ce geste, que M. Ingres seul pouvait risquer avec sa naïve sublimité de style, produit les plus heureuses inflexions de lignes. Le manteau impérial se développe amplement et splendidement derrière le césar, et l'un de ses plis voltigeants lui entourent la tête comme d'une auréole de pourpre, nimbe du souverain et du guerrier.

Debout près de lui sur le char, une Renommée le couronne d'un cercle d'immortelles d'or, et tient abaissé un clairon dont la fanfare est inutile, car tous les échos de la terre renvoient, sans qu'on le leur jette, le nom qu'elle proclamerait. Cette Renommée n'a pas l'attitude protectrice et victorieuse que les peintres donnent ordinairement à ces sortes d'êtres allégoriques : sa physionomie, sa pose expriment comme un respect filial ; à son air de joie douce et de soumission attendrie, on dirait que le héros est son père, et que c'est avec une certaine crainte pieuse, comme Thétis touchant la barbe de Jupiter, qu'elle place sur ce front majestueux, qui d'un froncement de sourcil ébranlait l'univers, le signe et la consécration de l'immortalité. Une tunique d'un vert glauque comme les yeux de Minerve ou les ondes de l'Océan caresse les formes virginales de son corps charmant, et laisse nus des bras, aussi beaux que ceux de Galatée dans la fresque de la Farnesine ; un caprice délicieux a présidé à l'arrangement de sa coiffure : la rapidité de sa course en fait onduler quelques mèches comme des flammes sur le front d'un génie.

Devant le quadrige, dont les guides se réunissent entre ses mains à la palme et à la couronne, attributs du triomphe, vole une Victoire aux ailes d'azur, d'un jet superbe et d'une incomparable grandeur de style. A la plus pure beauté féminine se mélange l'héroïsme le plus mâle et le plus élevé sur ce visage éclatant comme la gloire, tranquille comme l'éternité. Un peplum d'un jaune pâle voile sa poitrine d'un ton lumineux; une tunique aux mille petits plis, fripée comme la draperie de la Victoire Aptère, flotte jusqu'à ses pieds blancs, où elle bouillonne en écume rose. Cette figure, d'une grâce si fière, d'une élégance si hardie, que ses bras, levés en l'air, feraient nager dans le

vide comme deux ailes blanches, à défaut des ailes bleues
qui palpitent à ses épaules, égale en beauté, si elle ne
les surpasse, l'Iliade et l'Odyssée du plafond d'Homère ;
c'est le même style, la même perfection, plus l'élan et la
hardiesse aérienne.

Cette belle courrière conduit le char au temple de la
Gloire, dont la rotonde à colonnes corinthiennes dessine
son architecture splendide dans la vapeur d'or des apothéoses. A travers les entre-colonnements apparaissent,
sur les murs de la cella, des fresques représentant des
combats homériques ; ce temple, qui occupe le segment
droit du plafond, semble avoir été tracé par Ictinus ou
Mnésiclès sur un marbre de l'Acropole.

Nous n'avons encore décrit que la zone supérieure de la
composition ; les pages sont composées de phrases successives, tandis que la toile se lit instantanément et d'un seul
coup d'œil, et nous ne pouvons présenter les objets qu'un
à un.

Au-dessous du groupe triomphal se découpent des
crêtes de montagnes bleuâtres ; et plus loin, dans le recul
de la perspective, émerge du sein de l'Océan l'écueil vol-
canique de Saint-Hélène. C'est de là que s'est élancé le
cortége radieux qui aboutit au temple de l'Immortalité,
comme s'il fallait partir du malheur pour arriver à la
gloire.

Dans la portion inférieure s'élève sur des degrés un
trône vide et voilé, où s'adosse un aigle fidèle, farouche et
sévère, descendu là sans doute de la hampe d'un des dra-
peaux de la vieille garde ; devant le trône, un escabeau
d'ivoire et d'or semble attendre le pied impérial. A
gauche, la France, soulevant son manteau de deuil semé

d'abeilles violettes, lève sa tête éplorée et ravie vers la vision étincelante à qui elle tend les bras. Une courte inscription, tracée sur le velours du tapis : — *In nepote redivivus*, — explique et complète la pensée de l'artiste. De derrière ce trône jaillit, avec un mouvement d'une violence fulgurante, une figure robuste et terrible, au masque tragiquement crispé, qui n'aurait pas besoin d'avoir écrit en caractères grecs le nom de Némésis sur la bordure rouge de sa tunique blanche pour être reconnue à l'instant par tout le monde. Le bras en raccourci est superbe et digne de Michel-Ange pour la science du dessin et la force de la musculature. Cette apparition subite foudroie du geste un groupe de figures révoltées et furieuses qui rentrent comme de hideuses larves dans un brouillard noir où siffle le serpent de l'anarchie.

La critique ne peut ici que décrire et tâcher de trouver des formules d'admiration dignes de l'œuvre. L'ordonnance merveilleuse de la composition, la sublimité du style, la sérénité éclatante du coloris, l'aspect monumental, enfin les plus hautes qualités de l'art se trouvent réunies dans le plafond de M. Ingres. Tout est choisi, rare, exquis : ornements, bijoux, accessoires. La perfection des détails ne nuit en rien à la grandeur de l'ensemble. Terminons par un vœu timide : Pour lui assurer l'éternité relative dont l'homme dispose, nous voudrions voir cette magnifique composition gravée sur une grande agate comme l'apothéose d'Auguste du trésor de la Sainte-Chapelle. Le camée moderne ne craindrait pas la comparaison avec le camée antique.

FIN.

TABLE

                                                            Pages.
Le Panthéon. — Peintures murales..................   1
Marilhat.. 95
Du Beau dans l'art.................................. 129
Shakespeare aux Funambules........................ 167
Le Théâtre à Munich................................ 181
Pierre de Cornélius................................. 237
La nouvelle Pinacothèque........................... 261
Théâtre de Psi de Cassiopée........................ 289
L'apothéose de Napoléon........................... 297

FIN DE LA TABLE.

LAGNY. — Imprimerie de VIALAT et Cⁱᵉ.

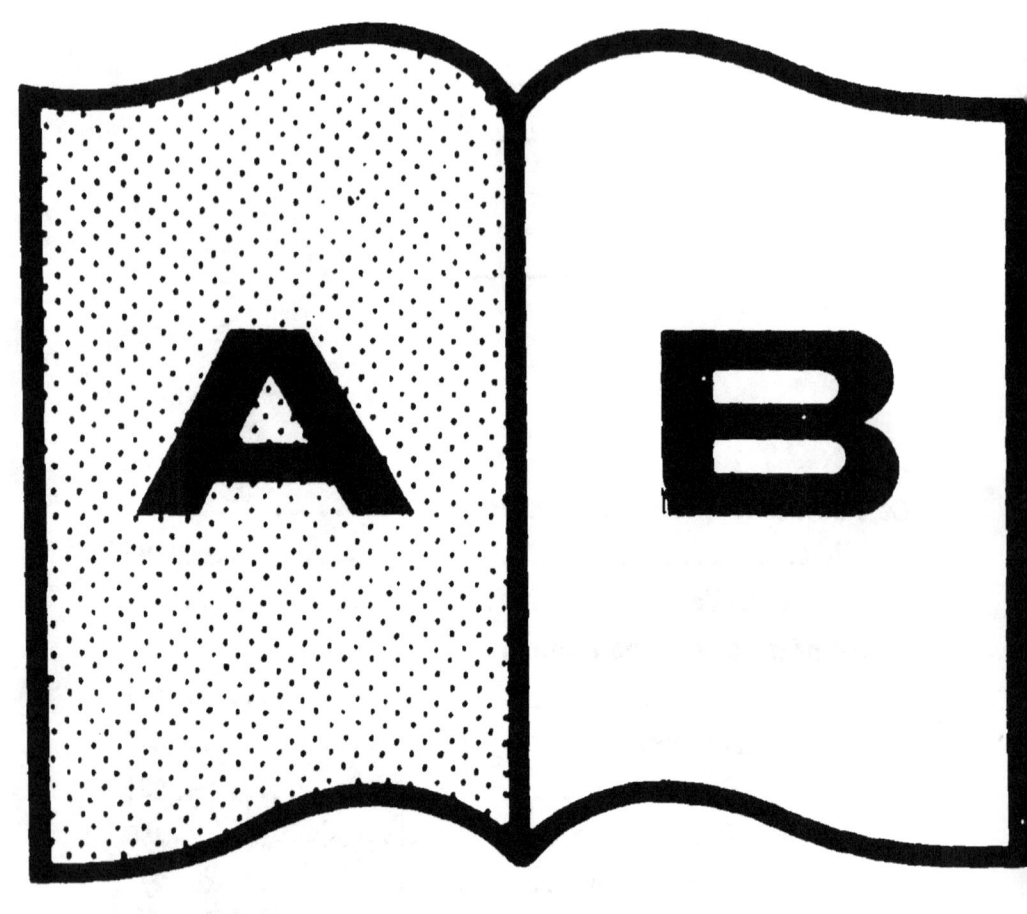

Contraste insuffisant

NF Z 43-120-14

www.ingramcontent.com/pod-product-compliance
Lightning Source LLC
Chambersburg PA
CBHW071525160426
43196CB00010B/1660